Werner Siepe

IHR WEG ZU MEHR
RENTE MIT IMMOBILIEN

M&E Books Verlag

IHR WEG ZU MEHR RENTE MIT IMMOBILIEN
Werner Siepe
ISBN 978-3-947201-31-0 (Taschenbuch)
ISBN 978-3-947201-32-7 (Gebundene Ausgabe)
1. Auflage – April 2018
© 2018 by M&E Books Verlag GmbH, Köln

M&E Books Verlag GmbH
Thywissenstraße 2
51065 Köln
Telefon 0221 – 9865 6223
Telefax 0221 – 5609 0953
www.me-books.de
info@me-books.de
Steuer-Nr: 218/5725/1344
USt.-IdNr.: DE310782725
Geschäftsführer: Vu Dinh

Die Deutsche Nationalbibliothek verzeichnet diese Publikation in der Deutschen Nationalbibliographie. Detaillierte bibliographische Daten sind im Internet über http://dnb.de abrufbar.

Cover Photo home-2722487.jpg at https://pixabay.com (CC0 Creative Commons); Portraitfoto des Autors auf Buchrücken: ARD Sendung „Plusminus" vom 20.01.2016 mit dem Beitrag "Das Comeback der gesetzlichen Rente"

INHALTSVERZEICHNIS

VORWORT

Mehr Rente im Alter – wer will das nicht?

In diesem Praxis-Ratgeber für Haus- und Wohnungseigentümer und alle, die es werden wollen, gehe ich auf die verschiedenen Arten von Immobilienrenten ein. Einiges davon ist überhaupt nicht bekannt oder stößt auf Missverständnis. Bei näherem Hinsehen wird klar, welche Vorteile das selbstgenutzte Eigenheim, die vermietete Immobilie oder der Anteil an Immobilienfonds auch im Alter bietet.

Im ersten Kapitel zeige ich Ihnen, wie die Altersversorgung mit Immobilien grundsätzlich funktioniert. Das miet- und schuldenfreie Eigenheim verschafft Ihnen eine Quasirente in Höhe der Mietersparnis (siehe zweites Kapitel). Zudem kann es im Alter durch Verkauf verrentet werden, ohne dass Sie aus Ihren eigenen vier Wänden ausziehen müssen. Insofern können Sie die Immobilien-Leibrente mit einem lebenslangen Wohnrecht kombinieren (siehe drittes Kapitel).

Vermietete Immobilien verschaffen Ihnen nach Entschuldung eine willkommene Zusatzrente in Höhe des erzielten Mietreinertrags (siehe viertes Kapitel). Ähnliches gilt für die laufenden Ausschüttungen bei geschlossenen oder offenen Immobilienfonds sowie die Dividenden aus der Direktanlage in Immobilienaktien (siehe fünftes Kapitel).

Nützliche Hinweise zur Immobilienbesteuerung und zum Verschenken bzw. Vererben von Immobilien finden Sie in den beiden letzten Kapiteln.

Wählen Sie unter den in diesem Buch aufgezeigten Wegen zu mehr Rente mit Immobilien den Weg aus, der für Sie am besten geeignet ist! Über den richtigen Weg kommen Sie garantiert zu mehr Rente. Das versichere ich Ihnen.

Wenn Sie Fragen haben, nehmen Sie mit mir bitte Kontakt auf über die E-Mail-Adresse werner.siepe@me-books.de.

Werner Siepe

1. ALTERSVERSORGUNG MIT IMMOBILIEN

Renten mit Immobilien, wie soll das denn gehen? Zweifler schütteln den Kopf und behaupten, Immobilienrenten könne es gar nicht geben. Es gäbe nur die gesetzliche Rente, Betriebsrente in der Privatwirtschaft, Zusatzrente im öffentlichen Dienst oder die Privatrente in Form der Riester-Rente, Rürup-Rente oder Rente aus der privaten Rentenversicherung.

Diese Sicht ist nicht nur einseitig, sondern im Kern auch falsch. Unter „Renten" werden nicht nur bei der Einkommensteuer **regelmäßig wiederkehrende Einnahmen bzw. Bezüge** verstanden. Es kommt nicht darauf an, aus welcher Quelle diese Renten stammen. Also können es beispielsweise auch Renten aus dem Verkauf einer Immobilie sein.

In der Finanzmathematik sind Renten nichts anderes als regelmäßige Zahlungen. Sofern diese periodisch wiederkehrenden Zahlungen bis zum Lebensende des Rentenempfängers geleistet werden, handelt es sich um Leibrenten. Sofern sie für einen bestimmten Zeitraum unabhängig vom Leben der am Vertrag beteiligten Person erfolgen, spricht man von Zeitrenten. Würden Renten nur aus der gesetzlichen oder privaten Rentenversicherung inkl. Riester- und Rürup-Versicherung sowie der betrieblichen Altersversorgung und Zusatzversorgung im öffentlichen Dienst stammen, gäbe es die **Rentenrechnung** als eigenen Zweig der Finanzmathematik gar nicht.

Auch bei Immobilienrenten geht es um die zentralen Fragen wie Rentenhöhe, Rentenlaufzeit (bei Leibrenten in Abhängigkeit von der ferneren Lebenserwartung laut Statistik), Rentenrendite und Rentenbesteuerung. Erstaunlicherweise wird ausgerechnet die Wohn-Riester-Rente als „Eigenheimrente" im dafür eigens geschaffenen sog. Eigenheimrentengesetz (EigRentR) vom 29.07.2008 bezeichnet, obwohl es sich hierbei wegen der fehlenden regelmäßigen Einnahme gar nicht um eine Rente handelt. Die nähere Umschreibung als „Gesetz zur verbesserten Einbeziehung der selbstgenutzten Wohnimmobilie in die geförderte Altersvorsorge" lässt zumindest erahnen, dass es sich lediglich um eine Förderung der Eigenheimfinanzierung über Riester-Zulagen handelt. Mit Rente als regelmäßig wiederkehrende Zahlung bzw. Einnahme hat das aber nichts zu tun.

1.1. Immobilien als dritte Säule der Altersvorsorge

Immobilien zählen wie Riester-Rente, Rürup-Rente oder Rente aus der privaten Rentenversicherung eindeutig zur dritten Säule der Altersvorsorge und damit zur privaten Altersvorsorge, auch wenn sie im Drei-Säulen-System der gesetzlichen, betrieblichen und privaten Altersvorsorge des Alterssicherungsberichts[1] 2016 der Bundesregierung nicht ausdrücklich erwähnt werden (siehe Abbildung 1).

Da selbstgenutzte oder vermietete Immobilien weder eine gesetzliche noch eine betriebliche Altersvorsorge darstellen, können sie nur als dritte Säule angesehen werden.

Abbildung 1: Drei Säulen der Altersvorsorge

Sicherungsfunktion	Angestellte und Arbeiter		Beamte, Richter, Berufssoldaten
	Privatwirtschaft	öffentlicher Dienst	
Regelsicherung 1. Säule	gesetzliche Rentenversicherung		Beamtenversorgung
Zusatzsicherung 2. Säule	betriebliche Altersversorgung	Zusatz-versorgung öff. Dienst	
private Altersvorsorge 3. Säule	eigenverantwortliche Altersvorsorge (z.B. Riester-Rente oder Rürup-Rente)		

Quelle: frei nach Alterssicherungsbericht 2016 der Bundesregierung

---

[1] http://www.bmas.de/SharedDocs/Downloads/DE/PDF-Pressemitteilungen/2016/alterssicherungsbericht-2016.pdf?__blob=publicationFile&v=3

Laut Alterssicherungsbericht haben Ehepaare im Alter von 65 Jahren und mehr, die in ihrem Eigenheim wohnen, ein monatliches Nettoeinkommen von 2.813 Euro. Dies sind 675 Euro mehr im Vergleich zu Ehepaaren, die zur Miete wohnen.

Dieses finanzielle Plus von 675 Euro kommt zur Mietersparnis bzw. zum Mietwert der selbstgenutzten Immobilie noch hinzu. Senioren-Ehepaare mit Eigenheim profitieren also doppelt.

Bei Alleinstehenden mit selbst genutztem Wohneigentum liegt das finanzielle Plus noch bei 342 Euro, da ihr monatliches Nettoeinkommen von 1.695 Euro um diesen Betrag höher liegt.

17 Prozent aller Ehepaare über 65 haben laut Alterssicherungsbericht Einkünfte von durchschnittlich 947 Euro monatlich aus Vermietung und Verpachtung. Im Westen sind es 19 Prozent mit durchschnittlich 1.005 Euro und im Osten nur 8 Prozent mit 376 Euro monatlich im Durchschnitt.

Bei Alleinstehenden liegt die Quote der über 65-Jährigen mit Vermietungseinkünften bei 9 Prozent. Im Westen erzielen 10 Prozent der Alleinstehenden monatliche Vermietungseinkünfte von durchschnittlich 750 Euro, während es im Osten rund 4 Prozent mit 305 Euro im Durchschnitt sind.

Diese Zahlen aus dem aktuellen Altersicherungsbericht 2016 der Bundesregierung belegen eindrucksvoll, welche Bedeutung selbstgenutzte oder vermietete Immobilien in der privaten Altersversorgung tatsächlich haben.

Selbstverständlich ist es nicht sinnvoll, die gesamte Altersversorgung ausschließlich auf Immobilien zu stützen. An erster Stelle steht immer noch die Regelsicherung in der ersten Säule der Altersvorsorge, wozu die gesetzliche Rente, berufsständische Rente oder die Beamtenpension zählen.

Für alle Angestellten im öffentlichen oder kirchlichen Dienst kommt dann noch die Zusatzrente hinzu und jeder zweite Arbeitnehmer in der Privatwirtschaft erhält später eine Betriebsrente.

1.2. Von der Altersvorsorge zur Altersversorgung mit Immobilien

Alters<u>versorgung</u> im Ruhestand darf nicht mit Alters<u>vorsorge</u> in der aktiven Berufsphase verwechselt werden. Der Altersversorgung über rund 20 Rentenjahre geht in aller Regel eine deutlich längere Ansparphase für die Altersvorsorge von meist 30, 35 oder gar 40 bis 45 Jahren voraus.

Zwischen jahre- und jahrzehntelanger Ansparphase einerseits und der Erntephase im Ruhestand andererseits muss also deutlich unterschieden werden. Erst wird mit Eigen- und Fremdkapital finanziertes Immobilienvermögen erworben, das durch die laufende Tilgung ein stetig wachsendes Reinvermögen nach sich zieht. Aber erst nach völliger Entschuldung führt dies zum miet- <u>und</u> schuldenfreien Wohnen im Eigenheim und/oder zu Mietreinerträgen bei vermieteten Immobilien (Mietwohnhaus, vermietete Eigentumswohnung oder vermietetes Wohn- und Geschäftshaus).

Im Prinzip handelt es sich um einen langfristigen **Immobiliensparplan**, der sich nach Entschuldung der Immobilie in einen **Auszahlungs- bzw. Entnahmeplan** verwandelt. Während es bei vermieteten Immobilien tatsächlich zu Einnahmen kommt, verringern sich beim Eigenheim die laufenden Ausgaben infolge der ersparten Miete.

Im Endeffekt kommt es auf dasselbe heraus – höhere finanzielle Mittel über mehr Einnahmen oder über weniger Ausgaben. Umso besser, wenn beim Besitz einer vermieteten Immobilie und zugleich eines Eigenheims beides eintritt.

Dazu das Beispiel eines fiktiven Ehepaars mit 65 Jahren im Westen, das beides – Eigenheim und vermietete Wohnimmobilie - besitzt, anhand der Zahlen aus dem Alterssicherungsbericht der Bundesregierung: Zu dem monatlichen Mietreinertrag von 1.005 Euro gesellt sich noch ein finanzielles Plus von 675 Euro als Eigenheimbesitzer. Das finanzielle Plus gegenüber einem gleichaltrigen Mieter-Ehepaar ohne jeglichen Immobilienbesitz macht somit zusammen 1.680 Euro aus.

Schätzungsweise jedes fünfte ältere Ehepaar im Westen kann sich glücklich schätzen, auf diese doppelte Immobilienart fürs Alter vorgesorgt haben. Der Autor dieses Buches zählt sich auch dazu.

Altersvorsorge mit Immobilien nach dem Drei-Stufen-Plan

Für eine Planung der Altersvorsorge ist es fast nie zu spät. Am Anfang steht die möglichst genaue Finanzanalyse. Sie ziehen Bilanz über Ihr Hab und Gut und stellen dabei Ihr Vermögen den Schulden gegenüber. Damit wird deutlich, wie hoch Ihr Reinvermögen ist und wie es sich im Einzelnen zusammensetzt. Um laufende Einnahmen und Ausgaben in den Griff zu bekommen, ist zudem die Aufstellung eines Monats- oder Jahresbudgets sinnvoll.

Die eigentliche **Vermögensplanung** kann nach den folgenden drei Stufen erfolgen:

1. Stufe: Sparpläne (für regelmäßige, meist monatliche Einzahlungen)
2. Stufe: Einmalanlagen (für einmalige Einzahlungen)
3. Stufe: Auszahlungspläne (für regelmäßige, meist monatliche Entnahmen mit Kapitalerhalt oder mit teilweisem bzw. vollständigem Kapitalverzehr).

Nach diesem **Drei-Stufen-Plan** erfolgt zunächst in den ersten beiden Stufen der Vermögensaufbau als Kombination von Sparplänen und Einmalanlagen, also die private Altersvorsorge. Auf der dritten Stufe können die Früchte des Vermögensaufbaus geerntet werden (Erntephase). Auszahlungs- oder Entnahmepläne eignen sich besonders für Rentner. Von einem teilweisen oder vollständigen Kapitalverzehr spricht man, wenn zusätzlich zu den Kapitalerträgen auch noch Teile des Kapitals selbst aufgebraucht werden. In diesem Falle erfolgt dann ein gewollter Vermögensabbau.

Altersvorsorge und –versorgung mit vermieteten Immobilien

Festgelder oder Anteile an Investmentfonds sind leicht zu praktizierende Geldanlagen. Völlig anders sieht dies bei einer vermieteten Immobilie aus. Schon die Einstiegsphase mit Kauf und Finanzierung des Mietobjekts will gut vorbereitet sein. In der anschließenden Vermietungsphase werden Sie möglicherweise Zeit, Geld und Nerven durch Mietausfälle infolge von Leerstand oder Mietrückstand verlieren. Gleichzeitig laufen die monatlichen Belastungen für Zins- und Tilgungsraten an die Bank sowie für die laufende Bewirtschaftung Ihres Mietobjekts weiter.

Aufatmen können Sie, wenn die Hypothekenschulden abgetragen sind und Ihre vermietete Eigentumswohnung oder das Miethaus schuldenfrei sind. In Höhe des Mietreinertrags erzielen Sie dann eine willkommene Zusatzrente. Sie erhalten von Ihrem Mieter die Bruttomiete (als Nettokaltmiete plus umlagefähige Betriebskosten) und ziehen davon die Bewirtschaftungskosten ab. Bei vermieteten Eigentumswohnungen umfassen die Bewirtschaftungskosten das an den Hausverwalter zu zahlende Hausgeld, die an die Stadtkasse abzuführende Grundsteuer sowie eventuelle Instandhaltungskosten in der vermieteten Wohnung.

Als private Zusatzrente zur gesetzlichen oder berufsständischen Rente sind monatliche Mietreinerträge sicherlich recht willkommen. Zu versteuern ist nicht der Jahresreinertrag, da Sie noch die Gebäudeabschreibung steuerlich absetzen können. Die Abschreibung wirkt wie ein steuerlicher Freibetrag bei den Einkünften aus Vermietung und Verpachtung. Außerdem können Sie als mindestens 65-jähriger Rentner noch den Altersentlastungsbetrag nutzen, falls Sie diesen noch nicht für andere zusätzliche Alterseinkünfte (zum Beispiel zusätzliche Erwerbseinkommen oder Zinseinkünfte) verbraucht haben.

In der Erntephase bietet die vermietete und schuldenfreie Eigentumswohnung oder das Mietwohnhaus ohne Schulden endlich die finanziellen Vorteile, die man schon jahrelang vorher eingeplant hat. Natürlich immer unter der Voraussetzung, dass der Mieter auch pünktlich die Miete zahlt.

Vor allem mittelständische Freiberufler und Gewerbetreibende entschieden sich früher für ein Miethaus, das spätestens im Ruhestand entschuldet war und dann für eine Zusatzrente in Höhe des laufenden Mietreinertrages sorgte. Noch heute spricht man daher zu Recht vom Rentenhaus. Die Bezeichnung „Zinshaus" führt eher in die Irre, da schwankende Mieterträge eben nicht mit festen Zinsen zu vergleichen sind.

Angesichts hoher Investitionssummen für Miethäuser bleibt ein sog. Rentenhaus selbst für gutverdienende Freiberufler heute meist nur ein Traum. Viele schrecken vor einem Miethaus als privater Altersvorsorge auch zurück, weil sie erheblichen Zeitaufwand und Ärger befürchten. Die laufende Instandhaltung und Verwaltung eines Miethauses kostet Zeit und der Umgang mit Mietern kann zuweilen erheblichen Ärger bringen.

Außer reinen Mietobjekten wie einem Miethaus oder einer vermieteten Eigentumswohnung kommen noch gemischt genutzte Immobilien mit einer Kombination aus Selbstnutzung und Vermietung vor. In einem Zweifamilienhaus nutzen Sie als Rentner beispielsweise die größere Wohnung selbst, während Sie die kleinere Wohnung vermieten. Falls Sie die Wohnung an Ihre Angehörigen (zum Beispiel erwachsene Kinder oder Eltern) vermieten, bleibt das gesamte Haus sozusagen „in der Familie".

Der wirtschaftliche Erfolg mit vermieteten Immobilien ruht auf drei Säulen: Mietertrag, Wertzuwachs und Steuerersparnis. Die in den letzten Jahren stark angestiegenen Immobilienpreise haben allerdings zu sinkenden Mietrenditen geführt, da die Mieten durchweg geringer steigen als die Preise.

Steuerersparnisse sind nicht das A und O des wirtschaftlichen Erfolges. Bei vermieteten Immobilien muss der laufende Mietertrag im Vordergrund stehen. Der Grundsatz sollte lauten: „Von der Miete zur Rendite". Die laufende Bruttomietrendite als Verhältnis von Mietertrag zu Kaufpreis sollte mindestens vier bis fünf Prozent ausmachen. Nach Berücksichtigung von einmaligen Kaufnebenkosten (Grunderwerbsteuer, Notar- und Grundbuchgebühren, evtl. Maklerprovision) und laufenden nicht umlagefähigen Bewirtschaftungskosten (Verwaltungs- und Instandhaltungskosten) müssten noch drei bis vier Prozent an Nettomietrendite übrig bleiben.

Auf ein möglichst günstiges Verhältnis von Miete und Preis kommt es also in erster Linie an. Weitere Erfolgskriterien bei vermieteten Immobilien sind:

- Standort und Lage
- Größe und Grundriss

- Zustand und Ausstattung
- Qualität und Ruf des Anbieters.

Wer die Direktanlage in vermietete Immobilien wegen der hohen Anlagesummen und des erheblichen Zeitaufwands scheut, könnte auf Anteile an geschlossenen Immobilienfonds (neuerdings „alternative Investmentfonds mit Schwerpunkt Immobilien" genannt) ausweichen. Die Mindestbeteiligung liegt oft nur bei 10.000 Euro. Um Kauf und Bewirtschaftung der Fondsimmobilien kümmert sich die Fondsgesellschaft.

Die Anlage in geschlossenen Immobilienfonds bietet neben Renditechancen auch einige Risiken. Die Fondsanteile sind vor Ablauf der im Prospekt erwähnten Beteiligungsdauer nicht auf dem freien Markt veräußerbar. Zwar versprechen die Prospekte laufende Ausschüttungen ab vier Prozent des eingesetzten Kapitals. Ausschüttung ist jedoch nicht mit Rendite gleichzusetzen. Nicht selten stellen in Aussicht gestellte hohe Ausschüttungen nur ein Lockmittel für Anleger dar. Auf dem Markt für alternative Investmentfonds, die in Immobilien investieren, tummeln sich zudem eine Reihe von unseriösen Anbietern und Vermittlern.

Altersvorsorge und –versorgung mit selbstgenutztem Eigenheim

Der typische Erwerber eines Eigenheims möchte mehr Lebensqualität, mehr Freiheit für Familie und Kinder sowie vor allem die Unabhängigkeit vom Vermieter. Statt Miete an den Vermieter zahlt der „Eigenheimer" Hypothekenzinsen und Tilgungsbeträge an seine Bank. Getreu dem Sprichwort: „Zins und Miete schlafen nicht". Allerdings wird die Belastung aus Zins und Tilgung nach völliger Entschuldung auf Null sinken, während die Miete wahrscheinlich weiter ansteigt.

Belastungsvergleiche „Eigentum statt Miete" zeigen deutlich, dass der Eigentümer in den ersten Jahren höhere Belastungen als der Mieter trägt. Zins- und Tilgungszahlungen liegen auch in einer Niedrigzinsphase meist über der Mietersparnis (Nettokaltmiete abzüglich Instandhaltungskosten). Erst nach teilweisem Abbau der Hypothekenschulden und notwendiger Anschlussfinanzierung sinkt die Belastung für Zins und Tilgung, sofern das Zinsniveau nicht deutlich höher liegt im Vergleich zur Finanzierung bei Bau oder Kauf des Eigenheims.

Um den langen und oft beschwerlichen Weg bis zum Ziel des miet- und schuldenfreien Eigenheims zu gehen, durchläuft der Eigenheimer typischerweise vier Phasen:

1. Ansparphase
(Bildung von Eigenkapital, zum Beispiel durch Bausparen oder Fondssparpläne)

2. Erwerbs- und Finanzierungsphase
(Einstieg durch Bau oder Kauf eines Eigenheims und Erstfinanzierung durch die Bank)

3. Nutzungs- und Tilgungsphase
(mietfreies Wohnen mit planmäßiger Tilgung des Hypothekendarlehens)

4. Erntephase
(miet- und schuldenfreies Wohnen nach völliger Entschuldung).

Der Erwerbs- und Finanzierungsphase wird meist die größte Beachtung geschenkt, obwohl sie am kürzesten dauert. Ein niedriges Zinsniveau mit einer langen Zinsbindung von 15, 20 oder 25 Jahren erleichtert den Umstieg von Miete auf Eigentum. Für die meisten Selbstnutzer zieht sich die Entschuldungsphase über 20 bis 30 Jahre hin. Wünschenswert wäre es, in die Erntephase so früh wie möglich einzutreten, zum Beispiel mit 55 oder spätestens 60 Jahren. Sie können dann die Früchte Ihres Anspar- und Tilgungsfleißes noch besonders lange genießen.

Mit einem miet- und schuldenfreien Eigenheim beschreiten Sie den Königsweg der privaten Altersvorsorge. Keine andere Anlageform bietet Ihnen so viele Möglichkeiten zur freien Lebensentfaltung und finanziellen Absicherung im Alter. Lassen Sie sich aber nicht mit Halbwahrheiten über das „mietfreie Wohnen" abspeisen. Ihr Ziel muss lauten: **Miet- und schuldenfreies Wohnen im Alter**. Die begehrte Mietersparnis zahlt sich erst dann quasi als Zusatzrente aus, wenn alle Hypothekenschulden beglichen sind und die vorherige Belastung für Zins und Tilgung wegfällt.

Spätestens zum Rentenbeginn sollte das Eigenheim daher schuldenfrei sein. Statt mehr Einnahmen haben Sie als Rentner weniger Ausgaben. Das Ergebnis ist das gleiche: Sie haben mehr Geld übrig und können die Rentenlücke ganz oder zumindest teilweise schließen. Mit einem schuldenfreien Eigenheim im Ruhestand erweitert sich Ihr finanzieller Spielraum, da vom Nettoeinkommen nur noch die Bewirtschaftungskosten für das Eigenheim und die Beiträge für Versicherungen abgezogen werden müssen. Der Restbetrag stellt das für den laufenden Lebensunterhalt verfügbare Einkommen dar.

Wie hoch die Mietersparnis tatsächlich ausfällt, hängt vor allem von Lage, Größe, Baujahr und Ausstattung Ihres Eigenheims ab. Ein wichtiger Maßstab ist der kalkulatorische Mietwert als ortsübliche Nettokaltmiete pro Quadratmeter Wohnfläche. Dies ist die Miete, die ein Mieter bei Anmietung eines selbstbewohnten   Einfamilienhauses oder einer selbstgenutzten Eigentumswohnung monatlich an Nettokaltmiete zahlen müsste. Von dieser fiktiven Nettokaltmiete werden dann die Rücklagen für laufende Instandhaltungskosten in Höhe von geschätzten 15 bis 20 Prozent der Nettokaltmiete sowie bei Eigentumswohnungen noch die Kosten für den Hausverwalter abgezogen.

Die laufenden Betriebskosten müssen bei der Ermittlung der Mietersparnis nicht berücksichtigt werden, weil Sie diese Nebenkosten auch als Mieter tragen müssten. Instandhaltungskosten (außer für Klein- und Schönheitsreparaturen) bleiben jedoch immer am Eigentümer hängen. Daher sollten Rücklagen für die laufende Instandhaltung ebenso abgezogen werden wie die Kosen für den Hausverwalter bei einer Eigentumswohnung.

Wohn- und Nießbrauchsrecht bei vorweggenommener Erbfolge

Die Schenkung von Immobilien stellt praktisch eine vorweggenommene Erbfolge dar. Im Gegensatz zur Erbschaft als Erwerb von Todes wegen erfolgt die Schenkung als Erwerb unter Lebenden. Drastisch ausgedrückt: Der Schenker überträgt Teile seines Vermögens mit „warmer Hand", während der Erblasser „mit kalter Hand" seinen Nachlass den Erben überlässt.

Mit der Übertragung Ihres Eigenheims zu Lebzeiten an Angehörige können Sie ein **lebenslanges Wohnrecht** verbinden. Dies verschafft Ihnen die Sicherheit eines weiterhin mietfreien Wohnens und dem Beschenkten Vorteile bei der Erbschaft- und Schenkungsteuer. Die Schenkungsteuer wird nur vom Restwert ermittelt, der sich nach Abzug des Kapitalwerts für das Wohnrecht vom Verkehrswert der Immobilie ergibt. Da der Beschenkte hohe Freibeträge (zum Beispiel 400.000 Euro bei Kindern) genießt, muss er in den weitaus meisten Fällen überhaupt keine Schenkungsteuer zahlen.

Falls Sie Ihr Eigenheim mit Einräumung eines lebenslangen Wohnrechts verschenken, verlieren Sie zwar rechtlich Ihr Eigentum, bleiben aber weiter Besitzer und können weiterhin mietfrei wohnen. Zu Ihrer eigenen Sicherheit sollten Sie das Wohnrecht in der Zweiten Abteilung des Grundbuches eintragen lassen. Es handelt sich dann um das sogenannte dingliche Wohnrecht. Vorteil für Sie: Sie können Haus oder Wohnung unabhängig vom jeweiligen Eigentümer bis an Ihr Lebensende selbst nutzen.

Verkauft der Beschenkte (zum Beispiel Ihre Tochter oder Ihr Sohn) das Haus, muss der neue Eigentümer das zu Ihren Gunsten grundbuchlich eingetragene Wohnrecht übernehmen. Sollte der Beschenkte oder der spätere Eigentümer Hypothekenschulden auf Haus oder Wohnung aufnehmen wollen, müssen Sie darauf bestehen, dass die zu Gunsten der Banken eingetragenen Grundschulden Ihrem Wohnrecht im Range nachgehen.

Wohnrecht allein reicht nicht, dingliches Wohnrecht ist besser. Am besten ist ein erstrangiges dingliches Wohnrecht mit Vorrang vor allen anderen Rechten. Auch im denkbar schlimmsten Falle einer Zwangsversteigerung bliebe dann das erstrangige Wohnrecht bestehen. Das heißt, der Ersteigerer müsste die lebenslange Nutzung durch Sie weiter gestatten.

Ein **Nießbrauchsrecht** wird oft bei der Übertragung von vermieteten Immobilien an nahe Angehörige vereinbart. Wenn Sie sich als Schenker zu Ihren Gunsten den Genuss der Mieteinnahmen vorbehalten wollen („Vorbehaltsnießbrauch" genannt), lassen Sie ein dingliches Nießbrauchsrecht in der Zweiten Abteilung des Grundbuches eintragen. Damit genießen Sie als Nießbrauchsberechtigter („Nießbraucher") weiterhin alle Mieteinnahmen und versteuern wie bisher Ihre Mieteinkünfte. Der Beschenkte als „Nießbrauchsgeber" wird zunächst nur rechtlicher Eigentümer.

Die alleinige Eintragung eines Nießbrauchsrechts reicht auch bei selbstbewohnten Eigenheimen aus, da der Nießbrauch im weitesten Sinne die lebenslange Nutzung zu eigenen Wohnzwecken mit einschließt. Zudem kann es ja sein, dass Ihr ehemaliges Eigenheim nach Ihrem freiwilligen Umzug in eine kleinere Wohnung vermietet wird. Ihr Wohnungsrecht wandelt sich dann automatisch in Ihr Recht auf Erhalt der Mieteinnahmen um.

1.3. Vermögensaufbau nach dem ABI-Konzept

Die wohl wichtigste Regel beim Aufbau des Vermögens lautet: „Leg nicht alle Eier in deinen Korb" oder „Setz nicht alles auf eine Karte". Diese Anlageregel sollte Sie dazu bewegen, Ihr Vermögen zu streuen und Ihre Geldanlagen so zu mischen, dass Ihr Anlagerisiko minimiert wird.

Faustregeln zur **Anlagemischung** (von Vermögensverwaltern und Fondsmanagern auch Streuung, Diversifizierung oder Portfolio-Mix genannt) gehen üblicherweise von einer Drittelung des Vermögens auf. Schon der legendäre Baron Rothschild empfahl die Aufteilung: 1/3 Aktien, 1/3 Anleihen, 1/3 flüssige Mittel. Unter Einbeziehung von Immobilien kann die Rothschild-Regel auf die drei Kernanlagen Aktien, Zinsanlagen und Immobilien erweitert werden. Demzufolge gibt es dann drei große Vermögensgruppen:

A: Aktien und Aktienfonds (zum Beispiel börsennotierte ETF-Aktienindexfonds)

B: Banksparen (Tages- und Festgeld), Bonds (Anleihen) und Renten-fonds

I: vermietete Immobilien oder Immobilienfonds (zum Beispiel alter-native Investmentfonds mit Immobilien).

Nennen wir es **ABI-Konzept** (**A** wie Aktien, **B** wie Bank und Bonds, **I** wie Immobilien). Selbstverständlich sollte die Anlagemischung nicht schematisch zu je einem Drittel erfolgen. Die richtige Streuung hängt auch von Ihrem Lebensalter und Ihrer Anlagementalität ab. Jüngere werden ei-nen höheren Aktienanteil halten als Ältere, da sie mögliche Kursverluste besser aussitzen können und in der Regel auch risikofreudiger sind.

Flüssige Gelder (Liquidität bzw. Cash) in Höhe von zehn Prozent des Gesamtvermögens sind in jeder Lebensphase Trumpf. Für rentennahe Freiberufler und Rentner könnte sich angesichts einer anhaltenden Nied-rigzinsphase dann die folgende **1-2-3-4-Regel** empfehlen:

10 % Tages- und Festgelder (Liquidität, Cash)

20 % zusätzliche Zinsanlagen (Anleihen, Rentenfonds)

30 % Immobilien (z.B. Miethaus oder vermietete Eigentumswohnung)

40 % Aktien (z.B. ETF-Aktienindexfonds auf DAX, EuroStoxx, S&P500 und MSCI)

= 100 % Vermögen

Über diese 1-2-3-4-Regel lässt sich naturgemäß trefflich streiten. Sie soll auch nur eine grobe Richtschnur für mittlere und große Vermögen sein. Der ewige Streit, ob nun Geldwerte besser sind als Sachwerte oder umgekehrt, würde bei der aktuellen Niedrigzinsphase zu 70 Prozent zu-gunsten der Sachwerte entschieden. 30 Prozent in Geldwerten müssten reichen. Also ist nur knapp ein Drittel in reinen Geldwertanlagen unter-gebracht. Die anderen gut zwei Drittel wandern in Sachwertanlagen.

Nicht aufgeführt ist das selbstbewohnte Ein- bzw. Zweifamilienhaus oder die selbstgenutzte Eigentumswohnung. Das Eigenheim zählt zwar zu Recht zur besten privaten Altersvorsorge überhaupt. Allerdings können

Sie laufende Zins- oder Mieteinkünfte mit Ihren eigenen vier Wänden nicht erzielen.

Wie Sie Ihr Geld anlegen oder in der Vergangenheit angelegt haben, hängt sehr stark von Ihrem persönlichen Risikoprofil ab. Je nach Risikobereitschaft lassen sich grob drei **Anlegertypen** unterscheiden:

- vorsichtiger Anleger (risikoscheu, Typ „Sparer", bevorzugt zinssichere Geldanlagen mit geringer Rendite)
- aufgeschlossener Anleger (risikobegrenzend und flexibel, „Mischtyp", setzt auf renditestarke, aber relativ sichere Geldanlagen)
- mutiger Anleger (risikofreudig, Typ „Spekulant", bevorzugt hochrentierliche und weniger sichere Geldanlagen).

Ob Sie ein vorsichtiger, aufgeschlossener oder mutiger Anleger sind, hängt sicherlich auch von Ihrem Alter und Ihren aktuellen Einkommens- und Vermögensverhältnissen ab. Keinesfalls sollten Sie die Anlage Ihres Vermögens dem Zufall oder allein einem Bankberater bzw. Finanzdienstleister überlassen. Eine persönliche Finanzplanung schützt Sie zwar nicht vor Irrtümern, aber vor falschen Vorstellungen über Ihre finanzielle Zukunft.

1.4. Immobilienrenten auf alte und neue Art

Ein Immobilienverkauf auf Rentenbasis führt zur **klassischen Immobilienrente**. Statt eines einmaligen Veräußerungserlöses erhält der Verkäufer eine lebenslange Rente (sog. Leibrente). Auch Kombinationen aus Einmalzahlung und lebenslanger Rente sind möglich. Seltener kommen Zeitrenten vor, die nur für einen bestimmten im Voraus festgelegten Zeitraum geleistet werden.

Neben dieser klassischen Immobilienrente boten einige wenige Anbieter den älteren Eigenheimbesitzern auch eine neue Immobilienrente über eine sog. **Umkehrhypothek** an. Die Eigenheimbesitzer bleiben zwar rechtlich weiterhin Eigentümer und bewohnen ihr Haus oder ihre Wohnung weiterhin selbst, so lange sie leben. Nach ihrem Tod wird jedoch der Anbieter (zum Beispiel eine Bank oder Versicherung) Eigentümer. In Höhe der gezahlten Immobilienrenten baut sich eine Umkehrhypothek auf, die dann mit dem Tod des Haus- und Wohnungseigentümers auf einen Schlag getilgt wird.

Umkehrhypothek heißt diese Hypothek, da sie nicht wie bei der Immobilienfinanzierung durch laufende Tilgungen geringer wird, sondern infolge laufender Renten immer höher. Bis heute haben sich diese in den USA und Großbritannien seit Jahrzehnten üblichen Umkehrhypotheken in Deutschland nicht durchgesetzt. Offensichtlich ist die Mentalität des deutschen Eigenheimers eine andere. Die Anbieter haben sich daher inzwischen aus diesem Spezialmarkt zurückgezogen oder sind sogar insolvent geworden. Daher wird in diesem Buch auf die letztlich in Deutschland gescheiterte Umkehrhypothek nur am Rande eingegangen.

Neu auf dem Markt sind Anbieter, die Eigenheime kaufen und den betagten Bewohnern die **Kombination von Immobilienrente und lebenslangem Wohnrecht** versprechen. Der „Eigenheimer" verliert zwar rechtlich sein Haus- oder Wohnungseigentum, kann es aber als Besitzer weiterhin selbst nutzen und erhält darüber hinaus eine lebenslange Rente.

Rente muss aber nicht gleichbedeutend mit lebenslanger Rente und Verlust des Vermögens im Todesfall sein. In der Finanzmathematik versteht man unter einer Rente eine regelmäßig wiederkehrende, also laufende Zahlung. Dies kann dann auch ein **laufender Mietreinertrag** bei vermieteten Immobilien sein. Das früher als Rentenhaus bezeichnete Mietwohnhaus oder Geschäfts- und Wohnhaus zählt beispielsweise hierzu.

Ähnliches gilt für **laufende Ausschüttungen** aus Anteilen an offenen oder geschlossenen Immobilienfonds. Auch diese Ausschüttungen können im finanzmathematischen Sinne als Renten betrachtet werden.

2. MIET- UND SCHULDENFREIES WOHNEN IM EIGENHEIM

Das Eigenheim ist die einzige Altersvorsorge, in der man schon heute leben kann. Dieser von den Bausparkassen erdachte Spruch ist im Kern durchaus wahr. Tatsächlich können auch junge Familien schon in den eigenen vier Wänden wohnen, sofern sie den Bau oder Kauf ihres Einfamilienhauses oder ihrer Eigentumswohnung mit eigenen und fremden Geldmitteln finanzieren konnten.

Der Traum vom Eigenheim wird nur dann zum Albtraum, wenn Haus oder Wohnung aus finanziellen Gründen verkauft werden müssen und zu wirtschaftlichen Verlusten führt. Dies passiert vor allem dann, wenn eine Finanzierung trotz zu geringer eigener Geldmittel und hoher monatlicher Belastung für Zins und Tilgung auf Biegen oder Brechen in Kauf genommen wird.

Damit das Eigenheim als Königsweg zur Altersvorsorge (siehe Kapitel 2.1) auserkoren werden kann, müssen mehrere Voraussetzungen erfüllt werden. Getreu dem Motto „Eigentum statt Miete" muss Bauen oder Kaufen dem Mieten gerade auch aus finanzieller Sicht überlegen sein. Dies trifft bei drastisch gestiegenen Immobilienpreisen in den Top Sieben der Immobilienstädte (München, Stuttgart, Frankfurt, Köln, Düsseldorf, Hamburg und Berlin) zurzeit nur noch selten zu. Dort wird es oft heißen „Der Laie baut oder kauft, der Fachmann wohnt zur Miete".

Am Ballungsrand und in ländlichen Regionen sieht dies meist noch anders aus. Dort ist auch heute noch Kaufen günstiger als Mieten, was vor allem auf die historisch niedrigen Hypothekenzinsen zurückzuführen ist.

Zu Beginn des Ruhestands sollte das geliebte Eigenheim schuldenfrei sein. Dann kann der Rentner oder Pensionär endlich das miet- und schuldenfreie Wohnen genießen (siehe Kapitel 2.2). In Höhe der ersparten Wohnkosten entsteht ein geldwerter Vorteil, der durchaus als „Rente" bezeichnet werden kann. Schließlich kommt es bei einer gesicherten Altersversorgung nicht darauf an, ob diese durch höhere Einnahmen (zum Beispiel gesetzliche Rente plus Betriebsrente) oder geringere Ausgaben (zum Beispiel ersparte Miet- und Zinskosten) erfolgt.

Die Wohn-Riester-Rente ermöglicht die Riester-Förderung auch beim Eigenheim. Durch Einsatz der Riester-Verträge bei der Tilgung erfolgt eine schnellere Entschuldung des Eigenheims. Spätestens ab dem 68. Lebensjahr müssen aber Steuern bezahlt werden, da das Riester-Kapital fiktiv mit 2 Prozent verzinst wird und dann voll versteuert werden muss. Eine tatsächliche Rente in Geldform fließt dem entschuldeten Haus- und Wohnungseigentümer nicht zu. Insofern ist das Wort „Eigenheimrente" missverständlich.

2.1. Eigenheim als Königsweg zur Altersvorsorge

Das Eigenheim als Königsweg zur Altersvorsorge? Darüber gehen die Meinungen selbst unter Fachleuten auseinander. Die eine Gruppe, wozu sich auch der Autor dieses Ratgebers zählt, bejaht diese These aus eigenen positiven Erfahrungen. Die andere Gruppe stellt dies in Abrede und gibt der Anlage in Aktien den Vorzug.

Besonders kritisch sah dies beispielsweise ein Journalist, der am 5.6.1997 in der Wirtschaftswoche folgendes schrieb:

„Wer in den eigenen vier Wänden wohnen will, nimmt meist hohe Schulden auf. Statt für den Vermögensaufbau werden freie Mittel dann zur Tilgung verwendet. Dazu nehmen Hauseigentümer häufig massive Einschränkungen ihrer beruflichen Mobilität in Kauf. Wer dagegen statt einen Kredit abzuzahlen zur Miete wohnt und in Aktien investiert, bleibt flexibel und erzielt zumindest ähnlich hohe Renditen. Beim Eintritt in den Ruhestand kann der Neurentner einen Teil seines Vermögens auflösen und die Wunschimmobilie erwerben. Schließlich, so die Immobilienfans, ist im Alter nichts wertvoller als das selbst bezahlte, selbstgenutzte Eigenheim. Ob die Rendite der selbstgenutzten Immobilie mit der Aktie mithalten kann, ist ungewiss".

In diesem Beitrag steckt viel Richtiges (hohe Schulden für ein Eigenheim, Verwendung freier Mittel zur Tilgung, eingeschränkte berufliche Mobilität, schuldenfreies Eigenheim im Alter). Die Empfehlung, zunächst in Aktien zu investieren und erst zu Beginn des Ruhestands ein selbstgenutztes Eigenheim ohne Aufnahme von Schulden zu kaufen, ist aber kritisch zu sehen. Wer dieser Empfehlung folgt, verzichtet auf mehr Lebensqualität, mehr Freiheit bei Familien mit Kindern und vor allem auf die Unabhängigkeit vom Vermieter. Zudem können die Immobilienpreise bis zum Ruhestand so stark gestiegen sein, dass die eigenen Mittel zur Finanzierung des Eigenheims nicht ausreichen.

Die Abhängigkeit von steigenden Mieten steht der Abhängigkeit von Hypothekenzinsen und Tilgungsbeträgen in nichts nach. Wie lautet doch das Sprichwort: „Zins und Miete schlafen nicht". Die Belastung des Eigentümers mit Zins und Tilgung wird nach völliger Entschuldung auf Null sinken, während der Mieter mit weiteren Mietsteigerungen rechnen muss.

Die möglichen Nachteile eines Eigenheims wie geringere Flexibilität bei beruflich bedingtem Ortswechsel oder langfristige Bindung von eigenen Geldmitteln sollen selbstverständlich nicht verschwiegen werden. Andererseits sprechen bei Mietern mit ausreichend vorhandenem Eigenkapital und einer dauerhaft tragbaren monatlichen Belastung aus Zins und Tilgung viele wirtschaftliche Faktoren für den Umstieg von Miete auf Eigentum: Sicherheit vor Mietsteigerungen und Kündigungen, Hoffnung auf Wertsteigerung oder zumindest Werterhalt des Eigenheims sowie miet- und schuldenfreies Wohnen im Alter nach vollständiger Rückzahlung des Hypothekendarlehens.

Vergleich „Eigentum statt Miete"

Ob Eigentum langfristig besser als Miete und Kaufen günstiger als Mieten ist, können Sie mit Hilfe des kostenlosen Finanztest-Rechners „Immobilien: Kaufen oder mieten" unter www.test.de/rechner selbst überprüfen.

Im Musterfall von Finanztest (Kaufpreis 300.000 Euro plus Kaufnebenkosten 40.000 Euro, Jahresnettokaltmiete 12.000 Euro minus Instandhaltungs- und Verwaltungskosten 3.500 Euro, Eigenkapital 75.000 Euro, Hypothekendarlehen mit 2 Prozent Sollzins und 3 Prozent Tilgung über 25,8 Jahre, Geldanlagezins für Mieter 1,5 Prozent) schlägt der Käufer den Mieter erst ab dem 13. Jahr. Sowohl die jährliche Belastung als auch das Vermögen des Eigenheims übersteigt ab diesem Jahr Belastung und Vermögen des Mieters. Die Eigenkapitalrendite nach 20 bzw. 30 Jahren wird mit rund 3 Prozent errechnet.

Die einmaligen Kaufnebenkosten sind in diesem Musterfall mit über 13 Prozent des Kaufpreises sehr hoch angesetzt. Gleiches gilt für die Instandhaltungs- und Verwaltungskosten von über 29 Prozent der Jahresnettokaltmiete. Geht man von Kaufnebenkosten in Höhe von 25.000 Euro aus (= 6,5 Prozent Grunderwerbsteuer plus 1,8 Prozent Notar- und Gerichtsgebühren), sinkt das erforderliche Eigenkapital auf 60.000 Euro und damit auf 20 Prozent des reinen Kaufpreises.

Auch die laufenden Instandhaltungs- und Verwaltungskosten können beim Kauf eines Reihenhauses mit beispielsweise 125 qm Wohnfläche niedriger sein. Kosten für den Hausverwalter wie bei einer selbstgenutzten Eigentumswohnung entfallen. Sofern man die Instandhaltungskosten mit 12 Euro pro qm Wohnfläche im Jahr einkalkuliert, sind es im Jahr nur 1.500 statt 3.500 Euro.

In diesem Fall von geringeren einmaligen Kaufnebenkosten und gleichzeitig auch geringeren Instandhaltungs- und Verwaltungskosten ist der Käufer bereits ab dem 6. Jahr hinsichtlich Belastung und Vermögen im Vorteil gegenüber einem Mieter. Die Eigenkapitalrendite nach 20 bzw. 30 Jahren steigt dadurch bereits auf 5 Prozent.

Diese Alternativrechnung belegt, wie stark die einmaligen und laufenden Nebenkosten zu Buche schlagen. Gelingt eine Senkung dieser Kosten durch Kauf eines Eigenheims ohne Maklerprovision und ohne höheren Instandhaltungsaufwand, profitiert der Eigentümer.

Fast alle Rechenvergleiche „Eigentum statt Miete" kommen zu dem Ergebnis: Auf lange Sicht schlägt der Eigentümer aus wirtschaftliche Sicht den Mieter. Dies gilt sowohl für den Belastungs- als auch den Vermögensvergleich. In den ersten Jahren hat der Mieter die Nase vorn, nach beispielsweise 10 Jahren aber der Eigentümer. Spätestens nach völliger Entschuldung des Eigenheims (im Musterfall und abgewandeltem Fall nach 25 Jahren und 10 Monaten) steht der Eigentümer als Gewinner fest.

Beim **Belastungsvergleich** wird die Belastung des Mieters (Nettokaltmiete plus Betriebskosten) mit der Belastung des Eigentümers aus Schuldendienst (Zins und Tilgung) und Bewirtschaftung (Betriebs-, Instandhaltungs- und Verwaltungskosten) verglichen.

Dem Pluspunkt Miet- bzw. Wohnkostenersparnis (als ersparte Nettokaltmiete minus zusätzlicher Instandhaltungs- und Verwaltungskosten für das Eigenheim) stehen beim Eigentümer zwei Minuspunkte gegenüber – Zinskosten für Hypothekendarlehen und entgangene Guthabenzinsen für das eingesetzte Eigenkapital.

Die entgangenen Guthabenzinsen wirken sich in einer anhaltenden Niedrig- bis Nullzinsphase allerdings kaum negativ aus. Wenn der Sollzinssatz für das Hypothekendarlehen von beispielsweise 2 Prozent zudem unter einer kalkulatorischen Nettomietrendite von 3 Prozent liegt, ist dies für den Eigentümer positiv.

Tilgungszahlungen können nicht als Minuspunkt angesehen werden, da sie dem Schuldenabbau und damit indirekt dem Aufbau von Vermögen dienen. Sie erhöhen also das im Eigenheim gebundene Eigenkapital.

Beim **Vermögensvergleich** zu „Eigentum statt Miete" muss die Wertentwicklung des Immobilien-Reinvermögens (Kaufpreis minus jeweilige Restschulden) mit dem von Mieter gebildeten Geldvermögen (einschließlich Zins und Zinseszins) verglichen werden. Aus Vorsichtsgründen sollte man keine Wertsteigerungen beim Eigenheim ansetzen, da die Immobilienpreise in den letzten zehn Jahren bereits sehr stark gestiegen sind und in naher Zukunft mehr oder minder große Preiseinbrüche vor allem in den Ballungsgebieten zu befürchten sind.

Alle für die Zukunft getroffenen Annahmen über einen langen Zeitraum von 20 bis 40 Jahren gleichen einem Blick in die Glaskugel und sind daher grundsätzlich mit Vorsicht zu genießen. Letztlich kann es sich beim Vergleich „Eigentum statt Miete" immer nur um langfristige Vorausberechnungen auf der Basis von Annahmen handeln und nicht um verlässliche Prognosen, die nach dem bekannten Spruch von Mark Twain unsicher sein müssen, da sie in die Zukunft gerichtet sind.

Angesichts drastisch gestiegener Immobilienpreise in 14 Großstädten mit mehr als 500.000 Einwohnern empfiehlt die Wirtschaftswoche potenziellen Selbstnutzern nur in den Großstädten Dresden, Leipzig, Dortmund, Essen und Bremen einen Kauf (siehe Wirtschaftswoche Nr. 7 vom 9.2.2018). Für die übrigen neun Großstädte (München, Stuttgart, Frankfurt, Köln, Düsseldorf, Hamburg, Berlin, Hannover, Nürnberg) wird Mieten empfohlen.

In den 25 Mittelstädten mit 200.000 bis 500.000 Einwohnern lautet in 13 Fällen und damit der Hälfte die Empfehlung „Kaufen". Dazu zählen die Städte Mannheim, Mönchengladbach, Wuppertal, Duisburg, Oberhausen, Bochum, Gelsenkirchen, Bielefeld, Rostock, Madeburg, Erfurt, Chemnitz und Halle an der Saale.

Selbstgenutzte Eigenheime in Deutschland

Acht von zehn Bundesbürgern möchten in den eigenen vier Wänden wohnen, aber nur knapp die Hälfte hat sich ihren Traum vom Eigenheim bereits erfüllt. Nur 17 von rund 40 Millionen Haushalten wohnen im eigenen Haus oder in der eigenen Wohnung. Die **Wohneigentumsquote**, also der Anteil der von Eigentümer selbstbewohnten Häusern und Wohnungen im Verhältnis zur Gesamtzahl aller Häuser und Wohnungen, liegt in Deutschland weiterhin nur bei 43 Prozent.

Rund 70 Prozent der Selbstnutzer haben sich für ein selbstbewohntes Einfamilienhaus (freistehend, Doppelhaushälfte oder Reihenhaus) oder Zweifamilienhaus (mit einer meist an Angehörige vermieteten kleineren Wohnung) entschieden. Die restlichen 30 Prozent nutzen ihre Eigentumswohnung oder eine Wohnung in einem ihnen gehörenden Mehrfamilienhaus selbst.

Der Anteil der selbstgenutzten Eigentumswohnungen nimmt im Vergleich zu den selbstbewohnten Ein- oder Zweifamilienhäusern zwar ständig zu. Rund fünf Millionen Eigentumswohnungen werden von ihren Eigentümern selbst genutzt. Dies sind 53 Prozent und damit gut die Hälfte aller Eigentumswohnungen. Die restlichen 4,3 Millionen Eigentumswohnungen werden vermietet.

2.2. Selbstnutzungs- und Tilgungsphase

Jeder „Eigenheimer" kennt die Freude nach geglücktem Einzug ins eigene Haus. Die Erwerbs- und Finanzierungsphase ist vorüber. Der Stress der vergangenen Wochen und Monate wird langsam abgebaut, da meist nur noch kleinere Arbeiten in Haus oder Garten anfallen. Man ist glücklich und auch ein wenig stolz darauf, dass man es geschafft hat.

Die nach Einzug beginnende **Nutzungsphase** können Sie nun wörtlich nehmen. Nach dem Aufstieg vom Mieter zum Eigentümer nutzen Sie Ihr Eigenheim selbst, meist zusammen mit Ihrer Familie. Als Selbst- bzw. Eigennutzer sind Sie nun „Herr im eigenen Haus". Sie nutzen die neuen Freiheiten und verschaffen sich mehr Lebensqualität. Die Unabhängigkeit vom Vermieter beschert Ihnen ein mietfreies Wohnen.

Sehr schnell erkennen Sie aber, dass dies mit einer neuen Abhängigkeit von Banken oder Bausparkassen erkauft wird, da Sie fremde Geldmittel aufnehmen mussten. Mietfrei bedeutet eben nicht automatisch schuldenfrei. Die Schuldenfreiheit müssen Sie sich in der Nutzungsphase noch durch eine geeignete **Tilgungsstrategie** erkämpfen. Insofern sollten Sie die Phase der Selbstnutzung auch als Tilgungs- und Entschuldungsphase ansehen. Der Aspekt einer planmäßigen Entschuldung wird von vielen Selbstnutzern jedoch unterschätzt oder sogar ganz vernachlässigt.

Was nützt Ihnen aber ein Eigenheim, wenn Ihnen die aufgenommenen Schulden über den Kopf wachsen und Sie noch als 70-Jähriger an deren Abtragung arbeiten müssen? „Schornsteinhypotheken" nach Art der Voll- oder Überfinanzierung oder „Methusalemhypotheken" mit extrem langen Darlehenslaufzeiten und Eigenheimschulden noch im hohen Alter werden Ihre Freude im Laufe der Zeit erheblich trüben.

Planen Sie daher die für Sie persönlich geeignete Tilgung Ihrer Hypothekendarlehen und damit die Entschuldung Ihres Eigenheims von Anfang an ein und sehen Sie die laufenden Tilgungszahlungen und Sondertilgungen unter dem positiven Aspekt des Vermögensaufbaus. Mit jedem getilgten Euro erhöhen Sie Ihren Eigenkapitalanteil und damit Ihr Reinvermögen. Die durch Tilgung ersparten Zinskosten bringen Ihnen eine Rendite, die Sie mit einer Festgeldanlage nicht erreichen können.

Ihr Ziel sollte es sein, die Hypothekenschulden spätestens bei Renten- bzw. Pensionsbeginn auf Null zu bringen. Die individuelle **Tilgungsdauer** lässt sich dann ganz einfach durch die Formel „geplanter Ruhestandsbeginn (z.B. 65 Jahre) minus Finanzierungsbeginn (z.B. 35 Jahre)" berechnen.

In diesem Beispiel liegt die Tilgungsdauer bei 30 Jahren, Sie verkürzt sich auf 25 Jahre, wenn Sie erst mit 40 Jahren Ihr Eigenheim erwerben und finanzieren. Eine weitere Verkürzung der Tilgungsdauer auf beispielsweise 20 Jahre ist erforderlich, wenn Sie bereits mit 60 Jahren in einem schuldenfreien Eigenheim wohnen wollen.

Volltilgerdarlehen

Um bei der Finanzierung jegliches Zinsrisiko in der Zukunft auszuschließen, empfiehlt sich in Niedrigzinsphasen für Selbstnutzer ein **Volltilgerdarlehen**. Bei einem angenommenen Sollzins von 2 Prozent über die gesamte Laufzeit läge der Tilgungssatz beispielsweise nur bei 2,44 Prozent, sofern das Hypothekendarlehen erst nach 30 Jahren vollständig getilgt sein soll. Der jährliche Tilgungssatz zuzüglich ersparter Zinsen steigt jedoch auf 3,09 bzw. 4,06 Prozent bei einer Tilgungsdauer von 25 bzw. 20 Jahren (siehe Tabelle 1).

Tabelle 1: Volltilgerdarlehen mit Tilgungsdauer über 30, 25 oder 20 Jahre

Tilgungsdauer	Sollzins 1,5%	Sollzins 2%	Sollzins 2,5%
30 Jahre	Tilgung 2,64%	Tilgung 2,44%	Tilgung 2,24%
25 Jahre	„ 3,30%	„ 3,09%	„ 2,88%
20 Jahre	„ 4,29%	„ 4,06%	„ 3,86%

Ein Volltilgerdarlehen über 25 Jahre erfordert somit jährlich 5,09 Prozent der Darlehenssumme für Zins und Tilgung, sofern der Sollzins bei 2 Prozent liegt. Über 25 Jahre gerechnet, müssen somit insgesamt 127,25 Prozent an die Bank gezahlt werden. Davon entfallen 27,25 Prozent auf den Gesamtzinsaufwand und 100 Prozent auf die vollständige Tilgung.

Eine Zinsbindung bzw. „Zinsehe mit der Bank" von 20 bis 30 Jahren bis zur völligen Entschuldung ist gerade in Niedrigzinsphasen für potenzielle Käufer eines Eigenheims attraktiv. Ehen halten bekanntlich nicht immer, sondern werden häufig geschieden. Dies kann bei der Zinsehe über ein Volltilgerdarlehen nicht geschehen. Die Bank kann in diesem Fall nur die „Darlehensscheidung" einreichen, wenn Sie die geforderten Zins- und Tilgungsraten nicht bezahlen.

Beim Volltilgerdarlehen werden die Hypothekenschulden bis zum Ende der von vornherein festgelegten Tilgungsdauer komplett zurückgezahlt. Ein Zinsänderungsrisiko besteht für den Hypothekenschuldner nicht mehr, da eine Anschlussfinanzierung nach Ablauf der Zinsbindung entfällt.

Das Volltilgerdarlehen ist bequem und auch für Finanzierungslaien gut verständlich. Bei gegebener Tilgungsdauer und bekanntem Sollzins (z.B. 25 Tilgungsjahre und Sollzins 2,25 Prozent) können Tüftler den Tilgungssatz auch bequem mit ihrem Taschenrechner selbst berechnen, sofern dieser eine x^y -Taste hat. Dazu gibt es folgende Formel:

Berechnung des Tilgungssatzes:

$$t = p : [(1 + p : 1200)^{12\,n} - 1]$$

mit t = Tilgungssatz, p = Sollzinssatz, n = Tilgungsdauer

Sie benötigen also nur den Sollzins p und die Tilgungsdauer n, um bei monatlicher Ratenzahlung den exakten Tilgungssatz t zu berechnen. Im Beispiel (2,25 Prozent Sollzins und 25 Tilgungsjahre) kommt mit Hilfe der Formel dann ein Tilgungssatz von 2,98 Prozent heraus. Der Belastungssatz aus Zins und Tilgung liegt folglich bei 5,23 Prozent. Das heißt: Jedes Jahr müssten Sie eine Belastung von 5,23 Prozent der Darlehenssumme tragen.

Zusatztipp: Schließen Sie zusätzlich eine preisgünstige Restschuldversicherung bei einem Direktversicherer wie Europa oder CosmosDirekt ab, um Ihren Ehepartner im Falle Ihres Todes finanziell abzusichern. Diese flexible Risikolebensversicherung passt sich punktgenau an die von Jahr zu Jahr sinkenden Restschulden laut Tilgungsplan an.

Für Haus- und Wohnungseigentümer, die ihre Immobilie auf längere Sicht selbst nutzen wollen, bietet das Volltilgerdarlehen eine **langfristige Zins- und Kalkulationssicherheit**. Sie müssen nur einen einzigen Darlehensvertrag abschließen, eine Anschlussfinanzierung entfällt.

Angesichts aktuell niedriger Hypothekenzinsen ist es unwahrscheinlich, dass es künftig einen wesentlich zinsgünstigeren Zeitpunkt zur Immobilienfinanzierung gibt als heute. Wenn die Effektivzinsen für eine 25-, 20-, oder 15jährige Zinsbindung in zehn Jahren dennoch unter den heutigen Effektivzinsen liegen sollten, kann das jetzige Volltilgerdarlehen zum Ende des zehnten Jahres gekündigt und durch ein neues Volltilgerdarlehen mit noch günstigeren Zinskonditionen für die restliche Tilgungsdauer abgelöst werden.

Wenn die wirtschaftlichen und persönlichen Verhältnisse des Darlehensnehmers so bleiben wie heute, gilt am Ende die Erkenntnis: „Was lange währt, wird wirklich gut":

Lohnenswert ist ein Volltilgerdarlehen auch, wenn eine Zinsbindung gerade ausläuft und eine Anschlussfinanzierung ansteht. Die Restschuld kann dann per Volltilgerdarlehen ebenfalls innerhalb eines festgelegten Zeitraums komplett getilgt werden.

Die eventuellen **Risiken eines Volltilgerdarlehens** sind dennoch nicht zu unterschätzen. Für reine Selbstnutzer ist das Volltilgerdarlehen relativ starr und unflexibel. Eine jährliche Sondertilgung bis zu 5 oder 10 Prozent der Darlehenssumme wird von den Banken in aller Regel ausgeschlossen. Daher trifft angesichts der jahrzehntelangen Zinsbindung das Sprichwort zu: „Drum prüfe, wer sich lange bindet". Eine flexible Tilgung sieht anders aus.

Ein mit dem Wechsel des Arbeitsplatzes verbundener Ortswechsel zwingt meist zum Verkauf des Eigenheims und zur Zahlung einer **Vorfälligkeitsentschädigung,** sofern die Zehnjahresfrist noch nicht abgelaufen ist. Wenn jedoch ein zweiter Eigenheimerwerb am neuen Wohnort geplant ist, kann das laufende Volltilgerdarlehen im Wege des Pfandtausches problemlos auf dieses neue Eigenheim übertragen werden.

Wirkliche Risiken entstehen typischerweise erst beim Notverkauf des Eigenheims, falls die monatliche Belastung nicht mehr tragbar ist. Gründe sind Arbeitslosigkeit, Invalidität, schwere Erkrankung oder Scheidung mit den entsprechend negativen finanziellen Folgen. In diesem Fall kann nicht nur das Eigenheim selbst, sondern auch das damit verbundene Volltilgerdarlehen zum Albtraum werden.

Wägen Sie als Selbstnutzer eines Einfamilienhauses oder einer Eigentumswohnung die Chancen und Risiken eines Volltilgerdarlehens für Ihr Eigenheim aus Ihrer ganz persönlichen Sicht sorgfältig ab. Greifen Sie zu, wenn die Chancen in Ihrem Fall die Risiken eindeutig überwiegen.

Flexible Tilgung

Eine Alternative zum Volltilgerdarlehen stellt die **flexible Tilgung** dar. Dabei wird zunächst eine **Abschnittsfinanzierung** mit einer Zinsbindungsdauer von beispielsweise 15 Jahren gewählt im Kombination mit einer flexiblem Tilgungsrate und Möglichkeiten zur Sondertilgung.

Für die Finanzierung der eigenen vier Wände kann eine **rasche Entschuldung** nur von Vorteil sein. In Niedrigzinsphasen gelingt dies eher, da die Belastung aus Zins und Tilgung auf ein erträgliches Niveau sinkt. Sofern am Ende der Zinsbindungsdauer noch eine Restschuld verbleibt, wird diese auf einen Schlag abgelöst oder es erfolgt noch eine **Anschlussfinanzierung.**

Die gesamte Tilgungsdauer hängt von der Höhe des Zins- und Tilgungssatzes ab (siehe Tabelle 2). Der Sollzinssatz steigt mit der Länge der gewünschten Zinsbindungsdauer.

Tabelle 2: Tilgungsdauer in Jahren bis zur Entschuldung

Tilgungssatz

Sollzins	1%	2%	3%
1,0%	72,3	40,7	28,9
1,5%	61,1	37,3	27,0
2,0%	55,0	34,7	25,6
2,5%	50,2	32,5	24,3
3,0%	46,3	30,5	23,1
3,5%	43,0	29,0	22,1
4,0%	40,3	27,5	21,1
4,5%	37,8	26,2	20,4
5,0%	35,9	25,1	19,7
5,5%	34,1	24,1	19,0
6,0%	32,5	23,2	18,4

Sinnvoll ist es, mit dem Kreditgeber eine **flexible Tilgungsrate** zu vereinbaren. Sie können dann während der Zinsbindung ein- oder zweimal den Tilgungssatz ändern, also diesen bei mehr finanzieller Luft erhöhen oder bei finanziellen Engpässen auf 1 Prozent pro Jahr senken. Die meisten Banken lassen einen flexiblen Tilgungssatz zwischen 1 und 5 Prozent pro Jahr zuzüglich ersparter Zinsen zu.

Auf jeden Fall sollten Sie sich auch das Recht auf **Sondertilgung** während der Zinsbindung vertraglich einräumen lassen. Dazu sind mittlerweile fast alle Banken außer bei Volltilgerdarlehen bereit und lassen eine Sondertilgung bis zu 5 oder gar 10 Prozent der Darlehenssumme jährlich zu, also über die regelmäßige Tilgung von mindestens 1 Prozent der Darlehenssumme pro Jahr hinaus.

Auch die Kombination einer flexiblen Tilgungsrate zwischen 1 und 5 Prozent pro Jahr und einer jährlichen Sondertilgung von 5 oder 10 Prozent der Darlehenssumme ist möglich. Die Tilgungsdauer verkürzt sich dann besonders schnell, wenn neben einer hohen jährlichen Tilgungsrate von beispielsweise 4 Prozent pro Jahr zuzüglich ersparter Zinsen zusätzlich noch eine Sondertilgung von 5 Prozent der Darlehenssumme erfolgt.

Die flexible Tilgung empfiehlt sich als Alternative vor allem den **Hypothekenschuldnern,** die auf das Volltilgerdarlehen mit starren Konditionen für Zinssatz, Zinsbindungsdauer, Tilgungssatz und Tilgungsdauer verzichten wollen. Oft ändert sich die finanzielle Situation während der Laufzeit des Darlehens, so dass eine Änderung der Tilgungskonditionen sinnvoll ist. Mit einer flexiblen Tilgung beugen Sie zudem den ärgerlichen Vorfälligkeitsentschädigungen bei vorzeitigem Ausstieg vor Ende der Zinsbindung vor.

Eine besondere Tilgungsvariante kann durch das **Darlehenssplitting** erfolgen. Beim größeren Darlehen entscheiden Sie sich für eine lange Zinsbindung (zum Beispiel 15 Jahre) mit einem höheren Tilgungssatz (z. B. 2 oder 3 Prozent pro Jahr), während Sie bei dem vom Betrag her kleineren Darlehen eine kürzere Zinsbindung (z.B. 10 Jahre) mit dem üblichen Tilgungssatz von nur 1 Prozent pro Jahr wählen. Damit splitten Sie sowohl die benötigte Darlehenssumme als auch Zinsbindungsdauer und Tilgungssatz. Sie gewinnen dadurch mehr Flexibilität bei der laufenden Entschuldung.

Im Prinzip handelt es sich um ein **Kombidarlehen**, das aus zwei Teilen besteht – einem größeren Teil mit langer Zinsbindung und einem kleineren Teil mit kurzer Zinsbindung..

Wenn die Zinsbindung des Hypothekendarlehens ausläuft, müssen Sie sich neu orientieren. Zwar ist es bequem, einfach das Verlängerungsangebot der alten Bank anzunehmen. Doch manche Banken jubeln ihren alten Kunden schlechtere Konditionen unter als Neukunden. Der Vergleich mit den Zinskonditionen von Konkurrenzbanken lohnt.

Für Haus- und Wohnungseigentümer mit schon länger laufenden Darlehen und noch hohen Zinsen bieten Zinsneuvereinbarungen auf niedrigerem Niveau besonders günstige Gelegenheiten. Es gilt, die Gunst der Stunde zu nutzen und sich schon frühzeitig vor dem Ende der Zinsbindung um eine dann **zinsgünstigere Anschlussfinanzierung** zu kümmern. Holen Sie daher von der Bank, die für die Erstfinanzierung zuständig war, rechtzeitig Angebote für eine Zinsneuvereinbarung ein und vergleichen Sie diese mit Angeboten der Konkurrenz.

Seit August 2008 sind Banken dazu verpflichtet, ihren Kunden spätestens drei Monate vor dem Ende der Zinsbindung mitzuteilen, ob und zu welchen Konditionen sie den Kredit verlängern. So haben Kreditnehmer zumindest etwas Zeit, das Angebot zu prüfen, Kreditangebote anderer Banken einzuholen und über bessere Konditionen zu verhandeln.

Es lohnt sich, die Entwicklung der Hypothekenzinsen schon frühzeitig zu beobachten. Sind die Zinsen noch niedrig und rechnen Sie mit künftig höheren Zinssätzen, können Sie den nötigen Anschlusskredit auch bis zu drei oder gar noch mehr Jahre vor dem Ende der Zinsbindung Ihres Darlehens abschließen - zum Beispiel mit einem **Forwarddarlehen**, das mit einem Zinszuschlag auf den sonst üblichen Sollzins vergeben wird. Lassen Sie sich auch die Höhe des Restdarlehens, die Rate, die Konditionen für Sondertilgungen und Ratenwechsel sowie die erwartete Restschuld nach Ablauf der neuen Zinsbindung nennen.

Ein **Bankwechsel** ist längst nicht so aufwändig, wie es manche Banken ihren Kunden weismachen wollen. Die Abtretung der Grundschuld an die neue Bank kostet in der Regel nicht mehr als 0,3 Prozent der Restschuld. Die neue Bank kümmert sich um den Wechsel, mitunter erstattet sie sogar die Kosten. Für den Kunden fallen dann nur noch die üblichen Gebühren für die Änderungen im Grundbuch an.

Zinssichere Kombikredite der Bausparkassen

Auch Bauspar-Kombikredite können eine Alternative zum Volltilgerdarlehen sein. Die Gesamtlaufzeit geht typischerweise über 18 bis 28 Jahre. In der ersten, meist 8 bis 14 Jahre dauernden Phase, zahlt der Kreditnehmer nur Zinsen für ein Sofort- bzw. Vorausdarlehen. Gleichzeitig schließt er einen Bausparvertrag ab, dessen Bausparsumme mit der Darlehenssumme übereinstimmt, und zahlt regelmäßige Sparraten. Er ist in dieser ersten Phase also Kreditnehmer und Bausparer zugleich.

Nach Erreichen des Mindestbausparguthabens von meist 40 Prozent der Darlehenssumme und einer entsprechenden Bewertungszahl wird der Bausparvertrag zugeteilt. In der zweiten Phase wird dann das Bauspardarlehen, das sich aus der Differenz von Bausparsumme und Bauspargut-haben ergibt, innerhalb von beispielsweise 10 Jahren mit Zins und Tilgung zurückgezahlt.

Der Gesamteffektivzins für solche Kombikredite der Bausparkassen lag Anfang Februar 2018 laut Finanztest je nach Gesamtlaufzeit und Bau-sparkasse zwischen 1,64 und 2,54 Prozent. Das mit nur 1,64 Prozent zins-günstigste Angebot kam von der LBS Bayern und setzte eine Gesamtlauf-zeit von nur 18 Jahren voraus. Entsprechend hoch war der jährliche Belas-tungssatz von 6,1 bis 6,6 Prozent.

Bei einer Gesamtlaufzeit von 28 Jahren kam mit 1,85 Prozent das vom Effektivzins her günstigste Angebot von der Bausparkasse Alte Leipziger. Der jährliche Belastungssatz sank hierbei auf 4,4 bis 4,9 Prozent.

Die meisten Bausparkassen bieten auch Riester-Kombikredite an. Hierbei wird die Riester-Förderung in der ersten Phase zum Bausparen und in der zweiten Phase zur Tilgung des Bauspardarlehens genutzt. Die-se nur für die Finanzierung von Eigenheimen mögliche Förderung wird auch Wohn-Riester-Rente genannt.

Wohn-Riester-Rente

Die im Jahr 2008 für Selbstnutzer von Wohnimmobilien eingeführte und ab Anfang 2014 deutlich verbesserte Riester-Förderung bietet inzwi-schen eine ganze Fülle von Möglichkeiten:

- **Bausparen** bis zu jährlich 2.100 Euro einschließlich Riester-Zulage
- **Tilgung** eines Bauspardarlehens oder eines Bankdarlehens mit jähr-lich bis zu höchstens 2.100 Euro einschließlich Riester-Zulage (also laufende Tilgung statt Sparen mit Riester)
- Verwendung eines Riester-Guthabens als **Eigenkapital** für die Fi-nanzierung der selbstgenutzten Eigentumswohnung (also Erhöhung des reinen Eigenkapitals)
- Verwendung des Riester-Guthabens zur völligen **Entschuldung** des Eigenheims (zum Beispiel bei Rentenbeginn)
- Verwendung des Riester-Guthabens für den **altersgerechten Umbau** des Eigenheims (zum Beispiel Installation einer bodengleichen Du-sche, Abbau von Schwellen, Einbau von breiteren Türen).

Bei allen Vorteilen, die Wohn-Riester bei der Finanzierung von selbstgenutztem Haus- und Wohnungseigentum bietet, darf aber der Nachteil der nachgelagerten **Besteuerung der Wohn-Riester-Rente** im Alter nicht außer acht gelassen werden.

Die Zentrale Zulagenstelle erfasst alle geförderten Riester-Beträge (also auch Entnahmen und laufende Tilgungen) auf einem speziellen Wohnförderkonto, das fiktiv mit 2 Prozent pro Jahr verzinst wird. Die komplette Summe einschließlich 2 Prozent Zins pro Jahr ist dann im Alter zu versteuern.

Als Eigentümer haben Sie die Wahl: Sie können die Summe in jährlichen Raten bis zum 85. Lebensjahr versteuern oder auf einen Schlag 70 Prozent der Summe sofort versteuern lassen. Ab 2014 ist auch ein Wechsel von der jährlichen zur einmaligen Besteuerung mit einem Rabatt von 30 Prozent jederzeit möglich.

Dazu ein Rechenbeispiel: Nach 20 Jahren mit einem Riester-Beitrag von 2.100 Euro jährlich und einem fiktiven Zins von 2 Prozent sammeln sich auf dem Wohnförderkonto insgesamt 51.535 Euro an. Wenn Sie diese 51.535 Euro steuerlich auf 20 Jahre (vom 65. bis 85. Lebensjahr) verteilen, errechnet sich ein jährlich zu versteuernder Betrag von 2.577 Euro. Bei einem persönlichen Grenzsteuersatz von 25 Prozent wären dann jedes Jahr 644 Euro an Steuern zu zahlen.

Die Einmalbesteuerung von 36.075 Euro, also nur 70 Prozent von 51.535 Euro, in einem Jahr wird aber selten deutlich günstiger sein. Infolge des auf beispielsweise 35 Prozent steigenden Grenzsteuersatzes müssten auf einen Schlag 12.626 Euro an Steuern gezahlt werden. Das wäre kaum weniger als bei der regelmäßigen Besteuerung, die zu insgesamt 12.880 Euro an Steuern (= 644 Euro pro Jahr x 20 Jahre) führt.

Die Wohn-Riester-Rente, der keine Geldrente im Alter gegenüber steht, unterscheidet sich wegen dieser pauschalen Besteuerung von der üblichen Riester-Rente. Da keine laufende Rente zufließt, sondern im Gegenteil noch Steuern abfließen, ist die Bezeichnung „Eigenheimrente" missverständlich. Tatsächlich erhält der Selbstnutzer eines Eigenheims gar keine Rente. In Wirklichkeit erleichtert Wohn-Riester nur die Finanzierung eines Eigenheims, führt aber nach völliger Entschuldung im Alter in Form der Steuerzahlung zu zusätzlichen Ausgaben.

2.3. Mietersparnis bei schuldenfreiem Eigenheim als Quasirente im Alter

Sofern das Eigenheim im Alter schuldenfrei ist, beginnt die Erntephase. Bildlich gesprochen, stellt das miet- und schuldenfreie Eigenheim die Ernte nach einer langen Darlehensphase dar. Wie ein Apfelbaum wirft das Eigenheim nun Früchte ab. Nicht nur die bisher schon bestehende Unabhängigkeit von Vermietern, sondern auch die neue Unabhängigkeit von Finanzierungsinstituten wie Banken oder Bausparkassen tritt nun ein.

Die viel gepriesene **Mietersparnis** sollte aber nicht überschätzt werden. Von der ersparten Nettokaltmiete müssen noch die laufenden Instandhaltungs- und Verwaltungskosten abgezogen werden, die ein Mieter gar nicht zu tragen hätte. Letztlich handelt es sich also um eine Wohnkostenersparnis in Höhe einer vergleichbaren Nettokaltmiete minus Instandhaltungs- und Verwaltungskosten.

Wohnkostenersparnis

Ein Beispiel mag diese **Wohnkostenersparnis** in Euro ausdrücken. Wenn ein 125 qm großes Reihenhaus für monatlich 1.000 Euro netto kalt (= monatliche Nettokaltmiete 8 Euro pro qm x 125 qm Wohnfläche) vermietet werden könnte, müssten bei einem älteren Haus schätzungsweise monatlich 200 Euro (= monatliche Instandhaltungsrücklage 1,60 Euro pro qm x 125 qm Wohnfläche) an Instandhaltungskosten einkalkuliert werden. Die Wohnkostenersparnis liegt dann bei 800 Euro im Monat bzw. 9.600 Euro im Jahr.

Handelt es sich um eine selbstgenutzte Eigentumswohnung mit 80 qm Wohnfläche, errechnet sich eine kalkulatorische Nettokaltmiete von 640 Euro (= monatliche Nettokaltmiete 8 Euro pro qm x 125 qm Wohnfläche). Davon gehen für Instandhaltungskosten wiederum 20 Prozent bzw. 128 Euro (= monatliche Instandhaltungsrücklage 1,60 Euro pro qm x 80 qm

Wohnfläche) sowie noch die Kosten für den Hausverwalter in Höhe von rund 25 Euro ab. Die Wohnkostenersparnis für den Selbstnutzer dieser Eigentumswohnung beläuft sich dann auf monatlich 487 Euro bzw. jährlich 5.844 Euro.

Diese beispielhaft errechnete Wohnkostenersparnis des Selbstnutzers in Höhe von monatlich 800 bzw. 487 Euro ist ein echter geldwerter Vorteil gegenüber dem Mieter eines gleich großen Einfamilienhauses bzw. einer gleich großen Eigentumswohnung und kann als monatliche **Quasi-rente** angesehen werden, die zudem vollständig steuerfrei ist. Statt eine laufende Renteneinnahme in dieser Höhe zu erhalten, vermindern sich die laufenden Ausgaben. Unterm Strich macht es keinen Unterschied, ob die Einnahmen steigen oder die Ausgaben um einen gleich hohen Betrag sinken. Letztlich kommt es auf dasselbe heraus – mehr verfügbares Einkommen im Alter.

Die Wohnkostenersparnis im Alter wirkt somit wie eine willkommene Zusatzrente. Rentner, die in ihrem miet- und schuldenfreien Eigenheim leben, sparen gegenüber Rentnern, die zur Miete wohnen, rund ein Viertel ihres früheren Nettoeinkommens für die Nettokaltmiete. Bei einem noch nicht im Ruhestand befindlichen Ehepaar lag das durchschnittliche Nettoeinkommen laut Statistischem Bundesamt zuletzt bei rund 4.000 Euro. 25 Prozent davon sind 1.000 Euro. Sofern man noch 20 Prozent davon für Instandhaltungskosten abzieht, verbleiben 800 Euro bzw. ein Fünftel des durchschnittlichen Nettoeinkommens.

Bei einem Alleinstehenden (Single-Haushalt) mit einem monatlichen Nettoeinkommen von rund 2.000 Euro in der aktiven Berufsphase läge die Mieterersparnis bei 500 Euro, sofern man wiederum ein Viertel des Nettoeinkommens für die monatliche Nettokaltmiete ansetzt. Nach Abzug der Instandhaltungskosten von 20 Prozent reduziert sich die Wohnkostenersparnis auf 400 Euro bzw. ebenfalls ein Fünftel des Nettoeinkommens.

Mit einem miet- und schuldenfreien Eigenheim im Alter beschreiten Sie somit den Königsweg zur privaten Altersvorsorge. Keine andere Anlageform bietet Ihnen so viele Möglichkeiten zur freien Lebensentfaltung und finanziellen Absicherung im Alter.

Lebenslanges Wohnrecht

Wer Erben hat, kann sein Eigenheim im Alter zum Beispiel auf seine Kinder gegen Einräumung eines im Grundbuch abgesicherten Wohnrechts per notariellen Vertrag übertragen. Dieses lebenslange **Wohnrecht** sichert den Vorteil des miet- und schuldenfreien Wohnens im Alter ab.

„Was du ererbt von deinen Vätern ... „ – viele Erben werden sich möglicherweise ins Fäustchen lachen, wenn sie von ihren Eltern den langen und finanziell zum Teil beschwerlichen Weg bis zum entschuldeten Eigenheim erfahren. Der Erbe, der in das geerbte schuldenfreie Eigenheim einzieht, springt praktisch ohne Übergang in die Erntephase. Die Erwerbs-, Finanzierungs- und Entschuldungsphase entfällt und eine Ansparphase ist entbehrlich.

„..... erwirb es, um es zu besitzen". Die Erwerbs- und Nutzungsphase wird zur Hauptaufgabe des Erben, der in das Eigenheim einziehen will. Juristen sprechen bei der Erbschaft von einem „unentgeltlichen Erwerb von Todes wegen".

Es ist sicherlich nicht der schlechteste Weg, diese künftige Nutzungsphase des späteren Erben gedanklich schon vorzuziehen und einen Übertragungsvertrag mit Wohnrecht noch zu Lebzeiten abzuschließen. Es handelt sich praktisch um eine vorweggenommene Erbfolge.

Kapitalwert von Wohnkostenersparnis bzw. lebenslangem Wohnrecht

Da Wohnkostenersparnis bzw. Wohnrecht lebenslang gelten, steckt im schuldenfreien Eigenheim ein ansehnlicher Kapitalwert. Wenn beispielsweise ein Ehepaar mit schuldenfreiem Eigenheim monatlich 800 Euro an Wohnkosten spart und beide Eheleute 65 Jahre alt sind, wird die fernere Lebenserwartung für den am längsten lebenden Ehepartner statistisch rund 20 Jahre ausmachen. Ohne eine Steigerung der Wohnkosten anzusetzen, läge der Kapitalwert in diesem Fall auch ohne jegliche Verzinsung bereits bei 192.000 Euro (= monatliche Wohnkostenersparnis 800 Euro x 12 Monate x 20 Jahre).

Sofern der aktuelle Verkehrswert dieses Eigenheims bei 300.000 Euro liegt, wären bei einer Übertragung des Eigenheims gegen Wohnrecht also 64 Prozent bzw. knapp zwei Drittel des Verkehrswertes fest gebunden.

Der Kapitalwert von Wohnkostenersparnis bzw. lebenslangem Wohnrecht sinkt mit höherem Alter. Bei einer statistischen Lebenserwartung von nur noch 10 Jahren wird der Kapitalwert auf 96.000 Euro halbiert.

Wer keine Erben hat, kann das im Eigenheim steckende „ruhende Kapital", das nicht schon durch Wohnkostenersparnis oder Wohnrecht gedeckt ist, mit Hilfe einer zusätzlichen lebenslangen Rente aktivieren und damit in laufende Einnahmen verwandeln. In diesem Fall wirft das weiterhin selbst genutzte Eigenheim tatsächlich eine echte Geldrente ab. Wie diese Immobilien-Leibrente bzw. „Rente aus Stein" in der Praxis funktionieren kann, erfahren Sie im folgenden Kapitel.

3. LEIBRENTE UND LEBENSLANGES WOHNRECHT IM EIGENHEIM

Auch im Alter so lange wie möglich in den eigenen vier Wänden wohnen zu bleiben, ist für Senioren eine Selbstverständlichkeit. Wenn dann noch eine lebenslange Rente aus dem Eigenheim hinzu käme, wäre dies optimal. Konzepte für eine solche „Rente aus Stein" gibt es immer wieder. Alte Konzepte wie die umgekehrte Hypothek mit Darlehensvertrag werden abgelöst von neuen Konzepten wie der Immobilien-Leibrente. Es gilt, Vor- und Nachteile der Verrentung des Eigenheims in Kombination mit einem lebenslangen Wohnrecht sorgfältig abzuwägen.

Das schuldenfreie Eigenheim ist ein Schatz, der durch eine lebenslange Rente gehoben werden kann. Allerdings ist damit ein laufender Kapitalverzehr verbunden. Im Prinzip wird das im Eigenheim gebundene Kapital Stück für Stück aufgezehrt. Ein Teil des Altersvermögens wird via Leibrente in laufende Alterseinkünfte verwandelt. Auf diese Weise erhöht sich das Einkommen, der mit einem stetigen Vermögensabbau verbunden ist.

Zuvor muss jedoch noch geklärt werden, wie ein Verkauf von Immobilien auf Rentenbasis in der Praxis grundsätzlich vor sich geht. Dabei bietet sich auch ein Vergleich mit einer Sofortrente aus dem Einmalbeitrag in die private Rentenversicherung an.

3.1. Verkauf von Immobilien auf Rentenbasis

Üblicherweise erhält der Verkäufer nach dem freihändigen Verkauf oder einer Versteigerung den Erlös auf einen Schlag. Auch beim Immobilienverkauf gilt das Prinzip „Ware gegen Geld". Zahlungen des Käufers in Form von festen Kaufpreisraten über einen vereinbarten Zeitraum oder im Wege einer lebenslangen Rente können jedoch eine einmalige Zahlung des Kaufpreises ersetzen.

Es gibt darüber hinaus noch eine Reihe von Sonderfällen wie Verkauf auf Rentenbasis und gegen Wohnrecht (siehe Kapitel 3.2) oder Vermögensübertragung gegen Nießbrauch, wobei der bisherige Eigentümer den Mietreinertrag aus vermieteten Immobilien weiter genießen kann. Im ersten Fall handelt es sich um eine Veräußerung gegen wiederkehrende Bezüge und Einräumung eines zusätzlichen lebenslangen Wohnrechts. Der zweite Fall ist letztlich nichts anderes als eine Schenkung mit Vorbehaltsnießbrauch zugunsten des Vermögensgebers und stellt damit eine vorweggenommene Erbfolge dar.

Veräußerungsleibrente

Bei einem Hausverkauf auf Rentenbasis wird nicht die einmalige Zahlung eines Kaufpreises, sondern eine periodisch wiederkehrende, meist monatliche Rentenzahlung vereinbart. Sie ist auf die Lebenszeit eines Menschen (Leibrente) oder auf die Dauer von mindestens zehn Jahren (Zeitrente) ausgerichtet. Die Höhe der **Veräußerungsleibrente** orientiert sich am Verkehrswert der Immobilie und berücksichtigt das Alter des Verkäufers sowie das aktuelle Zinsniveau.

Für den Immobilienverkäufer ist die langfristige Sicherung seines Lebensstandards durch die Rentenzahlung von großer Bedeutung. Damit während der häufig sehr langen Laufzeiten von Leibrenten kein Kaufkraftverfall eintritt, vereinbaren Käufer und Verkäufer eventuell noch eine Wertsicherungsklausel, die eine mögliche Geldentwertung durch Koppelung der Rente an die Inflationsrate ausgleicht.

Die Veräußerungsleibrente ist im Gegensatz zur reinen Versorgungs- oder Unterhaltsrente unter nahen Angehörigen eine nach kaufmännischen Grundsätzen abgewogene Gegenleistung für den Erwerb einer Immobilie. Sie kann auch mit Verwandten, also auch mit den nächsten Angehörigen, vereinbart werden. Allerdings muss sie dann einem Fremdvergleich standhalten. Das ist dann der Fall, wenn der Rentenbarwert als Summe aller abgezinsten Leibrenten in etwa dem Verkehrswert entspricht.

Immobilienrenten sollten unbedingt zugunsten des Verkäufers als Reallast im Grundbuch eingetragen werden. Durch eine Reallast wird gemäß § 1105 BGB ein Grundstück in der Weise belastet, dass der Begünstigte einen grundbuchlich gesicherten Anspruch auf „wiederkehrende Leistungen aus dem Grundstück" erhält.

Berechnung und Besteuerung von Immobilien-Leibrenten

Immobilienrenten können als Leibrente oder Zeitrente vereinbart werden. Die Leibrente wird dem Verkäufer der Immobilie bis zu seinem Lebensende gezahlt (§ 759 BGB) und ist somit eine lebenslange Rente. Die Zeitrente wird hingegen für einen bestimmten Zeitraum von mindestens zehn Jahren gezahlt, und zwar unabhängig von einem zwischenzeitlichen Ableben des Verkäufers.

Leibrenten können für die Lebensdauer einer einzelnen Person oder mehrerer Personen („verbundene Leben", zum Beispiel für Ehepartner oder Geschwister) vereinbart werden. Eine Leibrente bedeutet für den Verkäufer eine lebenslange finanzielle Absicherung. Allerdings trägt er das Risiko, dass er früh verstirbt. Insofern ist die Immobilien-Leibrente für den Verkäufer wie jede andere Leibrente (zum Beispiel gesetzliche Rente) eine Wette auf ein langes Leben.

Für den Käufer besteht das Risiko einer Leibrente darin, dass die von ihm gezahlte Summe aller Renten bei einer sehr langen Lebensdauer des Verkäufers deutlich höher ausfallen kann als bei einer einmaligen Kaufpreiszahlung. Insofern trägt der Käufer das sog. Erlebensfallrisiko.

Der Berechnung einer Immobillien-Leibrente liegen der Verkehrswert der Immobilie und die aus den Sterbetafeln des Statistischen Bundesamts zu entnehmende fernere Lebenserwartung des Verkäufers zugrunde. Außerdem werden neben dem gewählten Zinssatz auch der Zahlungsrhythmus (zum Beispiel monatlich oder quartalsweise) berücksichtigt sowie die vor- oder nachschüssige Zahlung zu Beginn oder Ende eines Abrechnungszeitraums. Eine eventuelle Vereinbarung einer Leibrente für verbundene Leben fließt ebenfalls in die Berechnung ein.

Bei der Ermittlung der Leibrentenhöhe wird eine bestimmte Verzinsung des Kapitalwerts zugrunde gelegt. Über die Höhe dieser Verzinsung lässt sich trefflich streiten. Ein hoher Zins von beispielsweise 5,5 Prozent wie in den amtlichen vom Bundesfinanzministerium herausgegebenen Tabellen ist aber nicht mehr zeitgemäß.

Grundsätzlich gilt: Je älter ein Verkäufer zum Zeitpunkt des Vertrags-
abschlusses ist, desto höher fällt seine Leibrente aus. Wegen der längeren
Lebenserwartung von Frauen liegt die Leibrente bei Frauen niedriger im
Vergleich zu gleichaltrigen Männern.

Dazu ein Beispiel: Verkauft beispielsweise eine heute 75-jährige Frau
eine Immobilie und wird bei einem Verkehrswert von 300.000 Euro eine
Verzinsung von 2 Prozent pro Jahr zugrunde gelegt, so erhält die Verkäuferin eine lebenslange Rente von 2.178 Euro zu Beginn eines jeden Monats. Zur Berechnung dieser monatlichen Leibrente benötigt man den Kapitalwert, der auch Abfindungs- oder Vermögensfaktor genannt wird.
Dieser Faktor liegt bei einer 75-jährigen Immobilienverkäuferin und einem angenommenen Zinssatz von 2 Prozent bei 11,477 (siehe Tabelle 3).

Berechnung von Leibrenten über den Kapitalwert bzw. Abfindungsfaktor

Der Kapitalwert in der folgenden Tabelle für eine monatlich vorschüs-
sig zu zahlende Leibrente von jährlich 1 Euro bei einem Zinssatz von 2
Prozent wurde in Abhängigkeit vom Geschlecht (Männer oder Frauen)
und der vom vollendeten Lebensalter abhängigen ferneren Lebenserwartung (nach der am 25. März 2018 veröffentlichten Allgemeinen Sterbetafel
2014/2016 des Statistischen Bundesamt) auf Jahresbasis berechnet.

Tabelle 3: Durchschnittliche Lebenserwartung und Kapitalwert in Abhängigkeit vom vollendeten Lebensalter bei 60- bis 80-jährigen Männern und Frauen

Vollendetes Lebensalter	Männer		Frauen	
	Durchschnittliche Lebenserwartung (Jahre)	Kapitalwert (Abfindungsfaktor)	Durchschnittliche Lebenserwartung (Jahre)	Kapitalwert (Abfindungsfaktor)
60	21,62	17,588	25,32	19,913
61	20,84	17,076	24,45	19,382
62	20,06	16,555	23,58	18,841
63	19,30	16,041	22,73	18,303
64	18,55	15,525	21,87	17,750
65	17,81	15,009	21,03	17,201
66	17,08	14,492	20,20	16,649
67	16,36	13,975	19,37	16,088
68	15,65	13,458	18,55	15,525
69	14,94	12,933	17,74	14,959
70	14,24	12,409	16,94	14,392
71	13,56	11,892	16,14	13,815
72	12,88	11,369	15,35	13,234
73	12,22	10,854	14,57	12,657
74	11,56	10,333	13,79	12,068
75	10,91	9,812	13,02	11,477
76	10,28	9,301	12,26	10,886
77	9,66	8,793	11,53	10,309
78	9,05	8,286	10,80	9,724
79	8,47	7,798	10,10	9,154
80	7,91	7,322	9,43	8,602

Die monatliche Leibrente von 2.178 Euro für die 75-jährige Frau errechnet sich nach der obigen Tabelle, indem der Verkehrswert der Immobilie von 300.000 Euro durch den Kapitalwert der Leibrente (laut Tabelle 11,477) geteilt wird. Die Jahresrente läge dann zunächst bei 26.139 Euro. Nach anschließender Division durch zwölf Monate erhält man die monatliche Leibrente von 2.178 Euro. Legt man die fernere Lebenserwartung von 13,02 Jahren zugrunde, würde sich eine Rentensumme von 340.291

Euro ergeben, die dann in einen Kapitalanteil von 300.000 Euro und einen Zins- bzw. Ertragsanteil von 40.291 Euro aufgeteilt werden könnte.

Ein 75-jähriger männlicher Verkäufer könnte eine monatliche Leibrente in Höhe von 2.548 Euro erwarten (300.000 Euro: Kapitalwert 9,812 : 12 Monate), da er eine um rund zwei Jahre geringere statistische Lebenserwartung hat. Bei einer ferneren Lebenserwartung von 10,91 Jahren errechnet sich dann eine Rentensumme von 333.584 Euro mit einem Kapitalanteil von 300.000 Euro und einem Zinsanteil von 33.584 Euro.

Für 80-jährige Frauen bzw. Männer, die ihre Immobilie mit einem Verkehrswert von 300.000 Euro auf Rentenbasis verkaufen, läge die monatliche Leibrente bei 2.906 bzw. 3.414 Euro. Bei einer ferneren Lebenserwartung von 9,43 bzw. 7,91 Jahren macht dann die Rentensumme 328.843 bzw. 324.057 Euro aus.

Es handelt sich beim Kapitalwert de facto um einen vom Alter, Geschlecht und Zinssatz abhängigen **Abfindungsfaktor**, der das Vielfache einer jährlichen Leibrente angibt. Die jährliche Leibrente von 26.139 Euro bei einer 75-jährigen Frau, multipliziert mit dem Abfindungsfaktor von 11,477, ergibt einen Immobilienwert von 300.000 Euro. Im Umkehrschluss dividiert man daher einen gegebenen Verkehrswert von 300.000 Euro durch diesen Abfindungsfaktor, um die jährliche Leibrente zu ermitteln.

Im Prinzip kann man diese Berechnungsmethode mit einem **Volltilgerdarlehen** vergleichen, bei dem der Verkäufer auf Rentenbasis zum Darlehensgeber an den Käufer mutiert. Er überträgt seine Immobilie an den Käufer und gibt ihm quasi ein Darlehen für die nicht sofortige Zahlung des Kaufpreises. Wenn die Laufzeit dieses Darlehens im Fall der 75-jährigen Immobilienverkäuferin genau so lang ist wie deren fernere Lebenserwartung von rund 13 Jahren und ein Zinssatz von 2 Prozent vereinbart wird, liegt der Tilgungssatz bei 6,74 Prozent.

Die Darlehensrate bzw. Annuität aus Zins- und Tilgungssatz macht dann 8,74 Prozent von beispielsweise 300.000 Euro Darlehen jährlich 26.220 Euro aus. Diese jährliche Zahlung entspricht fast genau der Leibrente von 26.139 Euro. Insofern ist die jährliche Leibrente mit der jährlichen Darlehensrate bei einem Volltilgerdarlehen sehr gut vergleichbar.

Sofern ein Volltilgerdarlehen über eine Laufzeit von 13 Jahren auf dem Markt für Immobilienfinanzierungen schon für einen Sollzins von 1 Prozent erhältlich ist, würde die Jahresrate auf 24.630 Euro sinken. Dies sind 8,21 Prozent von 300.000 Euro. Nach der Kapitalwertmethode für Leibrente errechnet sich bei einem angenommenen Zinssatz von nur 1 Prozent ein Abfindungsfaktor von 12,212 statt 11,477, so dass bei Division des Verkehrswertes von 300.000 Euro durch diesen Abfindungsfaktor eine jährliche Leibrente von 24.566 Euro verbleibt.

In diesem Fall mit 1 Prozent Zins läge die Rentensumme bei einer Rentendauer von 13,02 Jahren bei 319.849 Euro. Davon entfallen 300.000 Euro auf den Kapital- bzw. Tilgungsanteil und 19.849 Euro auf den Zins- bzw. Ertragsanteil. Im Vergleich zum Fall mit 2 Prozent Zins wird der Zinsanteil an der Rentensumme also halbiert, was angesichts der Halbierung des Zinssatzes von 2 auf 1 Prozent auch plausibel ist.

Letztlich kommt es auf dasselbe heraus, ob man zur Berechnung der jährlichen Leibrente auf die allgemein übliche Kapitalwertmethode der Rentenrechnung zurückgreift oder sich für die alternative Annuitätenmethode der Tilgungsrechnung entscheidet.

Zeitrenten werden grundsätzlich wie Leibrenten berechnet. Wird eine Zeitrente vereinbart, so wird die Rente für einen bestimmten Zeitraum gezahlt. Die Rentenzahlung erfolgt (anders als bei Leibrenten) unabhängig von der Lebensdauer der am Kaufvertrag beteiligten Personen. Bei einer Zeitrente ist somit der gesamte zu zahlende Betrag für beide Vertragsparteien besonders gut kalkulierbar.

Eine **Mindestzeitrente** kombiniert die Elemente von Leibrente und Zeitrente: Die Rentenzahlung erfolgt bis zum Lebensende des Verkäufers, jedoch mindestens für einen vereinbarten Zeitraum. Von der Mindestzeitrente profitieren also möglicherweise die Erben des Immobilienverkäufers.

Die **Höchstzeitrente** ist eine Leibrente, die höchstens für den vereinbarten Zeitraum ausgezahlt wird, jedoch bei Ableben innerhalb dieser Zeitspanne vorzeitig endet.

Als frei gestaltbare Varianten sind darüber hinaus beispielsweise eine Teilverrentung des Kaufpreises (Kombination einer verringerten Einmalzahlung mit einer Leib- oder Zeitrente), ein späterer Beginn der Rentenzahlungen oder eine spätere Übergabe der Immobilie möglich.

Häufig wird zusätzlich zum Hausverkauf auf Rentenbasis ein meist lebenslanges Wohnrecht für den Verkäufer vereinbart. Die Rentenzahlung wird dann um den Wert dieses Wohnrechts reduziert. Dazu das Beispiel der 75-jährigen Verkäuferin, die ohne Wohnrecht eine monatliche Leibrente von anfänglich 2.178 Euro für ein Einfamilienhaus mit einem Verkehrswert von 300.000 Euro zu erwarten hätte. Sofern beispielsweise der Mietwert als fiktive ortsübliche Nettokaltmiete monatlich 1.000 Euro ausmacht, würde der Käufer diesen Betrag von der Leibrente ohne Kombination mit Wohnrecht abziehen. Somit verbliebe noch eine monatliche Leibrente von 1.178 Euro.

Falls der Käufer auch die laufenden Instandhaltungs- und Verwaltungskosten trägt, wären dafür je nach Alter und Größe des Hauses nochmals 200 bis 300 Euro abzuziehen. Die monatliche Leibrente in Kombination mit lebenslangem Wohnrecht für die Verkäuferin und Instandhaltungspflicht für den Käufer würde dann auf 878 bis 978 Euro sinken.

Besteuerung von Leibrenten mit dem Ertragsanteil

Immobilien-Leibrenten werden wie Privatrenten aus privaten Rentenversicherungen ausschließlich mit dem **Ertragsanteil** besteuert. Dieser Ertragsanteil umfasst den pauschal geschätzten Zinsanteil der Privatrente. Der in der Privatrente enthaltene Kapitalanteil bleibt steuerfrei.

Wer mit 65 oder 66 Jahren zum ersten Mal eine Privatrente bezieht, muss nur 18 Prozent davon versteuern. Beispiel: monatliche Immobilien-Leibrente 1.000 Euro, steuerpflichtig 180 Euro und anteilige Steuer nur 45 Euro monatlich bei einem persönlichen Steuersatz von beispielsweise 25 Prozent. Die Leibrente sinkt nach Steuern somit auf 955 Euro.

Bei lebenslang gezahlten **Leibrenten** richtet sich der steuerpflichtige Ertragsanteil nach dem vollendeten Lebensjahr bei Rentenbeginn. Je später der Rentenbeginn erfolgt, desto geringer fällt wegen der statistisch geringeren Lebensdauer auch der Ertragsanteil aus. Bei 65-Jährigen sind es beispielsweise 18 Prozent und bei 75-Jährigen nur 11 Prozent. Umgekehrt steigt der Ertragsanteil, je jünger der Rentenbezieher ist. 60-jährige Privatrentner müssen beispielsweise 22 Prozent ihrer Privatrente versteuern und 55-Jährige 26 Prozent.

Die folgende Tabelle weist die steuerpflichtigen Ertragsanteile von lebenslangen Privatrenten für Frauen und Männer auf, die bei Rentenbeginn zwischen 50 und 82 Jahre alt sind. Eine Unterscheidung nach dem Geschlecht erfolgt also nicht. Insofern sind die steuerpflichtigen Ertragsanteile mit Unisex-Tarifen in der privaten Rentenversicherung vergleichbar.

Laut Gesetzentwurf der Bundesregierung zum ab 2005 in Kraft getretenen Alterseinkünftegesetz ging man bei der pauschalen Berechnung des steuerpflichtigen Ertragsanteils von einem typisierenden Zinssatz von 3 Prozent und einer ferneren Lebenserwartung von 15 Jahren für 65-Jährige nach der Sterbetafel 1997/1999 des Statistischen Bundesamtes aus. Auf diese Weise errechnete sich für einen 65-jährigen Neurentner ein steuerpflichtiger Ertragsanteil von 18 Prozent.

Würde man heute einen Zinssatz von 2 Prozent und eine fernere Lebenserwartung von rund 18 Jahren für männliche 65-Jährige nach der Sterbetafel 2014/2016 des Statistischen Bundesamtes ansetzen, würde der steuerpflichtige Ertragsanteil auf 15 Prozent sinken. Insofern ist der geltende Ertragsanteil von 18 Prozent zumindest für 65-jährige männliche Neurentner überhöht. Der vom Rentenbeginn abhängige Ertragsanteil bleibt während der gesamten Rentendauer, also bis zum Lebensende, unverändert.

Es sei denn, der Gesetzgeber setzt wie im Jahr 2005 geänderte Ertragsanteile fest, da das Zinsniveau gesunken und die fernere Lebenserwartung gestiegen ist. Da das Zinsniveau relativ stärker gesunken ist im Vergleich zur gestiegenen Lebenserwartung, müssten die steuerpflichtigen Ertragsanteile aus aktueller Sicht niedriger ausfallen.

Tabelle 4: Steuerpflichtige Ertragsanteile von lebenslangen Privatrenten

vollendetes Lebensjahr bei Rentenbeginn	Ertragsanteil in Prozent der Rente bei lebenslangen Privatrenten	vollendetes Lebensjahr bei Rentenbeginn	Ertragsanteil in Prozent der Rente bei lebenslangen Privatrenten
50.	30 %	65.-66.	18 %
51.-52.	29 %	67.	17 %
53.	28 %	68.	16 %
54.	27 %	69.-70.	15 %
55.-56.	26 %	71.	14 %
57.	25 %	72.-73.	13 %
58.	24 %	74.	12 %
59.	23 %	75.	11 %
60.-61.	22 %	76.-77.	10 %
62.	21 %	78.-79.	9 %
63.	20 %	80.	8 %
64.	19 %	81.-82.	7 %

Vergleich von Immobilien-Leibrenten mit Sofortrenten aus einer privaten Rentenversicherung

Die Immobilien-Leibrente als „Rente aus Stein" lässt sich zumindest von der Höhe her gut mit einer Sofortrente aus einer privaten Rentenversicherung vergleichen. Wenn beispielsweise eine 75-jähriger Verkäuferin ihre Immobilie zu einem Preis von 300.000 Euro verkaufen und diesen Verkaufserlös als Einmalbeitrag bei einem kostengünstigen Direktversicherer wie HUK 24 investieren würde, bekäme sie dort eine garantierte Sofortrente von nur monatlich 1.474 Euro und eine mögliche Rente von 1.701 Euro. Dies ist deutlich weniger als die monatliche Immobilien-Leibrente von 2.047 Euro bei 1 Prozent Zins bzw. von 2.178 Euro bei 2 Prozent Zins für eine 75-jährige Frau.

Bei einer durchschnittlichen Lebenserwartung von 13,02 Jahren für 75-jährige Frauen errechnet sich dann in der privaten Rentenversicherung eine Rentensumme zwischen rund 230.000 und 266.000 Euro. Dass diese Rentensummen deutlich unter dem Einmalbeitrag von 300.000 Euro liegen, hängt mit der Sterbetafel DAV 2004R der privaten Rentenversicherer zusammen. Danach liegt die fernere Lebenserwartung bis zu fünf

Jahre höher im Vergleich zur durchschnittlichen Lebenserwartung laut Statistischem Bundesamt.

Würde man beispielsweise eine fernere Lebenserwartung von 17 Jahren annehmen, läge die Summe der garantierten Sofortrenten bei 300.696 Euro und damit in etwa so hoch wie der Einmalbeitrag von 300.000 Euro. Da es seit 2012 nur noch Unisex-Tarife bei privaten Rentenversicherungen gibt, kommt es nicht mehr darauf an, ob es sich um eine 75-jährige Frau oder einen 75-jährigen Mann handelt. Das Geschlecht spielt bei der Sofortrente aus der privaten Rentenversicherung also keine Rolle mehr. Umso mehr kommt es auf das vollendete Lebensalter an.

In der folgenden Tabelle werden garantierte und mögliche Sofortrenten aus der privaten Rentenversicherung in Abhängigkeit vom Alter für einen Einmalbeitrag von 300.000 Euro gegenüber gestellt. Es handelt sich dabei um Monatsrenten ohne Vereinbarung einer Rentengarantiezeit (Tarife von HUK24, Stand April 2018).

Tabelle 5: Garantierte und mögliche Sofortrenten aus privater Rentenversicherung bei Einmalbeitrag von 300.000 Euro

vollendetes Lebensalter	garantierte Sofortrente	mögliche Sofortrente
60 Jahre	853,15 €	1.078,20 €
65 Jahre	992,49 €	1.210,51 €
70 Jahre	1.188,51 €	1.412,17 €
75 Jahre	1.474,10 €	1.700,71 €
80 Jahre	1.902,07 €	2.134,73 €

Das Höchstalter beträgt 80 Jahre. Die Sofortrenten können bis zum vollendeten 90. Lebensjahr garantiert werden. Für 65-Jährige ist somit eine maximale Rentengarantiezeit von 25 Jahren möglich. Für 75-Jährige liegt die maximale Rentengarantiezeit folglich bei 15 Jahren.

Diese bei Immobilien-Leibrenten eher seltene Vereinbarung einer Rentengarantiezeit bei Sofortrenten aus der gesetzlichen Rentenversicherung, wovon die Erben im Falle eines vorzeitigen Todes des Versicherten profitieren, ist zwar zunächst vorteilhaft. Allerdings sinken die garantierten und möglichen Sofortrenten bei maximaler Rentengarantiezeit deutlich. Bei 65-Jährigen würden nur noch 903,40 Euro garantiert und bei 75-Jährigen nur 1.321,54 Euro. Die garantierte Sofortrente bei einer Rentengarantiezeit von 25 bzw. 15 Jahren sinkt somit um 9 bis 10 Prozent. Um den gleichen Prozentsatz würden dann auch die möglichen Sofortrenten sinken.

Die Sofortrente aus der privaten Rentenversicherung rentiert sich nur, wenn die Versicherten sehr alt werden. Wenn 75-Jährige beispielsweise noch 20 Jahre leben und damit 95 Jahre alt werden, liegt die Rentensumme in der Spanne zwischen garantierten 353.784 und möglichen 408.170 Euro.

Im Gegensatz dazu ist die Immobilien-Leibrente für Verkäufer deutlich attraktiver. Bei einem Zinssatz von 1 bzw. 2 Prozent läge die Rentensumme für eine 75-jährige Frau, die 95 Jahre alt wird, bei 491.280 bzw. 522.753 Euro. Die individuelle Interessenlage eines Verkäufers entscheidet darüber, ob für ihn eine Leibrentenzahlung günstiger ist als eine Einmalzahlung des Kaufpreises.

Pro und contra Immobilien-Leibrente

Ein Immobilienverkäufer kann durch die Vereinbarung einer Zeitrente oder Leibrente seinen Lebensunterhalt absichern oder seine Altersrente aufbessern. Oft erzielt der Verkäufer bei einer Leibrentenvereinbarung einen größeren Gesamterlös als bei einer einmaligen Kaufpreiszahlung.

Allerdings müssen Verkäufer, die eine Immobilie auf Rentenbasis veräußern möchten, auf dem freien Immobilienmarkt einen zahlungskräftigen Käufer finden, der über die gesamte Rentenlaufzeit in der Lage ist, die vereinbarte Rente zu bezahlen.

Immobilienverkäufer scheuen häufig davor zurück, ihr finanzielles Wohlergehen von einem privaten Schuldner abhängig zu machen, der zwar zum jetzigen Zeitpunkt zahlungskräftig erscheinen mag. Wie jedoch die Bonität des Schuldners in einigen Jahren beschaffen sein wird, lässt sich meist schwer einschätzen.

Der Verkauf auf Rentenbasis kann auch für den Käufer interessant sein. Ein wesentlicher Vorteil einer Immobilienverrentung für den Käufer besteht darin, dass er die Leibrente möglicherweise ganz oder teilweise aus seinem laufenden Einkommen bestreiten kann. Die Zahlung aus seinem Vermögen oder die Aufnahme eines Darlehens in Höhe des Wertes des Hauses ist dann nicht oder nur für einen Teilbetrag des Verkehrswerts der Immobilie erforderlich.

Vorhandenes liquides Vermögen, das der Käufer nicht zur Kaufpreiszahlung einsetzen muss, kann er zum Beispiel zur Renovierung verwenden. Unabhängig davon, ob er die auf Rentenbasis erworbene Immobilie selbst nutzt oder vermietet, kann er den Ertragsanteil der Rente steuerlich absetzen.

Käufer werden darauf achten, dass sie sich nicht zu einer überhöhten Rentenzahlung verpflichten. Für Immobilieninteressenten, die eine Immobilie auf Rentenbasis erwerben möchten, ist es häufig nicht leicht, einen Verkäufer zu finden. Ein öffentlich zugängliches Verzeichnis über Verkäufer, die an einer Immobilienverrentung interessiert sind, gibt es nicht.

Fazit: Sowohl Käufer als auch Verkäufer von Immobilien können von einer Immobilienverrentung profitieren. Aufgrund der vielfältigen Gestaltungsmöglichkeiten sollten sich Interessenten jedoch vor dem Abschluss eines Verrentungsvertrags von Experten wie Fachanwälten und Notaren beraten lassen.

Auf jeden Fall sollte der Verkäufer die Leibrente erstrangig im Grundbuch absichern, und zwar unter „Reallast" in der Zweiten Abteilung des Grundbuchs. Falls der private Käufer später ein Hypothekendarlehen aufnimmt und es wegen rückständiger Rückzahlung der Raten auf Antrag der Gläubigerbank zu einer Zwangsversteigerung kommen sollte, müsste der Ersteigerer die aus der Leibrente bestehenden Rechte übernehmen und anstelle des ursprünglichen Käufers die Leibrente an den ehemaligen Verkäufer zahlen.

Sollte der private Käufer mit der Zahlung der Leibrenten an den Verkäufer in Rückstand geraten, kann dieser die Zwangsversteigerung der Immobilie beantragen. Sein Recht auf Zahlung einer Leibrente durch den Ersteigerer erlischt jedoch, sofern dieses Recht nicht erstrangig im Grundbuch eingetragen ist. Stattdessen erhält der ursprüngliche Verkäufer den

Versteigerungserlös. Um ein „Verschleudern" in der Zwangsversteigerung zu verhindern, kann er aber auch selbst im Versteigerungstermin bieten oder enge Verwandte bieten lassen. Das wäre praktisch die allerletzte Möglichkeit, um finanzielle Verluste zu vermeiden.

Da beim Immobilienverkauf gegen Leibrente der Zeitpunkt des Ablebens beim Verkäufer immer ungewiss bleiben wird, ist diese Verkaufsvariante sowohl für Verkäufer als auch für Käufer mit einem finanziellen Risiko verbunden. Für den Verkäufer ist die Leibrente eine „Wette auf ein langes Leben". Je länger er im Vergleich zur statistischen Lebenserwartung laut Sterbetafel des Statistischen Bundesamts lebt, desto mehr lohnt sich für ihn der Verkauf auf Rentenbasis.

Für den Käufer ist es gerade umgekehrt. Er geht eine „Wette auf einen frühen Tod" des Verkäufers ein. So makaber es auch klingen mag: Je früher der Verkäufer verstirbt, desto eher hat sich der Kauf gegen Leibrente ausgezahlt.

Wegen dieser Risiken auf beiden Seiten ist es verständlich, dass der Verkauf auf Rentenbasis insbesondere unter engen Angehörigen vorkommt. Hier können beide Seiten – der in aller Regel betagte Verkäufer und der meist aus der nachfolgenden Generation stammende Käufer (zum Beispiel Sohn, Tochter, Neffe oder Nichte) – noch am ehesten die ferne Lebenserwartung des Verkäufers abschätzen und eine faire Leibrente aushandeln.

3.2. Leibrente und Wohnrecht beim Eigenheim

Rund 60 Prozent aller über 65 Jahre alten Menschen in Deutschland wohnen in ihrem Eigenheim, sind also Selbstnutzer eines Einfamilienhauses oder einer Eigentumswohnung. Drei Viertel dieser Senioren können sich glücklich schätzen, dass ihr Eigenheim mittlerweile schuldenfrei ist. Und die Mietersparnis macht im Vergleich zu Rentnern, die zur Miete wohnen, je nach Größe und Alter der selbst genutzten Immobilie zwischen 500 und 1.000 Euro aus.

Laut Alterssicherungsbericht 2017 der Bundesregierung haben Ehepaare im Alter von mindestens 65 Jahren, die in ihrem Eigenheim wohnen, ein monatliches Nettoeinkommen von 2.813 Euro. Dies sind 675 Euro mehr im Vergleich zu Ehepaaren, die zur Miete wohnen. Bei Alleinstehenden mit selbst genutztem Wohneigentum liegt das finanzielle Plus noch bei 342 Euro, da ihr monatliches Nettoeinkommen von 1.695 Euro um diesen Betrag höher liegt im Vergleich zu alleinstehenden Mietern im Seniorenalter.

Ihr Ziel des **miet- und schuldenfreien Wohnens** im Alter haben Senioren mit einem entschuldeten Eigenheim also bereits erreicht. Der lange, oft über 30 Jahre gehende und auch entbehrungsreiche Weg vom Bauen oder Kaufen des Eigenheims bis zur völligen Entschuldung hat sich gelohnt. Vielleicht haben sie in ihrer Freude nach Zahlung der letzten Darlehensrate mit Nachbarn gar eine Party gefeiert. Ein selbstbewohntes Eigenheim ohne Schulden – was will man im Ruhestand mehr?

Leider stellt sich für Senioren mit einem schuldenfreien Eigenheim, aber gleichzeitig mit zu niedrigen Renten, ein neues Problem. Ihr im Berufsleben gewohnter Lebensstandard sinkt trotz Mietersparnis und gesetzlicher Rente. Wenn dann auch noch hohe Instandhaltungs- und Modernisierungskosten für die oft in den 70er- bzw. 80er-Jahren des vergangenen Jahrhunderts fertig gestellten Eigenheime anfallen, müssen sie sich finanziell einschränken. Träume von Reisen in die weite Ferne oder von kostspieligen Hobbys zerplatzen möglicherweise.

Es ist nicht die berühmte Waschmaschine, die ausfällt und erneuert werden muss. Teure, aber notwendige Reparaturen am Haus verschlingen deutlich mehr Geld. Wer mal das Flachdach seines Einfamilienhauses sanieren lassen musste, hat möglicherweise einen hohen fünfstelligen Geldbetrag aufgebracht.

Finanzielle Probleme und mögliche Problemlösungen

Ältere Haus- und Wohnungseigentümer haben nicht selten jahrzehntelang jede DM und jeden Euro ins Eigenheim gesteckt und insbesondere in den 1990er-Jahren bei Hypothekenzinsen von 7 bis zu 10 Prozent hohe Zinslasten getragen. Zusätzliches Vermögen ist oft nicht vorhanden. Viele

Selbstständige im Seniorenalter haben zwar ein schuldenfreies Eigenheim, aber nur eine geringe gesetzliche Rente aus einer früheren Beschäftigung als Arbeitnehmer. Freiwillige Beiträge zur gesetzlichen Rente haben sie meist nicht gezahlt und sich auch nicht auf eigenen Antrag hin in der gesetzlichen Rentenversicherung pflichtversichert.

Das finanzielle Problem für diese Senioren mit Eigenheim lässt sich plakativ mit der folgenden Frage umschreiben: Was soll ich tun, wenn am Ende des Geldes noch Leben übrig bleibt?

Eine einfache Antwort ist schwer. Probleme sind zwar dazu da, um gelöst zu werden. Doch die Problemlösung wie der Verkauf des oft zu großen Eigenheims und Umzug in eine kleinere Eigentumswohnung überzeugt nur wenige. Möglicherweise kann diese Eigentumswohnung nur gemietet werden, da die Anschaffungskosten für eine teure Neubau-Eigentumswohnung kaum geringer sind als der Veräußerungserlös aus dem Verkauf des 30 oder 40 Jahre alten Einfamilienhauses. Nach Jahrzehnten als Haus- oder Wohnungseigentümer nun wieder Mieter werden? Dies ist für viele Senioren mit Eigenheim keine vernünftige Alternative und wird oft als Abstieg oder sogar als Offenbarungseid empfunden. .

Das von Unternehmen häufig praktizierte „Verkaufen und Zurückmieten von betrieblich genutzten Immobilien" (sale-and-lease-back) ist zwar grundsätzlich auch auf selbstbewohnte Immobilien übertragbar. Der ehemalige Eigentümer würde in diesem Fall weiter im Einfamilienhaus oder in der Eigentumswohnung wohnen bleiben, aber wieder zum Mieter mutieren. Schlimmer noch: Eine sichere und rentierliche Anlage des Veräußerungserlöses ist angesichts der anhaltenden Niedrigzinsphase praktisch nicht möglich. Andererseits könnte die Miete in den Folgejahren steigen, so dass neue finanzielle Probleme entstehen.

Jahrelang wurde die **umgekehrte Hypothek** (reverse mortgage) als die Problemlösung für klamme „Eigenheimer" empfohlen. Ein Umstieg vom Eigentümer zum Mieter findet hier zwar nicht statt. Andererseits muss der betagte Haus- und Wohnungseigentümer aber zur Finanzierung einer lebenslangen Zusatzrente aus dem Eigenheim eine neue Hypothek aufnehmen, die sich durch die berechneten Zinsen ständig erhöht und von der Bank oder Versicherung erst am Laufzeitende (zum Beispiel im Falle des Todes) einschließlich Zins und Tilgung auf einen Schlag abgelöst wird. Sowohl die Zahlung von Zins und Tilgung als auch der Eigentümerwechsel werden hierbei aufgeschoben. Im schlimmsten Fall erreicht die Hypothek inkl. Zinslast schon vor dem Todesfall den Immobilienwert, so dass nun neue finanzielle Probleme entstehen.

Da der Eigentümer zu Lebzeiten weder Zins noch Tilgung zahlt, spricht man von umgekehrter Hypothek, die wie ein gewöhnliches Hypothekendarlehen zur Finanzierung von Bau oder Kauf eines Eigenheims im Grundbuch eingetragen wird. Wer endlich schuldenfrei ist, möchte aber ungern eine – wenn auch nur umgekehrte – neue Hypothek aufnehmen. Möglicherweise ist dies der Hauptgrund dafür, warum sich die Umkehrhypothek in Deutschland anders als in den USA und Großbritannien letztlich nicht durchgesetzt hat. Mit dazu beigetragen haben auch die deutlichen Sicherheitsabschläge auf den Immobilienwert, die über dem Marktniveau liegenden Zinssätze sowie die oft als zu gering empfundenen lebenslangen Renten.

Die Anbieter wie Hypovereinsbank, Dresdner Bank, DKB, Investitionsbank Schleswig-Holstein und R+V Versicherungen der Volksbanken haben sich mittlerweile aus diesem Geschäftsbereich komplett zurückgezogen. Die Anfang 2003 gegründete Immokasse, die als Vermittler für die DKB diente, wurde Anfang 2013 sogar insolvent.

Im Jahr 2018 muss man davon ausgehen, dass die umgekehrte Hypothek in Deutschland gescheitert ist. Dieses in den USA und Großbritannien schon seit Jahrzehnten praktizierte Modell entspricht nun einmal nicht der typisch deutschen Mentalität.

Als neueste Problemlösung bietet sich die **Immobilien-Leibrente** (home reversion) an. Im Gegensatz zur umgekehrten Hypothek wird hierbei kein Darlehensvertrag, sondern ein notariell beurkundeter Kaufvertrag abgeschlossen. In diesem speziellen Übertragungsvertrag werden außer dem eigentlichen Kauf auch ein lebenslanges Wohnrecht sowie zusätzlich eine lebenslange Zusatzrente vereinbart. Beides – Wohnrecht und Leibrente – wird zugunsten des ehemaligen Eigentümers in der Zweiten Abteilung des Grundbuchs erstrangig abgesichert.

Der Verkäufer und ehemalige Haus- und Wohnungseigentümer wird also zum Besitzer der Immobilie, die er weiter selbst bewohnt, und erhält darüber hinaus eine lebenslange Rente. Typischerweise übernimmt der Käufer auch die Verpflichtung zur Instandhaltung der Immobilie, so dass ein weiterer finanzieller Vorteil für den Verkäufer entsteht. Nur hinsichtlich dieser Instandhaltungsverpflichtung des Käufers wird der Besitzer rechtlich so gestellt wie ein Mieter, der nur die laufenden Betriebskosten zahlt, aber keine Instandhaltungs- und Verwaltungskosten.

Ob sich diese Immobilien-Leibrente auf dem Markt nun durchsetzt, bleibt abzuwarten. Der typisch deutsche Selbstnutzer von Einfamilienhaus und Eigentumswohnung insbesondere aus der älteren Generation möchte sein Eigenheim eigentlich gar nicht verkaufen, obwohl er doch neben dem lebenslangen Wohnrecht noch eine lebenslange Rente erhalten würde. Diese mehr emotionalen Hindernisse müssen die Anbieter von Immobilien-Leibrenten erst einmal ausräumen.

Wer an seinem selbst genutzten Haus- und Wohnungseigentum förmlich klebt und es nicht loslassen kann, kann das im Eigenheim ruhende „tote" Kapital nicht nutzen und verzichtet darauf, dieses zu Geld machen. Nach außen ändert sich nach einem Verkauf gegen Leibrente und Wohnrecht übrigens nichts, da der ehemalige Eigentümer weiter im Einfamilienhaus oder in der Eigentumswohnung wohnen bleibt. Er muss weder Nachbarn noch Verwandten, die nicht bei ihm wohnen, etwas über den Verkauf erzählen.

Nur wer zufälligerweise bei Nachweis eines berechtigten persönlichen Interesses Einsicht in das Grundbuch nimmt, erfährt vom Eigentümerwechsel und der erstrangigen Eintragung von Wohnrecht und Leibrente zugunsten des Bewohners.

Anbieter von Immobilien-Leibrenten mit lebenslangem Wohnrecht

Zwei Anbieter von Immobilien-Leibrenten sind zurzeit auf dem Markt: die Stiftung Liebenau in Beckenbeuren am Bodensee seit 2004 www.zustifterrente.de und die Deutsche Leibrenten Grundbesitz AG in Frankfurt seit 2016 www.deutsche-leibrenten.de.

Beide Anbieter setzen den Verkauf des Eigenheims voraus und unterscheiden sich daher grundsätzlich vom mittlerweile gescheiterten Modell der umgekehrten Hypothek. Die sog. ZustifterRente der **Stiftung Liebenau** bietet neben der Leibrente auch eine befristete Zeitrente für Senioren ab 68 Jahre (einer der Bewohner muss dann mindestens 65 Jahre alt sein) mit Eignheim an. Die Instandhaltungskosten trägt der Wohnungsberechtigte und nicht die Stiftung.

Im Gegensatz dazu bietet die **Deutsche Leibrenten Grundbesitz AG** (im Folgenden kurz "Deutsche Leibrenten AG" genannt) mindestens 70-jährigen Senioren mit Eigenheim keine befristete Zeitrente, sondern ausschließlich nur die lebenslange Rente (Immobilien-Leibrente) an. Außerdem trägt sie die Instandhaltungskosten.

Leistungspaket der Deutsche Leibrenten AG

Wegen des Ausschlusses einer befristeten Zeitrente und der zusätzlich übernommenen Instandhaltungsverpflichtung wird im Folgenden nur auf die Immobilien-Leibrente der Deutsche Leibrenten AG eingegangen.

Tatsächlich handelt es sich hierbei um ein Paket von drei Leistungen, die dem Verkäufer eines Eigenheims von der Deutsche Leibrenten AG angeboten werden:

* lebenslanges Wohnrecht (abgesichert im Grundbuch)
* zusätzliche monatliche Leibrente (abgesichert als Reallast im Grundbuch) oder Einmalzahlung zur freien Verwendung (zum Beispiel Ablösung von Restschulden auf dem Eigenheim) oder Kombination aus Leibrente und Einmalzahlung
* Entlastung von Instandhaltungskosten durch Instandhaltungsverpflichtung des Käufers (evtl. auch von Hausverwaltungskosten bei Eigentumswohnungen).

Der „Preis" für diese Kombination von Wohnrecht mit Leibrente und Abwälzung der Instandhaltungskosten auf den Käufer besteht letztlich in der Übertragung von Immobilienvermögen auf die Deutsche Leibrenten AG per notariellen Kaufvertrag. Erst nach dem Tod des Verkäufers kann die Deutsche Leibrenten AG uneingeschränkt über das Eigenheim verfügen, beispielsweise durch Verkauf oder Vermietung.

Das im Eigenheim gebundene Vermögen wird über die monatliche lebenslange Rente und die Übernahme der Instandhaltungskosten durch den Käufer zu Geld gemacht. Für den Verkäufer und ehemaligen Eigentümer findet ein laufender Kapitalverzehr statt, da mit jeder Rentenzahlung das in der Immobilie steckende Reinvermögen sinkt.

De facto wird Altersvermögen (hier in Form des Eigenheims) fortlaufend in Alterseinkünfte (hier in Form von zusätzlichen Einnahmen durch die lebenslange Rente sowie von geringeren Ausgaben durch die Abwälzung der Instandhaltungskosten) verwandelt. Dies bedeutet einerseits mehr Liquidität und eröffnet neue finanzielle Spielräume. Andererseits wird das im Eigenheim steckende Vermögen peu à peu abgetragen bzw. auf die Deutsche Leibrenten AG übertragen.

Eckpunkte und Kernfragen zur Immobilien-Leibrente

Wie bei jedem neuen Angebot sind Eckpunkte und Kernfragen auch bei der Immobilien-Leibrente aus wirtschaftlicher, steuerlicher und rechtlicher Sicht zu klären.

Am Anfang steht die Ermittlung des **Immobilienwertes**, also des Verkehrswertes für das Eigenheim. Die Deutsche Leibrenten AG lässt das Eigenheim durch den TÜV Süd bewerten und legt dem Interessenten dann ein TÜV-zertifiziertes Bewertungsgutachten vor. Dabei sollte darauf geachtet werden, wie der ermittelte Verkehrswert aus Vergleichswerten oder dem Sachwert abgeleitet wird und ob Markt- bzw. Sicherheitsabschläge angesetzt werden.

Der Wert des **lebenslangen Wohnrechts** ist ebenfalls zu hinterfragen. Wird zur Berechnung die ortsübliche Vergleichsmiete laut Mietspiegel zugrunde gelegt? Wie wird verfahren, wenn es beispielsweise für freistehende Einfamilienhäuser keine Vergleichsmieten gibt?

Die Höhe der **monatlichen Leibrente** steht naturgemäß im Vordergrund. Laut Deutsche Leibrenten AG basiert deren Berechnung auf den aktuellen Generationen-Sterbetafeln des Statistischen Bundesamtes, die jedermann zugänglich und einfach nachvollziehbar sind. Dies ist gut für den Interessenten, da die Sterbetafeln der privaten Rentenversicherer nach DAV 2004 R eine bis zu fünf Jahre längere Lebenserwartung zugrunde legen mit der Folge, dass beispielsweise die Sofortrente aus einem Einmalbeitrag bei der privaten Rentenversicherung sehr niedrig ausfällt und zusätzlich wegen der anhaltenden Niedrigzinsphase unattraktiv geworden ist.

Bei einer Leibrente für ein Ehepaar (fachlich „verbundenes Leben" genannt) wird mindestens die fernere Lebenserwartung der Ehefrau zugrunde gelegt. Die Leibrente wird in aller Regel für fünf Jahre garantiert. Auf Wunsch kann sie auch über zehn Jahre garantiert werden und fällt dann wahrscheinlich geringer aus. Eine Rentengarantie kann für mögliche Erben eine Rolle spielen, falls der Wohnungsberechtigte und Leibrentenbezieher früh verstirbt.

Die Leibrente ist nur mit ihrem Ertragsanteil zu versteuern. Dieser macht beispielsweise 15 Prozent bei 70-jährigen, 11 Prozent bei 75-jährigen und 8 Prozent bei 80-jährigen Rentenbeziehern aus. Der Verkauf gegen lebenslanges Wohnrecht und Leibrente löst keine Schenkungsteuerpflicht aus, da es sich nicht um eine unentgeltliche Vermögensübertragung handelt.

Große **Instandhaltungsaufwendungen** werden durch die Deutsche Leibrenten AG bezahlt. Der Verkäufer und Wohnungsberechtigte kommt wie ein Mieter nur für Kleinreparaturen auf und zahlt die üblichen Betriebskosten. Die Abwälzung von Instandhaltungspflichten auf den Käufer führt zu einer geringeren Leibrente.

Die Höhe der angesetzten Instandhaltungskostenpauschale könnte sich nach der Zweiten Berechnungsverordnung richten. Danach werden beispielsweise ab 1.1.2017 für mindestens 32 Jahre alte Häuser oder Wohnungen jährlich 14,23 Euro pro qm Wohnfläche angesetzt plus 84,16 Euro für eine Garage. Bei einem Einfamilienhaus mit 135 qm Wohnfläche nebst Garage käme man dann auf eine jährliche Rücklage für Instandhaltungen in Höhe von rund 2.000 Euro.

Man kann jedoch auch pauschal bis zu 1 Prozent des aktuellen Gebäudewertes als Pauschale für Instandhaltungskosten ansetzen. Offen bleibt, ob die Deutsche Leibrenten AG bei Eigentumswohnungen auch die

Kosten für die Hausverwaltervergütung von jährlich rund 300 Euro übernimmt.

Was passiert, wenn der wohnungsberechtigte Leibrentenbezieher später auszieht und beispielsweise in ein Seniorenheim oder eine Pflegeeinrichtung einzieht? In diesem Fall läuft die Leibrente wie vereinbart weiter. Zusätzlich erhält er ein **Andienungsrech**t, also nach Wahl eine Einmalzahlung für das nicht mehr ausgeübte Wohnrecht oder Mieterträge aus einer evtl. Vermietung, die er selbst oder durch die Deutsche Leibrenten AG vornehmen kann.

Das Wohnrecht kann er ansonsten nicht verlieren, da es im Grundbuch erstrangig abgesichert ist. Auch bei einer evtl. Übernahme der Deutsche Leibrenten AG durch ein anderes Unternehmen ist der neue Eigentümer an dieses lebenslange und grundbuchlich gesicherte Wohnrecht gebunden.

Das Risiko eines Zahlungsausfalls oder einer Insolvenz ist nie ganz auszuschließen. In diesem Fall kann der Wohnberechtigte seine Forderungen zur Zahlung der Leibrente und zur Übernahme der Instandhaltungskosten einklagen. Bleibt dies ohne Erfolg, bleibt als letzte Möglichkeit die Beantragung einer Zwangsversteigerung der Immobilie. Sofern dann ein neuer Eigentümer die Immobilie per Zuschlag ersteigert, muss dieser die bestehen bleibenden Rechte (Wohnrecht und Leibrente) übernehmen und ist insofern zur Zahlung der Leibrente verpflichtet.

Berechnungsbeispiele der Deutsche Leibrenten AG
Wie das Angebot der Deutsche Leibrenten AG für mindestens 70-jährige Haus- und Wohnungseigentümer konkret aussieht, machen am besten die beiden Berechnungsbeispiele auf ihrer Homepage klar.

Berechnungsbeispiel für Ehepaar (beide 75 Jahre alt) in Eigentumswohnung

Wert der Eigentumswohnung: 250.000 Euro

Wert des lebenslangen Wohnrechts: monatlich 800 Euro

monatliche Leibrente: 650 Euro

Wohnrecht und Leibrente zusammen: 1.450 Euro

Vermögensfaktor: 14,4fach (= 1.450 Euro x 12 Monate x 14,4 = rund 250.000 Euro)

Bewertung:

Die fernere Lebenserwartung für eine 75-jährige Frau beträgt laut Statistischem Bundesamt 13,02 Jahre. Bei einem angenommenen Zins von 1 bzw. 2 Prozent liegt der Abfindungsfaktor bei 12,212 bzw. 11,477 (siehe Kapitel 3.1). Daraus würde sich eine monatliche Leibrente von 1.706 bzw.1.815 Euro ergeben.

Nach Abzug des Wohnrechts im Wert von monatlich 800 Euro läge die Leibrente bei 906 Euro bei einem Zinssatz von 1 Prozent (= 1.706 minus 800 Euro), sofern der Wohnungsberechtigte weiter die Instandhaltungskosten tragen würde.

Da aber die Deutsche Leibrenten AG die Verpflichtung zur Instandhaltung übernommen hat, müsste der Wert dieser anzusetzenden Instandhaltungskostenpauschale von beispielsweise monatlich 200 Euro (= 2 Euro monatlich pro qm x angenommene Wohnfläche von 100 qm) davon noch abgesetzt werden. Dann verbleiben noch monatlich 706 Euro für die Leibrente, also gerade einmal 56 Euro über den 650 Euro laut Berechnungsbeispiel.

Berechnungsbeispiel für alleinstehende Frau (78 Jahre alt) in Einfamilienhaus

Wert des Einfamilienhauses: 350.000 Euro

Einmalzahlung: 35.000 Euro

Wert des lebenslangen Wohnrechts: monatlich 1.120 Euro

monatliche Leibrente: 1.220 Euro

Wohnrecht und Leibrente zusammen: 2.340 Euro

Vermögensfaktor: 12,2fach (= 2.340 Euro x 12 Monate x 12,2 = rund 350.000 Euro)

Bewertung:

Die fernere Lebenserwartung für eine 78-jährige Frau liegt bei 10,80 Jahren laut Statistischem Bundesamt. Der nach Abzug der Einmalzahlung verbleibende Wert von 315.000 Euro müsste durch einen Abfindungsfaktor von 10,240 bzw. 9,724 bei einem angenommenen Zins von 1 bzw. 2 Prozent dividiert werden. Die jährliche Leibrente läge dann bei 30.762 bzw. 32.394 Euro, woraus sich eine monatliche Leibrente von 2.563 bzw. 2.670 Euro ohne Berücksichtigung von Wohnrecht und Instandhaltungsverpflichtung ergeben würde.

Nach Abzug des Wohnrechts errechnet sich eine monatliche Leibrente von 1.443 Euro bei einem Zinssatz von 1 Prozent. Sofern davon eine monatliche Instandhaltungskostenpauschale in Höhe von 270 Euro abgesetzt wird, bleibt eine kalkulatorische Leibrente von monatlich 1.173 Euro übrig, dies sind 47 Euro mehr im Vergleich zu 1.220 Euro laut Berechnungsbeispiel.

Manche werden die Höhe der monatlichen Leibrente als zu gering empfinden. Man muss aber bedenken, dass die Deutsche Leibrenten AG über die von ihr zu zahlenden Kosten für die laufende Instandhaltung für Haus oder Wohnung hinaus auch alle einmaligen Kosten beim Kauf (Grunderwerbsteuer, Notar- und Gerichtsgebühren), für TÜV-Bewertungsgutachten und für Maklerprovisionen übernimmt. Diese laufenden und einmaligen Kosten drücken die Leibrente nach unten.

Nach eigenen Angaben verwendet die **Deutsche Leibrente AG** die **Discounted-Cash-Flow-Methode (DCF)** zur Ermittlung der lebenslangen Rente sowie des lebenslangen Wohnungsrechts beim Verkauf von selbst genutzten Einfamilienhäusern oder Eigentumswohnungen. Die Verkäufer, die in ihrem Eigenheim weiter wohnen bleiben und darüber hinaus eine monatliche Leibrente erhalten möchten, müssen mindestens 70 Jahre alt sein.

Bei der DCF-Methode werden die künftigen Zahlungsströme (Ein- und Auszahlungen) auf den heutigen Bewertungszeitpunkt abgezinst. Es handelt sich somit um die Ermittlung eines Bar- bzw. Kapitalwertes ähnlich wie beim Kapitalwert eines Nießbrauchsrechtes.

Zukünftige Ein- und Auszahlungen (zum Beispiel Anschaffungs- und Bewirtschaftungskosten sowie Mieteinnahmen) werden also kapitalisiert. Da Prognosen bekanntlich unsicher sind, können künftige Mieterträge mit zunehmender Anlagedauer nur relativ schwer eingeschätzt werden. Meist wird der cash flow daher für unterschiedliche Prognosezeiträume von beispielsweise 5, 10, 15 oder 20 Jahren ermittelt. Der gewählte Zeithorizont sowie das Szenario von künftigen Mietentwicklungen spielen also eine große Rolle.

Ein Vorteil der Discounted-Cash-Flow-Methode ist die Vergleichbarkeit unterschiedlichster Kapitalanlagen untereinander. Diese Methode wird auch als mögliches Ertragswertverfahren nach der § 17 der ImmoWertV anerkannt. Die Gesellschaft für immobilienwirtschaftliche Forschung (gif) hat darüber hinaus Richtlinien zur Standardisierung des DCF-Verfahrens veröffentlicht.

Deutsche Leibrenten AG als Immobilienunternehmen

Die Deutsche Leibrenten AG ist ein junges Immobilienunternehmen und hatte in 2017 ihr erstes volles Geschäftsjahr. Es handelt sich weder um eine Bank noch um eine Versicherung. Die Geldgeber sind private Investoren.

Die Gründungsidee stammt von Rolf Elgeti, von 2009 bis 2014 Vorstandsvorsitzender der börsennotierten TAG Immobilien AG und zurzeit dort Aufsichtsratsvorsitzender. Auch bei der Deutsche Leibrenten AG hält Elegeti den Vorsitz im Aufsichtsrat inne. Vorstandsvorsitzender der Deutsche Leibrenten AG ist Friedrich Thiele, Dipl.-Kaufmann und seit Jahrzehnten in der Immobilienwirtschaft tätig.

Die Deutsche Leibrenten AG kooperiert mit rund 200 ortsansässigen Immobilienmaklern, die Interessenten an der Immobilien-Leibrente bei den folgenden vier Schritten begleiten:

- Anbahnung und Beratung vor Ort (u.a. Ausfüllen des Fragebogens)
- vorläufiges Angebot für Makler und potenzielle Kunden (auf Basis eines abgestimmten und vorgeprüften Immobilienwertes)
- TÜV-Marktwertgutachten (wird vom Makler vor Ort überreicht)

- Vertragsentwurf, Einholung der Zusage des Kunden und Vereinbarung eines regionalen Notartermins (Makler begleitet Kunden im Notartermin).

Im Jahr 2017 hat die Deutsche Leibrenten AG nach eigenen Angaben rund 100 Immobilien angekauft im Gesamtwert von über 300 Millionen Euro. Im Durchschnitt lag der Immobilienwert somit bei gut 300.000 Euro. Eine Verdoppelung des Ankaufsvolumens ist für 2018 geplant. Mittelfristig soll das Immobilien-Portfolio auf bis zu 100 Millionen Euro ausgebaut werden.

Bei einer Beurteilung der Deutsche Leibrenten AG durch die kooperierenden Makler gab es gute bis sehr gute Noten für Aufbau und Inhalte der Infomaterialien, Verständlichkeit des Produkts und des Prozessablaufs sowie die Unterstützung bei Kundenveranstaltungen, Auftreten und Kommunikation. Bezeichnenderweise gab es mit 2,69 die schlechteste Note für den Punkt „Nachvollziehbarkeit der Angebote".

Offensichtlich ist das Angebot der Immobilien-Leibrente in Kombination mit lebenslangem Wohnrecht sehr erklärungsbedürftig und führt zu vielen Fragen von zum Teil auch verunsicherten Interessenten.

Vor- und Nachteile der Immobilien-Leibrente mit lebenslangem Wohnrecht

Eine Immobilien-Leibrente in Kombination mit lebenslangem Wohnrecht hat für den Verkäufer außer dem lebenslangen Wohnrecht, das er logischerweise auch als Eigentümer weiter hätte, folgende **Vorteile**:

- zusätzliche monatliche Leibrente (evtl. auch Einmalzahlung oder Kombination aus Leibrente und Einmalzahlung)
- Übernahme der Instandhaltungskosten durch den Käufer und damit Entlastung auf der Ausgabenseite, falls vereinbart wie bei der Deutsche Leibrenten AG
- höhere Liquidität durch mehr Einnahmen (monatliche Leibrente) und weniger Ausgaben (Instandhaltungskosten werden von Käufer bezahlt)

Die **Nachteile** sollten aber nicht verschwiegen werden. Dazu zählen insbesondere:

- endgültige Aufgabe des Eigentums am Eigenheim (rechtliches Eigentum geht auf den Käufer über, Verkäufer bleibt nur noch Besitzer, kein Recht auf Rückgängigmachung des Verkaufs)
- laufender Kapitalverzehr und damit laufende Verringerung des verbleibenden Altersvermögens
- Restrisiko hinsichtlich des Erhalts der Leibrente bei Zahlungsausfall oder Insolvenz des jeweiligen Eigentümers.

4. MIETREINERTRAG ALS LAUFENDE RENTE AUS MIETOBJEKTEN

Bei der Direktanlage in vermieteten Immobilien kommt es vor allem auf den Mietreinertrag an, also die Nettokaltmiete abzüglich aller nicht auf den Mieter umlagefähigen Instandhaltungs- und Verwaltungskosten. Dieser Mietreinertrag wirkt dann wie eine laufende Rente, sofern das Mietobjekt im Alter schuldenfrei ist.

Bei Kaufentscheidungen sollte die erzielbare Mietrendite im Vordergrund stehen. Sie gibt an, wie hoch die Jahresnettokaltmiete in Prozent des Kaufpreises (Bruttomietrendite) bzw. der Jahresreinertrag in Prozent der Anschaffungskosten (Nettomietrendite) ausfällt.

Während der Vermietungs- und Finanzierungsphase liegt der Schwerpunkt auf dem laufenden cash flow, also dem Überschuss des Mietreinertrages über Zins und Tilgung des Hypothekendarlehens, und zwar sowohl vor Steuern als auch nach Steuern. Entsprechend lassen sich laufende Eigenkapitalrenditen vor und nach Steuern errechnen.

Die vermietete Immobilie sollte im Alter möglichst komplett schuldenfrei sein. Erst dann fließt Ihnen der Mietreinertrag als willkommene Zusatzrente zu. Ein Mietmanagement ist für private Vermieter von Wohnimmobilien unverzichtbar.

4.1. Mietrenditen brutto und netto

Der wirtschaftliche Erfolg mit vermieteten Immobilien beruht nicht nur auf einem preisgünstigen Kauf nach dem Motto „Im Einkauf liegt der Gewinn", sondern auch auf der erfolgreichen Finanzierung und Vermietung. Hinzu kommen Steuerersparnisse und die Hoffnung auf einen Veräußerungsgewinn.

Insgesamt sind **fünf Phasen** zu unterscheiden, um die Erfolgskriterien bei vermieteten Immobilien lückenlos zu erfassen:

1. Investitionsphase (Einstieg mit richtiger Objekt- und Standortwahl, günstigem Kaufpreis plus Kaufnebenkosten)
2. Finanzierungsphase (Höhe des Fremdkapitals, niedrige Hypothekenzinsen bei mindestens zehnjähriger Zinsbindung, laufende Tilgung mit Möglichkeit von Sondertilgungen)
3. Vermietungs- und Verwaltungsphase (richtige Mieterauswahl, monatliche Nettokaltmiete, künftige Mietpreiskalkulation, nicht umlagefähige Instandhaltungs- und Verwaltungskosten, Haus- und Mietverwaltung)
4. Steuersparphase (steuerlich abzugsfähige Abschreibungen, steuerlich optimale Verteilung der Instandhaltungskosten, steuerfreier Veräußerungsgewinn nach Haltedauer von mehr als zehn Jahren)
5. Verwertungsphase (Ausstieg mit Veräußerungserlös, der über den Anschaffungskosten liegt und somit einen Veräußerungsgewinn ermöglicht).

Wer diese fünf Phasen nicht alleine bewältigen kann oder will, ist auf die Mithilfe von Immobilienmaklern (in Phase 1 und 5), Bankern oder Finanzierungsberatern (Phase 2), Haus- und Mietverwaltern (Phase 3) und Steuerberatern (Phase 4) angewiesen. Der Kapitalanleger in vermietete Immobilien steht also vor einem Komplex von Aufgaben.

Über allem steht der Grundsatz „Von der Miete zur Rendite". Vermietete Immobilien müssen sich rechnen. Miete und Mietrendite ist nicht alles, aber ohne Miete und Mietrendite ist alles nichts. Leider rechnen viele Vermieter und Kapitalanleger falsch. Sie gehen beispielsweise nur von den Nettokaltmieten und Kaufpreisen aus, vernachlässigen also laufende und einmalige Kosten. Das grobe Preis-Miet-Verhältnis bzw. die daraus abgeleitete Mietrendite sagt allein noch nichts darüber aus, ob sich die Mietimmobilie lohnt oder nicht.

Beispiel: Die Mietrendite wird in einem Inserat wird mit 5 Prozent angegeben. Der Kaufpreis soll bei 144.000 Euro liegen und die monatliche Nettokaltmiete für eine 80 qm große Eigentumswohnung bei 600 Euro.

Die Berechnung dieser **Bruttomietrendite** ist zwar richtig, da die Jahresnettokaltmiete von 7.200 Euro (= 12 Monate x 600 Euro) tatsächlich genau 5 Prozent des Kaufpreises von 144.000 Euro ausmacht. Allerdings ist dies nur die halbe Wahrheit, da einmalige Kaufnebenkosten und laufende Instandhaltungs- und Verwaltungskosten bei dieser simplen Rechnung nicht berücksichtigt werden.

Eine detaillierte Berechnung der **Nettomietrendite**, die alle einmaligen und laufenden Nebenkosten mit einbezieht, bewahrt Sie vor diesem typischen Fehler. Die Nettokaltmiete ist eben nicht mit dem Mietreinertrag gleichzusetzen, da hiervon auf den Mieter nicht umlegbare Verwaltungs- und Instandhaltungskosten abzuziehen sind. Außerdem müssen noch die Nebenkosten wie Grunderwerbsteuer sowie Notar- und Grundbuchgebühren und eine evtl. Maklerprovision auf den Kaufpreis aufgeschlagen werden.

Sinkende Mietrenditen für vermietete Wohnimmobilien

Da die Immobilienpreise in den letzten Jahren prozentual viel stärker gestiegen sind als die Wohnungsmieten, sinken die Mietrenditen stetig. Während vor zehn Jahren noch Mietrenditen von 5 bis 6 Prozent marktüblich waren, sind heute eher 4 Prozent oder noch weniger gang und gäbe.

Eine gute Übersicht über aktuell erzielbare Mietrenditen in den 50 größten Städten (14 Großstädte mit mehr als 500.000 Einwohnern, 25 mittelgroße Städte mit 200.000 bis 500.000 Einwohnern und 11 Städten mit weniger als 200.00 Einwohnern bot die Wirtschaftswoche beispielsweise in ihrer Ausgabe Nr. 7 vom 9.2.2018. Danach lagen die Mietrenditen in 21 Städten zwischen 4,0 und 4,9 Prozent und in 20 Städten mit nur 3,1 Prozent (in München) bis 3,9 Prozent sogar unter 4 Prozent. Nur in 9 Städten machte die Mietrendite zwischen 5,1 Prozent und 6,3 Prozent (in Magdeburg) aus.

Das Fazit der Wirtschaftswoche lautete: Nur in der Hälfte der genannten 50 Städte lohnt sich der Kauf noch für künftige Selbstnutzer mit 40 Prozent Eigenkapital. Was für Selbstnutzer gilt, ist mühelos auch auf Kapitalanleger übertragbar. Wo die Mietrenditen zwischen 4,2 und 6,1 Prozent liegen, kann sich der Kauf noch lohnen.

Als Quelle dienten der Wirtschaftswoche (WiWo) außer eigenen Recherchen Immobilienscout 24, Empirica, Scope Investor Service und IW

Consult. Die **WiWo-Mietrendite** wurde anhand der Jahresnettokaltmiete für eine 80 qm große und 30 Jahre alte Dreizimmer-Eigentumswohnung in Prozent der Anschaffungskosten (reiner Kaufpreis zuzüglich 3,5 bis 6,5 Prozent Grunderwerbsteuer je nach Bundesland und 2 Prozent für Notar- und Gerichtskosten) ermittelt. Ohne Berücksichtigung der genannten Kaufnebenkosten in Höhe von 5,5 bis 8,5 Prozent des reinen Kaufpreises würden die Bruttomietrenditen um bis zu einen halben Prozentpunkt höher ausfallen.

Für Finanztest hat vdp research, eine Tochter des Verbandes Deutscher Pfandbriefbanken und des Bundesverbandes Deutscher Volks- und Raiffeisenbanken, im 4. Quartal 2016 Preise und Mieten für 70 qm große Eigentumswohnungen, die in 2000 oder später gebaut oder vollständig saniert wurden, in 50 Städten und Landkreisen analysiert und dabei innerhalb dieser Städte und Landkreise zwischen sehr guter, guter, mittlerer und einfacher Lage sowie Ausstattung differenziert (siehe Finanztest 6/2017).

Ermittelt wurde auch das **Kaufpreis-Miet-Verhältnis** bzw. der Vervielfältiger, der den Kaufpreis im X-fachen der Jahresnettokaltmiete angibt. Dieser Vervielfältiger machte bis zum 33,4-Fachen in München und Hamburg aus. Da die Bruttomietrendite als Verhältnis von Jahresnettokaltmiete zu Kaufpreis nichts anderes als den Kehrwert dieses Kaufpreis-Miet-Verhältnisses angibt, lässt sich bei vermieteten Eigentumswohnungen in besonders begehrten Lagen von München und Hamburg auf eine Bruttomietrendite von nur noch 3 Prozent schließen.

vdp research kann als verlässliche Quelle angesehen, da dieses Forschungsinstitut seit 2003 mehr als drei Millionen stattgefundene Immobiliengeschäfte mit tatsächlich gezahlten Kaufpreisen und Mieten abgewickelt hat. Der Autor dieses Buches hat aufgrund der in Finanztest veröffentlichten Kaufpreise und monatlichen Nettokaltmieten für 70 qm große Eigentumswohnungen mit mittlerer Lage und Ausstattung in 50 Städten und Landkreisen sämtliche Bruttomietrenditen errechnet. Danach lag die durchschnittliche Bruttomietrendite in Deutschland bei 4,0 Prozent. Ausreißer nach unten waren die Landkreise München und Nordfriesland mit 2,7 bzw. 2,6 Prozent und nach oben der Landkreis Görlitz mit 6,9 Prozent.

Rückblick: Im 4. Quartal 2013 lag die so ermittelte durchschnittliche Bruttomietrendite für 70 qm große Eigentumswohnungen nach Auswertung der Daten von vdp research noch bei 4,3 Prozent. Im Süden waren es nur 3,9 Prozent, im Osten aber noch 4,8 Prozent. Im Westen und Norden waren die Bruttomietrenditen in etwa so hoch wie im Bundesdurchschnitt.

Die durchschnittlichen Nettomietrenditen nach Berücksichtigung sämtlicher einmaliger und laufender Nebenkosten dürften im Bundesdurchschnitt rund einen Prozentpunkt unter den Bruttomietrenditen gelegen haben und damit bei rund 3 Prozent.

Diese damals aktuellen Brutto- und Nettorenditen für Käufer von vermieteten Eigentumswohnungen wichen erheblich von den Zahlen ab, die nach einer Befragung von 1.600 privaten Haushalten mit vermietetem Immobilieneigentum in 2012 vom Deutschen Institut für Wirtschaftsforschung (DIW) in Berlin ermittelt wurden. Danach sollen die Bruttorenditen für private Wohnungsvermieter im Jahr 2012 nur zwischen 2 und 3 Prozent und die Nettorenditen zwischen 1,5 und 2 Prozent gelegen haben. Angeblich habe jeder dritte private Vermieter überhaupt keine oder sogar eine negative Rendite erzielt. Nicht einmal jeder zweite private Vermieter sei auf eine Rendite über 2 Prozent gekommen.

Diese **DIW-Studie** wurde im Auftrag der Wertgrund Immobilien AG erstellt. Thomas Meyer als Vorstandsvorsitzender der Wertgrund Immobilien AG hatte bereits im Frühjahr 2014 unter seinem Namen einen Artikel mit dem plakativen Titel "Keine Rendite für Laienvermieter" in der Zeitschrift "Das Investment" veröffentlicht.

Erfahrene private Investoren in vermietete Wohnimmobilien bezweifelten schon damals die Ergebnisse der DIW-Studie. Schließlich stützten sich deren Ergebnisse ausschließlich auf die Angaben der befragten Haushalte über den von ihnen selbst geschätzten Immobilienwert und ebenfalls selbst ermittelten Mietertrag nach Abzug sämtlicher Bewirtschaftungskosten.

Sehr viel aussagekräftiger und plausibler als die DIW-Studie aus dem Jahr 2014 ist das **IW-Gutachten** „Perspektiven für private Kleinvermieter" vom 13.9.2017, das vom Institut der deutschen Wirtschaft in Köln (IW Köln) im Auftrag der Haus- und Grundbesitzervereine Köln und Düsseldorf erstellt wurde. Als Quellen wurden außer Umfragen der beiden Haus- und Grundbesitzervereine unter privaten Wohnungsvermietern auch die Ergebnisse des Zensus von 2011 mit Gebäude- und Wohnungszählung und des sozialökonomischen Panels (SOEP) von 2015 genutzt.

Laut IW-Gutachten werden in Deutschland rund 15 Millionen vermietete Wohnungen von 3,9 Millionen privaten Kleinvermietern, die sich nicht hauptberuflich mit der Vermietung von Immobilien beschäftigen, angeboten. Im Schnitt hat der private Vermieter also vier Mietobjekte. In Köln und Düsseldorf mit insgesamt 41.000 privaten Kleinvermietern sind es sogar zehn Mietwohnungen im Durchschnitt, sofern man die im Schnitt vier vermieteten Eigentumswohnungen mit einbezieht.

Die gesamten Nettomieterträge nach Abzug aller Betriebs- und Instandhaltungskosten lagen in 2015 bei rund 35 Mrd. Euro. Im Durchschnitt betrug der jährliche Mietreinertrag demnach rund 8.900 Euro pro Vermieter. 47 Prozent der privaten Kleinvermieter erzielten einen Jahresreinertrag von über 5.000 Euro und 20 Prozent sogar von mehr als 10.000 Euro. 45 Prozent mussten sich mit geringen bis mittleren Vermietungseinkünften von unter 5.000 Euro begnügen und nur 8 Prozent hatten negative Einkünfte, da die Ausgaben über den Mieteinnahmen lagen. Dass jeder dritte private Vermieter überhaupt keine oder sogar eine negative Nettorendite erzielt, wie dies in der DIW-Studie von 2014 vermutet wurde, kann also nicht stimmen.

Interessant sind laut IW-Gutachten Auswertungen über Alter, Wohnort, beruflicher Status und Familienstatus der privaten Kleinvermieter. Das Durchschnittsalter der privaten Wohnungsvermieter liegt bei 60 Jahren im Vergleich zu 53 Jahren in der Bevölkerung. 28 Prozent der Vermieter sind über 65 Jahre alt und 11 Prozent sogar über 75 Jahre. Mit 17 Prozent Anteil ist die Gruppe der 65- bis 74-Jährigen unter den privaten Vermietern am stärksten vertreten. An zweiter Stelle folgen mit 13 Prozent die 55- bis 64-jährigen und an dritter Stelle mit 12 Prozent die 45- bis 54-jährigen Vermieter.

9 Prozent aller privaten Haushalte verfügen über vermietetes Wohneigentum. In Baden-Württemberg ist die Quote mit 15 Prozent am höchsten und in Sachsen-Anhalt mit knapp 3 Prozent am niedrigsten. In Nordrhein-Westfalen vermieten noch gut 7 Prozent der Haushalte Wohnungen.

39 Prozent der privaten Kleinvermieter sind Rentner oder Pensionäre und damit etwas mehr im Vergleich zu 36 Prozent in der Gesamtbevölkerung. Insbesondere Freiberufler und Selbstständige mit einem Anteil von 14 Prozent der privaten Vermieter ist im Vergleich zu den 6 Prozent in der Bevölkerung überrepräsentiert. Für viele Unternehmer stellte früher das Mietwohnhaus bzw. das Wohn- und Geschäftshaus den größten Teil ihrer Altersvorsorge dar und wurde daher auch als „Rentenhaus" bezeichnet.

64 Prozent der Wohnungsvermieter sind verheiratet im Vergleich zu nur 44 Prozent in der Gesamtbevölkerung. Ledige sind mit nur 14 Prozent deutlich unterrepräsentiert im Vergleich zu 28 Prozent in der Bevölkerung. Auch Geschiedene und Verwitwete besitzen im Durchschnitt weniger Mietwohnungen als ihr Anteil an der Gesamtbevölkerung mit insgesamt 27 Prozent ausmacht.

Nach dieser Fülle von Zahlen über die Höhe von Mietrenditen und die weithin unbekannte Gruppe der privaten Kleinvermieter ist es geboten, die Praxis der Wohnungsvermietung näher zu beleuchten und die Frage zu beantworten, wann sich eine vermietete Wohnung überhaupt lohnt.

Ihren Plan, Altersvorsorge beispielsweise mit einer vermieteten Eigentumswohnung zu betreiben, können Sie anhand eines selbst gewählten Anlagezeitraums von 20 Jahren bequem mit dem Excel-Programm „Lohnt der Kauf einer vermieteten Eigentumswohnung" (siehe www.test.de/rechner) kostenlos selbst erstellen.

Zuvor müssen aber noch alle Fakten über die Berechnung von Nettokaltmiete und Mietreinertrag, Kaufpreis und Investitionskosten sowie Brutto- und Nettomietrendite bekannt sein. Faustregeln oder gar Gerüchte helfen da nicht weiter.

Nettokaltmiete und Mietreinertrag

Die richtige Kalkulation des **Mietreinertrags** sieht wie folgt aus, wobei beispielhaft in Anlehnung an das Beispiel in der Wirtschaftswoche (siehe WiWo Nr. 7 vom 9.2.2018, Seite 22) von einer in Dortmund gelegenen 80 qm großen und für monatlich 552 Euro netto vermieteten Eigentumswohnung in mittlerer Wohnlage ausgegangen wird:

Tabelle 6: Von der monatlichen Nettokaltmiete zum Jahresreinertrag

Berechnung des Reinertrags	Kalkulationsgrundlage	Betrag in Euro
monatliche Nettokaltmiete	80 qm x 6,90 €/qm	552 €
x 12 Monate	x 12	x 12
= Jahresnettokaltmiete		= 6.624 €
- Verwaltungskosten*	300 €	- 300 €
- Instandhaltungskosten**	80 qm x 12 €/qm pro Jahr	- 960 €
- Mietausfallwagnis***	2 % von 6.624 €	- 132 €
= Jahresreinertrag		= 5.232 €

*) laut § 26 Abs. 2 der II. Berechnungsverordnung (II. BV) ab 1.1.2017 bis zu 284,63 € je Eigentumswohnung plus bis zu 37,12 € je Tiefgaragen-Stellplatz laut § 26 Abs. 3 II. BV

**) Instandhaltungsrücklage in Höhe der Instandhaltungskosten laut § 28 Abs. 2 II. BV ab 1.1.2017 bis zu jährlich 8,62 € pro qm Wohnfläche für Wohnungen, die weniger als 22 Jahre alt sind / bis zu 11,14 € pro qm für mindestens 22 und weniger als 32 Jahre alte Wohnungen / bis zu 14,23 € pro qm für Wohnungen, die mindestens 32 Jahre alt sind; plus bis zu 84,16 € pro Jahr für Tiefgaragenstellplatz laut § 28 Abs. 5 II. BV

***) laut § 29 Abs. 3 II. BV bis zu 2 % der Jahresnettokaltmiete bei vermieteten Wohnungen für Mietrückstände und Leerstand

Von der Jahresnettokaltmiete müssen also nicht auf den Mieter umlegbare Bewirtschaftungskosten (Verwaltungs- und Instandhaltungskosten sowie kalkulatorisches Mietausfallwagnis) abgezogen werden, um den Jahresreinertrag zu ermitteln. Eine gute Berechnungsgrundlage für die Höhe der **nicht umlagefähigen Bewirtschaftungskosten** stellt die Verordnung über wohnwirtschaftliche Berechnungen (II. Berechnungsverordnung, abgekürzt II. BV) dar. Die §§ 26 bis 29 II. BV enthalten dazu Erfahrungssätze für mietpreisgebundene Wohnungen, die üblicherweise aber auch für freifinanzierte Wohnungen angewandt werden.

In obigem Beispiel machen die Verwaltungs- und Instandhaltungskosten zuzüglich Mietausfallwagnis rund 1.400 Euro und damit 21 Prozent der Jahresnettokaltmiete aus.

Oft wird pauschal mit nicht umlagefähigen Bewirtschaftungskosten in Höhe von 20 oder gar 25 Prozent der Jahresnettokaltmiete kalkuliert. In der Realität werden die tatsächlichen Verwaltungs- und Instandhaltungskosten selbstverständlich von den Erfahrungssätzen nach der II. BV oder von den genannten Pauschalsätzen nach oben oder unten abweichen. Insbesondere die Höhe der Instandhaltungskosten hängt ganz entscheidend vom Baualter und dem derzeitigen Zustand des Gebäudes und der Wohnung ab.

Kaufpreis und Investitionskosten

Außer den laufenden Bewirtschaftungskosten fallen zusätzlich einmalige **Kaufnebenkosten** an wie Grunderwerbsteuer, Notar- und Grundbuchgebühren sowie evtl. noch eine Maklerprovision. Alle Bundesländer bis auf Bayern und Sachsen haben die **Grunderwerbsteuer** mittlerweile von ehemals 3,5 auf bis zu 6,5 Prozent des Kaufpreises erhöht. In Nordrhein-Westfalen, Saarland, Schleswig-Holstein und Brandenburg wird zurzeit der höchste Grunderwerbsteuersatz von 6,5 Prozent berechnet.

Die **Notar- und Grundbuchgebühren** für die Beurkundung des Kaufvertrages und die Eigentumsumschreibung können mit 1,5 Prozent des Kaufpreises einkalkuliert werden. Dann errechnen sich bereits Kaufnebenkosten bis zu 8 Prozent des Kaufpreises. Wenn die Immobilie über die Vermittlung eines Immobilienmaklers erworben wurde, kommt noch die **Maklerprovision (Courtage)** in Höhe von 3,57 bis 7,14 Prozent des Kaufpreises hinzu.

In der folgenden Tabelle wird die Kalkulation der **Investitionskosten** wiederum beispielhaft für die 80 qm große Eigentumswohnung durchgeführt.

Tabelle 7: Vom reinen Kaufpreis bis zu den Investitionskosten

Investitionskosten	Kalkulationsgrundlage	Betrag in Euro
Kaufpreis	80 qm x 1.600 € pro qm	128.000 €
+ Grunderwerbsteuer*	6,5 % des Kaufpreises	+ 8.320 €
+ Notar- u. Grundbuchgebühren**	1,5 % des Kaufpreises	+ 1.920 €
+ Maklerprovision (Courtage)***		-----
= Investitionskosten		138.240 €

*) Die Höhe des Grunderwerbsteuersatzes wird von den Bundesländern festgesetzt. In Nordrhein-Westfalen, Saarland, Schleswig-Holstein und Brandenburg liegt die Grunderwerbsteuer bei 6,5 Prozent des Kaufpreises.

**) ca. 1 Prozent Notargebühren für notarielle Beurkundung des Kaufvertrages plus ca. 0,5 Prozent Grundbuchgebühren für Eigentumsumschreibung im Grundbuch = ca. 1,5 Prozent Notar- und Grundbuchgebühren

***) nur beim Erwerb über Vermittlung eines Immobilienmaklers; Provisionssätze schwanken je nach Region und Vereinbarung zwischen 3,57 Prozent (= 3 Prozent netto zuzüglich 19 Prozent Umsatzsteuer) und 7,14 Prozent (= 6 Prozent netto zuzüglich 19 Prozent Umsatzsteuer) des Kaufpreises

Im Beispielfall machen die Kaufnebenkosten für Grunderwerbsteuer sowie Notar- und Grundbuchgebühren 8 Prozent des reinen Kaufpreises aus. Die gesamten Anschaffungs- bzw. Investitionskosten liegen somit bei 108 Prozent des Kaufpreises.

Bruttomietrendite und Nettomietrendite

Nachdem sämtliche einmaligen und laufenden Nebenkosten mit einkalkuliert sind, kann die Berechnung der **Nettomietrendite** erfolgen. Zum Vergleich ist in der folgenden Tabelle auch noch die Bruttomietrendite mit angegeben.

Tabelle 8: Von der Bruttomietrendite zur Nettomietrendite

Berechnung der Mietrendite	Kalkulationsgrundlage	Betrag in Euro
Jahresnettokaltmiete	80 qm x 7,50 €/qm x 12	6.624 €
- nicht umlagef. Bew.kosten*	21 % der Nettokaltmiete	- 1.392 €
= Jahresreinertrag		5.232 €
Kaufpreis	80 qm x 1.600 € pro qm	128.000 €
+ Kaufnebenkosten**	8 % des Kaufpreises	+ 10.240 €
= Investitionskosten		138.240 €
Bruttomietrendite***	Nettokaltmiete/Kaufpreis	5,2 %
Nettomietrendite****	Reinertrag/Investitionskosten	3,8 %

*) nicht umlagefähige Bewirtschaftungskosten (Verwaltungskosten 300 €, Instandhaltungskosten 960 € , Mietausfallwagnis 132 €)

**) einmalige Kaufnebenkosten: 6,5 % Grundwerbsteuer und 1,5 % Notar- und Grundbuchgebühren

***) Brutto-Mietrendite = Jahresnettokaltmiete 6.624 € in % des Kaufpreises von 128.000 €

****) Netto-Mietrendite = Jahresreinertrag 5.232 € in % der Investitionskosten von 138.240 €

Nach Berücksichtigung aller einmaligen und laufenden Nebenkosten wirft diese zu einem Kaufpreis von 128.000 Euro erworbene Eigentumswohnung noch eine Nettomietrendite von 3,8 Prozent ab. Würde eine von Lage, Größe, Baujahr, Zustand und Ausstattung vergleichbare Eigentumswohnung mit gleich hoher Monatsmiete für einen deutlich höheren Kaufpreis von 160.000 Euro (also um 25 Prozent teurer) gekauft, läge die Bruttomietrendite nur bei 4,1 Prozent und die Nettomietrendite bei mageren 3 Prozent. Eine solche Investition in eine bereits 30 Jahre alte Eigentumswohnung in mittlerer Wohnlage von Dortmund würde sich angesichts des überhöhten Immobilienpreises nicht mehr lohnen.

4.2. Überschuss nach Zinsen, Tilgung und Steuern in der Vermietungsphase

Die Nettomietrendite ist nur die erste Stufe in Ihrer Wirtschaftlichkeitsrechnung für die vermietete Eigentumswohnung oder das Mietwohnhaus. Da nahezu alle vermieteten Wohnimmobilien zum größten Teil mit Fremdkapital finanziert werden, sollten Sie auf jeden Fall auch die Rendite Ihres tatsächlich eingesetzten Eigenkapitals ermitteln.

Dies kann vor oder nach Steuern erfolgen. Erst der Überschuss und die Eigenkapitalrendite nach Steuern bringen in der Vermietungsphase die Wahrheit ans Licht.

Überschuss und Eigenkapitalrendite vor Steuern

Typischerweise werden die Investitionskosten einer vermieteten Wohnimmobilie zu 80 Prozent oder mehr fremdfinanziert. Wer aus Vorsichtsgründen mehr Eigenkapital einsetzen will, bringt die gesamten Kaufnebenkosten sowie mindestens 20 Prozent des reinen Kaufpreises aus Eigenmitteln auf.

Beispiel: Der Kaufpreis für eine vermietete Eigentumswohnung liegt bei 128.000 Euro, hinzu kommen Kaufnebenkosten von 10.240 Euro (siehe Kapitel 4.1). Sie setzen Eigenkapital von 28.000 Euro (= rund 22 Prozent des Kaufpreises von 128.000 Euro) plus 10.240 Euro für die Kaufnebenkosten ein, insgesamt also 38.240 Euro.

Von der Bank nehmen Sie ein Hypothekendarlehen in Höhe von 100.000 Euro (= rund 78 % des Kaufpreises von 128.000 Euro) zu folgenden Konditionen auf: Sollzins 2,5 Prozent bei einer Zinsbindung von 20 Jahren sowie Tilgung 2 Prozent zuzüglich ersparter Zinsen mit möglicher Sondertilgung von jährlich bis zu 10 Prozent der Darlehenssumme.

Die **Eigenkapitalrendite** errechnet sich aus nur drei Kennzahlen:

- Nettomietrendite 3,8 % (siehe obiges Beispiel in Kapitel 4.1)
- Sollzins 2,5 %
- Verschuldungsgrad als Verhältnis von Fremdkapital zu Eigenkapital,

  hier Fremdkapital 100.000 € : Eigenkapital 38.240 Euro = 2,6fach

Ihre Eigenkapitalrendite wird nun noch folgender einfacher Formel berechnet:

Eigenkapitalrendite vor Steuern

= Nettomietrendite + (Nettomietrendite − Sollzins) x Verschuldungs-grad

= 3,8 + (3,8 − 2,5) x 2,6 = 3,8 + 1,3 x 2,6 = 3,8 + 3,4 = 7,1 %

Was wie Hexerei aussieht, ist nichts anderes als praktisch angewandte Finanzmathematik. Sie hebeln mit dem Einsatz von Fremdkapital in diesem Fall die Nettomietrendite von 3,8 Prozent auf eine Eigenkapitalrendite von 7,1 Prozent hoch. Diese **Hebelwirkung** (fachlich leverage effect genannt) besteht immer, dann wenn der Zins des Fremdkapitals unter der Rendite einer Kapitalanlage liegt. Hätte die Nettomietrendite nur bei 3 Prozent gelegen (siehe Hinweis am Ende von Kapitel 4.1), wäre nur eine Eigenkapitalrendite von 4,3 Prozent heraus gekommen.

Noch betrüblicher sähe die Rechnung aus, wenn sogar die Brutto-mietrendite nur bei 3 Prozent liegt und die Nettomietrendite nach Berücksichtigung aller einmaligen und laufenden Nebenkosten beispielsweise auf 2,2 Prozent fällt. In diesem Fall wirkt sich der Hebel negativ aus, da die Eigenkapitalrendite nur noch 1,4 Prozent ausmacht.

Sie können die Eigenkapitalrendite im Übrigen auch ohne Formel, quasi „zu Fuß", in drei Stufen wie folgt ermitteln:

1. Stufe: Eigenkapital 38.240 € (= Investitionssumme 138.240 € minus Hypothekendarlehen 100.000 €)
2. Mietreinertrag 5.232 € (siehe Tabelle 6 in Kapitel 4.1) minus Hypothekenzinsen 2.500 € (= 2,5 % von 100.000 € Fremdkapital) = Überschuss 2.732 € im ersten Jahr
3. Eigenkapitalrendite = Überschuss nach Zinskosten 2.732 € in Prozent des Eigenkapitals von 38.240 € = 7,1 %

Die Berechnungen verdeutlichen, dass die Eigenkapitalrendite umso höher ausfällt, je mehr die Nettomietrendite über dem Fremdkapitalzins liegt. Eigentlich müsste man die Eigenkapitalrendite nicht nur für das erste Vermietungsjahr nach Erwerb der vermieteten Eigentumswohnung ermitteln, sondern auch für jedes Folgejahr.

Die Eigenkapitalrendite vor Steuern wird sich bei Mietsteigerungen infolge der steigenden Mietrendite erhöhen, aber bei laufenden Tilgungen infolge des dann steigenden Eigenkapitaleinsatzes vermindern. In der Regel heben sich diese beiden Wirkungen in etwa auf, so dass die Eigenkapitalrenditen auch in den folgenden Vermietungsjahren auf dem Niveau des ersten Vermietungsjahres verharren. Nur bei fehlenden Mietsteigerungen und höherer laufender Tilgung wird die Eigenkapitalrendite in den Folgejahren sinken.

Überschuss und Eigenkapitalrendite nach Steuern

Die Eigenkapitalrendite nach Steuern liegt allerdings in der Regel niedriger. Der Überschuss des Mietreinertrags über die Hypothekenzinsen ist zwar steuerpflichtig. Von diesem Überschuss in Höhe von 2.732 Euro sind aber noch die **steuerlichen Abschreibungen** abzuziehen.

Sofern die anteiligen Gebäudekosten beispielsweise 80 Prozent der Investitionskosten (also hier 80 Prozent von 138.240 Euro = 110.592 Euro) und der jährliche Abschreibungssatz 2 Prozent dieser anteiligen Gebäudekosten von 110.592 Euro ausmachen, errechnet sich eine jährliche Abschreibung von 2.212 Euro.

Der **steuerpflichtige Gewinn aus Vermietung** liegt daher nur bei 520 Euro (= Überschuss nach Zinskosten 2.732 Euro minus Abschreibungen 2.212 Euro). Selbst wenn ein Spitzensteuersatz von 44,31 % zugrunde gelegt wird, müssten nur 230 Euro jährlich an Steuern gezahlt werden.

Der Überschuss nach Steuern sinkt somit nur leicht auf 2.502 Euro so dass die Eigenkapitalrendite nach Steuern mit 6,5 Prozent nur unwesentlich niedriger als die Eigenkapitalrendite vor Steuern ausfällt.

Die bisherigen Berechnungen zur Eigenkapitalrendite gingen nur von den vier Bereichen Investition, Vermietung, Finanzierung und Steuern aus. Wenn die vermietete Wohnimmobilie aber beispielsweise nach 20 Jahren verkauft werden soll, wird höchstwahrscheinlich auch ein **Veräußerungsgewinn** anfallen. Dieser Veräußerungsgewinn wird umso größer sein, je besser es dem Vermieter liegt, die Nettokaltmiete im Laufe dieser 20 Jahre durch regelmäßige Mieterhöhungen zu steigern.

Die anfängliche Nettokaltmiete von 6.624 Euro (siehe Tabelle 6) lässt sich bei einer jährlichen Mietsteigerung von durchschnittlich 2 Prozent auf 9.843 Euro zum Ende des 20. Jahres steigern. Auch wenn die vermietete Eigentumswohnung dann nur zur 15-fachen Jahresnettokaltmiete verkauft würde (beim Kauf war es noch das 19,3-Fache), käme ein Veräußerungserlös von 147.645 Euro heraus, der noch über den Investitionskosten von 138.240 Euro läge.

Bei der 14-fachen Jahresnettokaltmiete wäre der Verkaufspreis genau so hoch wie die Investitionskosten beim Kauf. Zum gleichen Ergebnis käme man, wenn die durchschnittliche Mietsteigerung pro Jahr nur 1 Prozent ausmachen und die Eigentumswohnung zur 17-fachen Jahresnettokaltmiete verkauft würde. Doch dies sind alles Spekulationen. Die Endrendite nach Steuern und Verkauf lässt sich nur anhand von recht vagen Vorschaurechnungen über die Höhe des Verkaufspreises und evtl. Veräußerungsgewinnes auf dem Papier ermitteln. Entsprechendes gilt für die daraus ermittelbare zusätzliche Veräußerungsrendite.

Wichtiger als diese zunächst nur erhoffte Veräußerungsrendite („Taube auf dem Dach") ist die laufende Eigenkapitalrendite nach Steuern („Spatz in der Hand") in der Vermietungsphase. Regelmäßige Mietreinerträge, Zinskosten, Überschüsse der Mietreinerträge über die Zinskosten und Steuerzahlungen bzw. –ersparnisse lassen sich einfacher und sicherer kalkulieren als mögliche Veräußerungsgewinne in der Zukunft.

Wer sich dennoch für die **Eigenkapitalrendite nach Steuern und nach Verkauf** interessiert, kann den Finanztest-Rechner „Renditeberechnung und Investitionsplan" für eine vermietete Eigentumswohnung nutzen, siehe www.test.de/rechner. Im Musterfall wird von einer Eigentumswohnung mit einer Bruttomietrendite von 4 Prozent, einer Nettomietrendite von nur 2,41 Prozent und einem sehr langen Anlagehorizont von 40 Jahren ausgegangen. Das Hypothekendarlehen soll 70 Prozent der Investitionskosten ausmachen und mit einem Sollzins von 2 Prozent und einem Tilgungssatz von 3 Prozent über 20 Jahre lang gebunden sein.

Unter der Voraussetzung, dass die Mieten und Kosten um jährlich 1 Prozent steigen und die vermietete Eigentumswohnung zur 20-fachen Jahresnettokaltmiete im 40. Jahr verkauft wird, errechnet sich eine Eigenkapitalrendite von 2,94 Prozent nach Steuern für einen verheirateten Kapitalanleger mit einem versteuerten Einkommen von 70.000 Euro.

Wenn man diesen Musterfall durch den oben genannten Fall mit einer Bruttomietrendite von 5,18 Prozent und einer Nettomietrendite von 3,78 Prozent sowie einen Verkauf der vermieteten Eigentumswohnung nach 20 Jahren ohne Veräußerungsgewinn und ein Hypothekendarlehen von gut 72 Prozent der Investitionskosten mit einem Sollzins von 2,5 Prozent und einem Tilgungssatz von 2 Prozent über 20 Jahre ersetzt, steigt die Eigenkapitalrendite nach Verkauf und Steuern auf 4,20 Prozent bei einem versteuerten Einkommen des verheirateten Kapitalanlegers von ebenfalls 70.000 Euro.

Bei einer jährlichen Miet- und Kostensteigerung von 2 statt nur 1 Prozent steigt die Eigenkapitalrendite nach Steuern bei sonst gleichen Annahmen bereits auf 6 Prozent pro Jahr. Ein von 2,5 auf 2 Prozent sinkender Sollzins würde die Eigenkapitalrendite von 4,20 Prozent bei einer jährlichen Miet- und Kostensteigerung von 1 Prozent nur auf 4,46 Prozent anheben. Diese Prognoserechnungen verdeutlichen, welch hohe Bedeutung die erzielbare Brutto- und Nettomietrendite sowie die zu erwartenden Mietsteigerungen haben.

4.3. Mietreinertrag bei schuldenfreiem Mietobjekt als Quasirente im Alter

Eigenkapitalrenditen von 4 bis 6 Prozent nach Steuern und Verkauf mögen für viele Kapitalanleger in vermietete Wohnimmobilien attraktiv sein. Der Verkauf eines Mietobjekts bringt auch nach Abzug der verbleibenden Restschulden auf einen Schlag noch viel Geld ein. Gleichzeitig stellt sich gerade angesichts einer anhaltenden Niedrigzinsphase das Problem der Wiederanlage des Veräußerungserlöses.

Eine erneute Direktanlage in vermietete Immobilien scheidet bei 60- bis 70-Jährigen in aller Regel schon aus Altersgründen aus. Mit sicheren Zinsanlagen fährt man nach Steuern und Inflation Verluste ein. Und die Anlage in Aktien, Aktienfonds oder ETFs (börsennotierte Aktienindexfonds) mit deutlich höheren Renditechancen, aber auch höheren Kursrisiken ist auch nicht jedermanns Geschmack. Für Verkäufer von Mietobjekten entsteht so schnell ein „Luxusproblem".

Es gibt aber gerade für rentennahe Kapitalanleger und vor allem für Rentner eine andere sinnvolle Alternative. Sofern die vermietete Immobilie mit Rentenbeginn bereits schuldenfrei ist, fällt die Belastung aus Zins und Tilgung weg. Der jährliche bzw. monatliche Überschuss (cash flow) ist dann identisch mit dem erzielten Mietreinertrag, also der Nettokaltmiete minus der nicht umlagefähigen Instandhaltungs- und Verwaltungskosten.

Warum also nicht weiter vermieten? Der **monatliche Mietreinertrag** von beispielsweise 500 Euro für eine vermietete Eigentumswohnung oder 2.000 Euro für ein Mietwohnhaus mit vier Wohnungen bzw. für vier vermietete Eigentumswohnungen fließt Ihnen dann als **Quasi-Zusatzrente** zu. So können Sie Ihre vielleicht zu niedrigen Alterseinkünfte aus gesetzlicher Rente, Betriebsrente oder evtl. privater Rente (Riester-Rente, Rürup-Rente oder Rente aus privater Rentenversicherung) aufpäppeln.

Im Vergleich zur gesetzlichen Rentenversicherung stellt diese „Immobilienrente" aus vermieteten Wohnimmobilien zwar keine Leibrente dar. Der monatliche Mietreinertrag hat aber zumindest Rentencharakter, da es sich bei den Mietreinerträgen um wiederkehrende Bezüge handelt. Ein vollständiger Kapitalverzehr wie bei der gesetzlichen Rente erfolgt nicht. Ganz im Gegenteil: Das im Mietobjekt angelegte Kapital bleibt erhalten und erhöht sich bei Wertsteigerungen sogar. Sofern Wertverluste eintreten, verringert er sich zwar, fällt aber nicht auf Null.

Ein anderes Problem stellt sich aber dann doch: Wie schaffen Sie es, dass Ihre Mietobjekte beim geplanten Rentenbeginn mit 63 bis 67 Jahren bereits schuldenfrei sind? Sofern Sie jährlich nur 1 oder 2 Prozent des Hypothekendarlehens zuzüglich ersparter Zinsen tilgen, werden Sie bei Sollzinssätzen zwischen 2 und 3 Prozent frühestens erst in 30 Jahren schuldenfrei sein.

Bei einem Sollzins von 2 Prozent und einem jährlichen Tilgungssatz von 3 Prozent zuzüglich ersparter Zinsen schaffen Sie es erst in gut 25 Jahren. Um ein Hypothekendarlehen mit 2 Prozent Sollzins, das Sie beispielsweise mit 45 Jahren aufgenommen haben, vollständig bis zum 65. Geburtstag zu tilgen, müssten Sie schon einen Tilgungssatz von 4,06 Prozent wählen. Die jährliche Belastung aus Zins und Tilgung würde dann aber auf gut 6 Prozent der Darlehenssumme anwachsen.

Doch es gibt noch eine weitere Möglichkeit zur schnellen Entschuldung. Sie vereinbaren mit Ihrer Bank **Sondertilgungsrechte**. Danach können Sie jährlich 5 bis 10 Prozent der Darlehenssumme pro Jahr ohne Berechnung von Vorfälligkeitsentschädigungen tilgen, falls Sie dazu die finanziellen Mittel haben. Sie könnten auch den Tilgungssatz anfangs auf 2 Prozent festsetzen mit der zusätzlichen Vereinbarung, dass Sie diesen Tilgungssatz während der Zinsbindungsdauer zweimal nach oben (bis zu 5 Prozent) oder nach unten (bis zu 1 Prozent) erhöhen oder senken dürfen. Eine **flexible Tilgung** bringt Sie also schneller zu Ihrem Ziel der völligen Entschuldung.

Mietreinerträge bei schuldenfreien Mietobjekten dürften jährlich zwischen 4 und 6 Prozent des geschätzten Verkehrswertes abwerfen. Wenn der ortsübliche Marktpreis für ein Mietwohnhaus mit vier Wohnungen oder für vier vermietete Eigentumswohnungen zusammen 500.000 Euro ausmachen würden, könnten Sie über Jahresreinerträge zwischen 20.000 bis 30.000 Euro und monatliche Mietreinerträge zwischen 1.667 und 2.500 Euro verfügen. Bei zwei Wohnungen wäre es noch zwischen 833 und

1.250 Euro monatlich und selbst bei nur einer vermieteten Eigentumswohnung blieb Ihnen noch ein monatlicher Überschuss von 417 bis 625
Euro vor Steuern.

4.4. Mietmanagement für private Wohnungsvermieter

Das Mietmanagement will gelernt sein. Dazu gehören Wissen, Können und vor allem Erfahrung. Insbesondere vier Bereiche sind in eigener
Regie oder mit Hilfe professioneller Hilfe zu managen:

1. Mieterauswahl und Mietsicherheiten
2. Mietpreiskalkulation
3. Bewirtschaftung von Haus und Wohnung
4. Mietverwaltung und Mieterbindung

Mieterauswahl und Mietsicherheiten

„Wer suchet, der findet", heißt es immer wieder. Auch die Suche nach
einem geeigneten Mieter will wohl überlegt sein, damit sie nicht mit Ent-
täuschungen endet. Planlos auf die Mietersuche zu gehen, verspricht wenig Erfolg. Handeln ohne Plan ist wie ein Schiff ohne Steuer.

Bevor Sie einen neuen Mieter für Ihre Wohnung suchen, sollten Sie
zunächst alle Unterlagen über Ihr Mietobjekt zusammen stellen. Sie er-
leichtern sich damit die Beantwortung von Fragen, die spätestens nach
Erscheinen Ihrer Internet- oder Zeitungsannonce von Mietinteressenten
gestellt werden. Die wichtigsten Unterlagen sind:

- Lageplan (z.B. Auszug aus Stadtplan mit Wegbeschreibung)
- Grundrisszeichnung für die Wohnung (mit Raumaufteilung)
- Amateurfotos von Gebäude (Vorder- und Hinteransicht) und Woh-
  nung (Zimmer)
- Wohnflächenberechnung
- letzte Betriebskostenabrechnung.

Auf Grund dieser Unterlagen können Sie dann relativ leicht nach
Maklerart ein spezielles Mietangebot für Mietinteressenten (Mieterexpo-

sé) anfertigen. Ihr Vorteil: Sie haben alle wesentlichen Daten auf einen Blick, eine ausgedruckte Seite für Ihr **Mieterexposé** reicht. Sie ersparen sich damit ein zeitraubendes Blättern in Ihren Unterlagen. Weiterer Vorteil: Sie können das Exposé später ernsthaften Mietinteressenten aushändigen. Dies steigert Ihre Glaubwürdigkeit, denn fast alle Vermieter und Makler verzichten völlig auf ein Mieterexposé.

Das Mietangebot oder Mieterexposé können Sie auch gut einer anderen Person übergeben. Dies kann zum Beispiel auch Ihr jetziger Mieter sein, mit dem Sie ein angenehmes Mietverhältnis hatten. Er wird wahrscheinlich gern bereit sein, die Wohnung Mietinteressenten zu zeigen und bei dieser Gelegenheit deren Fragen anhand des Mietangebots nebst Unterlagen zu beantworten. Ihr **Noch-Mieter** fungiert praktisch als Ihr verlängerter Arm. Etwas Besseres kann Ihnen eigentlich gar nicht passieren. Die Mietinteressenten werden auf ein intaktes und entspanntes Vermieter-Mieter-Verhältnis schließen und ungezwungener als sonst üblich den Kontakt mit dem „netten Vermieter" suchen.

Jeder Mieter, der Ihre Wohnung im Anschluss an einen Ihrer Mieter anmietet, ist für Sie ein **Anschlussmieter**. Im Gegensatz zum Erstmieter ist er der zweite, dritte oder gar schon der vierte Mieter. Eine Schlüsselrolle bei der Anschluss- oder Wiedervermietung spielt Ihr jetziger Mieter, der das Mietverhältnis gekündigt hat. Sofern Sie bisher ein angenehmes und störungsfreies Mietverhältnis mit ihm hatten, können Sie ihn hervorragend in die Suche nach einem Anschlussmieter einspannen. Er wird „seine" Wohnung in der Regel gern Interessenten zeigen. Insgeheim rechnet er damit, dass ihm der Anschlussmieter einige Gegenstände (z.B. Gardinen, Kücheneinrichtung) abkauft. Diese von ihm selbst gekauften Gegenstände will er nicht mitnehmen und daher zu Geld machen. Die Höhe der Abstandssumme ist aber allein Sache zwischen ihm und dem Anschlussmieter. Als Vermieter werden Sie sich da ganz heraus halten.

Auf das Angebot Ihres Noch-Mieters, drei Nachmieter zu stellen, brauchen Sie bei fehlender vertraglicher Zusicherung gar nicht einzugehen. „Ich brauche dem Vermieter nur drei Nachmieter zu nennen, dann bin ich aus dem Vertrag raus" – so lautet das Gerücht, das sich am hartnäckigsten bei Mietern hält. Eine langwierige Diskussion um dieses Gerückt sollten Sie auf jeden Fall vermeiden. Am Ende heißt es noch, Sie seien ein Besserwisser und Rechthaber.

Kehren Sie den Spieß doch einfach um: Bieten Sie Ihrem Noch-Mieter stattdessen an, dass er selbst eine Anzeige aufgibt und Mietinteressenten sucht. Sofern Sie schnell einen Anschlussmieter finden, kann der Noch-Mieter im Bestfall sogar vor Ende der Kündigungsfrist ausziehen. Der Bestfall für alle Beteiligten ist der **„fliegende Wechsel"**. Der Noch-Mieter zieht aus und der Anschlussmieter zieht bereits am darauf folgenden Tag ein. Sie haben als Vermieter keinen Leerstand und somit auch keinen Mietausfall.

Die Miete fließt weiter wie bisher. Letztlich wird nur der Mieter ausgewechselt. Bleibt die Miete gleich, könnte der Anschlussmieter sogar in den alten Mietvertrag einsteigen. Er wird dann tatsächlich Nachmieter. Aber nur Sie als Vermieter werden die Entscheidung treffen, ob ein Anschlussmieter zum Nachmieter wird. Lassen Sie sich nie einen möglicherweise auch noch finanziell schwachen Nachmieter von Ihrem Noch-Mieter aufdrängen.

Die Suche nach Mietern über das Internet hat immer mehr an Bedeutung gewonnen. Spezielle **Internetportale wie Immobilien-Scout24, Immonet und Immowelt** bieten privaten Vermietern eine preisgünstige Möglichkeit, ihre Mietangebote ins Netz zu stellen. Zusätzlich können Mietinteressenten unter der angegebenen Telefonnummer anrufen oder eine E-Mail an Sie senden, um ihr Interesse an der angebotenen Mietwohnung zu bekunden.

Sofern Sie alle Daten für Ihre zur Miete angebotene Wohnung vorliegen haben, ist das Aufgeben einer Online-Anzeige ein Kinderspiel. Über die genannten Immobilienportale werden Sie Stück für Stück weitergeführt.

Bilder sagen bekanntlich mehr als viele Worte. Stellen Sie also auf jeden Fall mehrere Fotos von Haus und Wohnung ins Internet. Empfehlenswert ist es auch, eine Grundrisszeichnung zur Verfügung zu stellen. Dies wird viele Mietinteressenten neugierig machen, die schon überlegen, wie sie ihre Möbel in die Zimmer reinstellen wollen.

Sofern Sie privat ohne Makler vermieten, sollten Sie die Schlagzeile „Provisionsfrei direkt vom Eigentümer" wählen. Obwohl dies aus rechtlicher Sicht selbstverständlich ist, zieht dies immer. Die Mietinteressenten erfahren, dass sie direkt mit dem Eigentümer und ihrem evtl. künftigen Vermieter Kontakt aufnehmen können.

Wichtig: Sie müssen auch erreichbar sein. Die Angabe Ihrer E-Mail-Adresse in der Internetanzeige ist also Pflicht. Ob Sie auch Ihre private Telefonnummer (Festnetz- oder Handynummer) angeben, ist Geschmackssache. Dies ist nur empfehlenswert, wenn Sie in den auf die Online-Anzeige folgenden Tagen auch Zeit für die Entgegennahme von Anrufen der Mietinteressenten haben. Wenn nicht, begnügen Sie sich mit der Angabe Ihrer E-Mail-Adresse.

Wollen Sie Ihre Eigentumswohnung vermieten, bietet sich auch der Kontakt mit Mietern und Miteigentümern in der Eigentumswohnanlage an. Sie können Ihre Vermietungsabsicht persönlich mitteilen oder nach Rücksprache mit dem Hausmeister auch einen Aushang am Schwarzen Brett im Eingangsbereich des Hauses machen.

Es kommt gar nicht so selten vor, dass Mieter im Haus wohnen bleiben wollen, aber aus familiären Gründen eine kleinere Wohnung (zum Beispiel bei Scheidung oder Tod des Mitbewohners) oder größere Wohnung (zum Beispiel Familienzuwachs bei der Geburt eines Kindes) suchen. Gute Kontakte mit der Hausgemeinschaft zahlen sich also aus.

Die **richtige Auswahl des Mieters** unter den Mietinteressenten ist das A und O einer erfolgreichen Vermietung. Diese Mieterauswahl will wohl überlegt sein und sollte nicht hoppla hopp vonstatten gehen. Es lohnt sich, mehr Zeit in die Auswahl zu investieren. Dadurch bleiben Ihnen spätere Selbstvorwürfe erspart, weil Sie bei der Entscheidung für einen Mieter etwas Wichtiges übersehen haben.

Egal, ob die Mieterauswahl durch Sie als privaten Vermieter oder einen von Ihnen mit der Vermietung beauftragten Immobilienmakler durchgeführt wird: An der gemeinsamen Wohnungsbesichtigung mit den Mietinteressenten führt kein Weg vorbei.

Bei Entgegennahme von Mieteranfragen per E-Mail oder Telefon sollten Sie zunächst Besichtigungstermine mit den Mietinteressenten vereinbaren. Eventuell erfahren Sie per E-Mail oder Telefon auch schon Genaueres über die Interessenten. Es bietet sich geradezu an, Motive und Interessen der potenziellen Mieter schon frühzeitig zu erkunden. Durch geschickte Terminierung sollten Sie dafür sorgen, dass der Mietinteressent seinem Vor- und Nach-Besucher begegnet. Massenbesichtigungen mit mehreren Mitinteressenten zum exakt gleichen Termin sollten Sie auf jeden Fall vermeiden.

Wenig sinnvoll ist es, die angebotene Wohnung bei der Besichtigung in den höchsten Tönen anzupreisen. Die Mietinteressenten sollten sich bei der Besichtigung vielmehr selbst ein Bild von der Wohnung machen und nach wichtigen Details wie Einzugstermin, gewünschte Mietdauer, Höhe der Mietkaution oder Höhe der Nebenkosten fragen.

Hat sich der Mietinteressent in die angebotene Wohnung „verliebt" und mit ihr identifiziert, wird er auf einen baldigen Mietvertrag drängen. Diesen sollten Sie jedoch erst dann unterzeichnen lassen, wenn Sie die persönlichen und wirtschaftlichen Verhältnisse laut Selbstauskunft des Mietinteressenten oder Fremdauskunft überprüft haben.

Lassen Sie von Ihren Mietinteressenten einen **Mieterfragebogen** (auch Selbstauskunft genannt) ausfüllen. Sie können bei mehreren Interessenten, die Ihre Wohnung anmieten wollen, anhand der dort aufgeführten Angaben und Ihres persönlichen Eindrucks entscheiden, wen Sie als Ihren künftigen Mieter akzeptieren.

Übergeben Sie auch Ihrem Noch-Mieter einige Mieterfragebögen mit der Bitte, diese von Mietinteressenten ausfüllen zu lassen und Ihnen dann zu übersenden. Fragen Sie Ihren Noch-Mieter ruhig, wen er als Mieter nehmen würde, wenn er an Ihrer Stelle wäre. Oft deckt sich seine Einschätzung mit Ihrem Eindruck.

Ihr Mieter soll die Miete pünktlich zahlen. Er soll zahlungsfähig und – willig sein. Eigentlich ist dies eine Selbstverständlichkeit. Früher hieß der Spruch „Mietschulden sind Ehrenschulden". Doch daran fühlen sich viele heute nicht mehr gebunden. Sie lassen eher Mietrückstände bei ihrem Vermieter auflaufen als rückständige Kreditraten bei ihrer Bank.

Auf die Prüfung der **Bonität**, also der Kreditfähigkeit und -würdigkeit Ihres Mieters, sollten Sie nie verzichten. Eine Bonitätsprüfung hat immer Vorrang.

Die Parallele zur Bank drängt sich Ihnen als Vermieter förmlich auf. Was der Bank als Kreditgeber recht ist, sollte Ihnen als „Wohnungsgeber" (so wurden Sie übrigens früher in den Meldeformularen der Einwohnermeldeämter noch bezeichnet) billig sein. Auch Sie geben Ihrem Mieter praktisch einen Kredit. Statt Geld geben Sie ihm eine Wohnung. Ihr Mieter („Wohnungsnehmer") geht wie ein Kreditnehmer ein Dauerschuldverhältnis ein.

Mit dieser Vermieter-Philosophie über Geben und Nehmen können Sie den Wohnungssuchenden die Scheu nehmen, Auskünfte über ihre finanziellen Verhältnisse zu erteilen. Sichern Sie ihnen absolute Vertraulichkeit und Datenschutz zu.

Zur Bonitätsprüfung können Sie folgende Mittel einsetzen:

* **Mieterfragebogen**
* zusätzliche **Schufa-Selbstauskunft** (von Ihren Mietinteressenten besorgt)
* **Einkommensnachweis** (z.B. aktuelle Gehaltsbescheinigung)
* **Bescheinigung des Vor-Vermieters** über ein reibungsloses Mietverhältnis
* Einsichtnahme in das **Schuldnerverzeichnis** (beim Amtsgericht)
* Auskunft über Haus- und Grundbesitzerverein.

Wenn Sie das aktuelle Nettoeinkommen kennen, lautet die Kernfrage für Sie: Kann sich Ihr Mieter die Wohnung überhaupt finanziell leisten? Anders ausgedrückt: Wie viel Geld braucht der Mensch zum Leben, wenn Miete und Nebenkosten vom Nettoeinkommen abgezogen werden?

Am besten orientieren Sie sich bei der Schätzung der monatlichen **Lebenshaltungskosten** (ohne Miete), also dem Restbehalt, an Erfahrungswerten der Banken. Danach können Sie mit folgenden Beträgen rechnen:

800 Euro für eine Einzelperson, 1.200 Euro für einen Zwei-Personen-Haushalt (Ehepaar oder Lebensgemeinschaft) plus 300 Euro für jedes haushaltszugehörige Kind. Eine dreiköpfige Familie benötigt daher nach dieser Schätzung bereits 1.500 Euro nach Abzug von Miete und Nebenkosten.

Schon bei der Wohnungsbesichtigung schälen sich die wirklich ernsthaften Mietinteressenten heraus. Wer die Wohnung wirklich haben will, wird auch einen Mieterfragebogen bereitwillig ausfüllen. Auf diesen sanften Druck sollten Sie nie verzichten. Spätestens vor Abschluss des Mietvertrages muss Ihnen der vom künftigen Mieter vollständig ausgefüllte Fragebogen vorliegen.

Durch die Beantwortung der im Mieterfragebogen gestellten Fragen gibt der Interessent Auskunft über seine persönlichen und finanziellen Verhältnisse. Es handelt sich daher um eine freiwillige, aber für Sie als Vermieter unverzichtbare Selbstauskunft des Mieters.

Nicht jeder ernsthafte Interessent ist sofort bereit, dieses oder ein anderes Formular auszufüllen. Er fühlt sich unsicher und weiß nicht, ob er alle Fragen beantworten soll. Wenn nötig, argumentieren Sie dann wie folgt: „Wenn Sie die Fragen beantworten, kann ich beurteilen, ob Sie sich die Wohnung auch finanziell leisten können. Ich frage nicht mehr als eine Bank, bei der Sie einen Kredit aufnehmen wollen. Sie können sicher sein, dass ich Ihre Antworten streng vertraulich behandeln und an niemanden weitergeben werde".

Die wichtigsten Fragen und Antworten beziehen sich auf folgende Punkte:

- Name, Geburtsdatum, Familienstand, Anzahl der zum Haushalt gehörenden Personen
- bisherige Anschrift und Telefonnummer des Mieters
- derzeitiger Vermieter mit Telefonnummer., Dauer des bisherigen Mietverhältnisses und Gründe für die Beendigung
- Beruf und derzeitiger Arbeitgeber mit Anschrift und Telefonnummer sowie Dauer des Beschäftigungsverhältnisses
- monatliches Nettoeinkommen einschließlich Kindergeld

- evtl. eidesstattliche Versicherungen, Konkurs-, Vergleichs- oder Insolvenzverfahren, Pfändungen
- Einverständnis mit einer Schufa-Selbstauskunft
- Einkommensnachweis (z.B. letzte Gehaltsbescheinigung bei Arbeitnehmern oder letzter Einkommensteuerbescheid bei Selbstständigen).

„Lieblingsmieter" sind Mieter, die aus Sicht der Wohnungsvermieter als besonders zuverlässig gelten. Dazu zählen beispielsweise Handwerker, Krankenschwestern oder Senioren-Ehepaare. Einen eher schlechten Ruf unter Vermietern haben Lehrer, Juristen und Journalisten. Ihnen sagt man häufig Pingeligkeit und Rechthaberei nach.

Wichtiger als ein Pauschalurteil über Beruf oder Alter ist die Prüfung der Einkommensverhältnisse vor Abschluss des Mietvertrages. Als Vermieter sind Sie auf einen zahlungskräftigen Mieter angewiesen. Schließlich wollen Sie sich vor Mietausfällen schützen. Lassen Sie daher jeden ernsthaften Mietinteressenten eine Selbstauskunft ausfüllen. Verzichten Sie also nie auf die Bonitätsprüfung, also die Überprüfung der Zahlungsfähigkeit von Mietinteressenten. Reicht Ihnen der ausgefüllte Mieterfragebogen nicht aus, können Sie den potenziellen Mieter um die Vorlage einer Gehaltsbescheinigung des Arbeitgebers bitten.

Selbstverständlich ist kein Mietinteressent verpflichtet, die Fragen laut Mieterfragebogen zu beantworten. Andererseits sollten Fragen über rein persönliche Dinge wie Mitgliedschaft im Mieterverein, Religions- und Parteizugehörigkeit oder Vorstrafen für Sie als Vermieter tabu sein. Rein rechtlich darf der Mietinteressent solche „intimen" Fragen sogar falsch beantworten, ohne dass dies juristische Folgen für ihn hat. Unzulässige Fragen sollten Sie daher von vornherein vermeiden.

Jeder solvente Mietinteressent wird Verständnis für rechtlich zulässige Fragen und ihre wahrheitsgemäße Beantwortung haben. Zudem können Sie Einsicht in das bei Amtsgerichten geführte **Schuldnerverzeichnis** nehmen. Dies setzt allerdings voraus, dass Sie den Wohnort des Mietinteressenten und möglichen Schuldners kennen.

Im Schuldnerverzeichnis werden Personen, die vor dem Gericht eine eidesstattliche Versicherung (früher Offenbarungseid genannt) abgegeben haben oder gegen die wegen Nichtabgabe Haft angeordnet wurde, aufgeführt. Die Eintragungen können bis zu fünf Jahren bestehen bleiben, sofern der Schuldner nicht die vorzeitige Löschung durch Begleichung seiner Schuld erwirkt.

Da das Schuldnerverzeichnis öffentlich einsehbar ist, brauchen Sie kein berechtigtes Interesse an der Auskunft nachzuweisen. Daher können auch Sie als privater Wohnungsvermieter beim zuständigen Amtsgericht nach der Eintragung einer bestimmten Person in das Schuldnerverzeichnis fragen oder dieses selbst einsehen.

Als privater Vermieter bekommen Sie keine Auskunft bei der Schufa (Schutzgemeinschaft für allgemeine Kreditsicherung). Es sei denn, Sie sind Großvermieter mit mehr als 100 Wohnungen. Zur Prüfung der Mieterbonität ist eine Schufa-Auskunft aber außerordentlich von Nutzen.

Es gibt einen guten Ausweg, um doch an die Schufa-Daten zu kommen. Bitten Sie Ihren Mietinteressenten, sich selbst eine für ihn kostenlose **Schufa-Selbstauskunft** zu besorgen. Geben Sie ihm Tipps, wo er die nächste Schufa-Stelle findet oder wie er eine Online-Selbstauskunft per Internet einholen kann.

Auf keinen Fall sollten Sie Ihre Wohnung an einen Interessenten vermieten, dessen Schufa-Auskunft **Negativmerkmale** wie Kreditkündigung, Ablegung der eidesstattlichen Versicherung, Haftbefehl zur Erzwingung der eidesstattlichen Versicherung oder eingeleitetes Insolvenzverfahren enthält. Positive Merkmale über Einkommen, Vermögen und Beschäftigung suchen Sie in der Auskunft vergebens. Insofern handelt es sich nur um ein reines Ausschlussverfahren. Wer negativ aufgefallen ist, kommt bei Ihnen nicht zum Zuge. Sind keine negativen Dinge in der Auskunft verzeichnet, ist dies zwar grundsätzlich positiv zu bewerten. Einen geeigneten Mieter haben Sie damit aber noch nicht gefunden.

Auf eine **Gehaltsbescheinigung des Arbeitgebers** sollten Sie bei Arbeitnehmern unter den Mietinteressenten auf keinen Fall verzichten. Auch Beamte erhalten eine solche Gehaltsbescheinigung von ihrem Besoldungsamt. Nur bei Selbstständigen kann logischerweise keine Gehaltsbescheinigung vorliegen. In diesem Fall sollten Sie sich den letzten Einkommensteuerbescheid zeigen lassen.

Von Vorteil ist auch die Beurteilung Ihres potenziellen Mieters durch seinen jetzigen Vermieter. Name, Anschrift und Telefonnummer dieses Vor-Vermieters entnehmen Sie dem ausgefüllten Mieterfragebogen oder erfragen Sie direkt beim Mietinteressenten.

Selbstverständlich dürfen Sie den Vor-Vermieter anrufen und ihn um ein Referenzschreiben bitten. Das kann Ihnen niemand verbieten, auch der Mietinteressent nicht. Am besten bitten Sie Ihren künftigen Mieter selbst, ein Referenzschreiben seines jetzigen Vermieters vorzulegen. Darin sollte sich dieser äußern über die Dauer des Mietverhältnisses, die Zahlungsmoral und den Grund für die Beendigung des noch laufenden Mietverhältnisses.

Im Prinzip ist diese **Vermieterbescheinigung** nichts anderes als ein Mieterzeugnis und vergleichbar mit einem Arbeitszeugnis beim Wechsel des Arbeitsplatzes und Arbeitgebers. Warum sollte dies beim Wechsel der Wohnung und des Vermieters also nicht möglich sein?

Gewitzte Mietinteressenten formulieren das Empfehlungsschreiben selbst vor und legen es ihrem Noch-Vermieter lediglich zur Unterschrift vor. Dagegen ist nichts einzuwenden. Sicherheitshalber sollten Sie aber beim Vor-Vermieter nachfragen, ob alles seine Richtigkeit hat und ob Sie tatsächlich einen „guten Griff" bei der Auswahl Ihres künftigen Mieters getan haben.

Die Übergabe der **Mietkaution** von maximal drei Monatsnettokaltmieten sollte auf jeden Fall vor Übergabe der Haus- und Wohnungsschlüssel erfolgen. Für Vermieter empfiehlt es sich, die Kaution vom Mieter in bar gegen Quittung in Empfang zu nehmen (Barkaution) und dann bei der eigenen Hausbank ein Sparbuch auf den Namen des Vermieters mit dem Vermerk „Kaution von Frau/Herrn .... für die Wohnung in .....
......" eintragen zu lassen (**Kautionssparbuch**).

Zwar kann auch der Mieter ein entsprechendes Kautionssparbuch auf seinen Namen anlegen und Ihnen dann als Vermieter zwecks Verpfändung zusenden. Allerdings brauchen Sie später von Ihrem Mieter die schriftliche Einwilligung dazu, das verpfändete Sparbuch bei Auszug oder Nichtzahlung der Miete aufzulösen und wieder zu Geld zu machen.

Eine **Kautionsbürgschaft** einer Bank oder Versicherung sichert Sie als Vermieter ebenfalls ab. Der Mieter spart in diesem Fall zwar Bargeld, muss aber eine Bürgschaftsgebühr (sog. Avalprovision) zahlen. Vom Internetportal ImmobilienScout24 wird beispielsweise die **Vermittlungsgesellschaft „Eurokaution"** empfohlen (Näheres für Vermieter und Mieter unter www.eurokaution.de). Bei einer Kautionssumme von beispielsweise 1.000 Euro ist eine jährliche Gebühr von 69 Euro fällig bzw. 100 Euro bei der doppelten Kautionssumme.

Mietpools und Mietgarantien lohnen sich bei vermieteten Wohnimmobilien in aller Regel nicht, da sie nicht geeignet sind, das typische Mietausfallrisiko zu minimieren oder gar auszuschließen. Eher geeignet zur Minimierung des Mietausfallrisikos sind hingegen eine Rechtsschutzversicherung für vermietetes Haus- und Wohnungseigentum oder eine Mietausfallversicherung.

Eine **Rechtsschutzversicherung** für vermietete Wohnungen kostet den Vermieter pro Jahr rund 300 Euro bei einer Jahresbruttomiete von beispielsweise 10.000 Euro für eine Mietwohnung. Sie übernimmt alle Anwalts- und Gerichtskosten bei Mietstreitigkeiten, auch wenn der Mietprozess vom Vermieter verloren wird. Vor der Leistungsinanspruchnahme muss meist eine sechsmonatige Wartezeit erfüllt sein. Außerdem muss die Deckungszusage der Rechtsschutzversicherung vorliegen.

Kostengünstiger ist eine spezielle Mietausfallversicherung, die nur den entstandenen Mietausfall bis zu einer bestimmten Summe ersetzt. Beispiele sind die R+V-Mietschutz-Police der Raiffeisen- und Volksbanken oder die Mietausfall- und Mietnomadenpolice der Rhion Versicherung. Bei einer Versicherungssumme von 5.000 Euro liegen die jährlichen Kosten bei 124 Euro (R+V-Mietschutz-Police) bzw. 88 Euro (Rhion-Mietausfall- und Mietnomadenversicherung).

Die **reine Mietausfallversicherung** ersetzt den Mietausfall, der dem Vermieter entsteht, wenn der Mieter auch nach Kündigung des Mietvertrages ohne Zahlung der Miete in der Wohnung verbleibt und die Miet-kaution aufgebraucht ist. Der Mietausfall bezieht sich auf die Brutto-warmmiete, also die Nettokaltmiete plus Betriebskosten. Werden bei der Rhion-Mietausfallpolice nur sechs Monatsbruttomieten und maximal 5.000 Euro abgesichert, beträgt die jährliche Prämie 59 Euro. Bei Ausfall einer kompletten Jahresbruttomiete und maximal 10.000 Euro Absiche-rung steigt die Versicherungsprämie auf 99 Euro pro Jahr.

Eine **zusätzliche Mietnomadenversicherung** der Rhion ersetzt zu-sätzlich die Sachschäden, die durch einen nicht zahlenden Mietnomaden verursacht werden. Bei einer Versicherungssumme von 10.000 Euro sind dann zusätzlich 29 Euro pro Jahr an Prämie zu zahlen. 39 Euro pro Jahr sind es bei einer Versicherungssumme von 20.000 Euro und 49 Euro Jah-resprämie bei einer Versicherungssumme von 30.000 Euro. Bei von Miet-nomaden verursachten Sachschäden werden die Renovierungs- und Sa-nierungskosten zwar von der Versicherungsgesellschaft gezahlt. Aller-dings gibt es für den Vermieter einen Selbstbehalt in Höhe von 20 Prozent des Schadens; mindestens 250 und höchstens 1.000 Euro.

Die Mietausfallversicherung, die nur von wenigen Versicherungsge-sellschaften angeboten wird, ist ein **Spezialfall der Wohngebäudeversi-cherung.** Die Allgemeinen Versicherungsbedingungen VGB, die Besonde-ren Bedingungen für eine Mietausfall- und Mietnomadenversicherungen sowie das Produkt- bzw. Verbraucherinformationsblatt geben weitere Auskünfte über die genauen Modalitäten dieser wenig bekannten Spezi-alversicherung.

Der beste Schutz vor Mietausfällen bleibt immer noch die sorgfältige Bonitätsprüfung des Mietinteressenten vor Abschluss des Mietvertrages. Nützlich dazu sind eine vom Mietinteressenten selbst eingeholte Schufa-Auskunft ohne Negativmerkmale, eine Gehaltsbescheinigung des Arbeit-gebers sowie eine Bescheinigung des Vor-Vermieters, dass ein störungs-freies Mietverhältnis vorlag und der Mieter seine Zahlungspflichten laut Mietvertrag immer erfüllt hat.

Mietpreiskalkulation

Bei **Erst- oder Wiedervermietung Ihrer Wohnung** ist es ratsam, sich in den Immobilienportalen über vergleichbare Angebotsmieten zu informieren. Eine Vergleichbarkeit ist dann gegeben, wenn die dort zur Vermietung angebotenen Wohnungen hinsichtlich Lage (Ortsteil oder Straße), Zustand (Baujahr oder Jahr der letzten Modernisierung), Größe (Wohnfläche) und Ausstattung (durchschnittlich oder komfortabel) mit Ihrer Wohnung auch tatsächlich vergleichbar sind.

Ermitteln Sie zunächst die vergleichbare monatliche Nettokaltmiete pro Quadratmeter Wohnfläche, indem Sie die durchschnittliche Angebotsmiete laut Internetannoncen durch die jeweilige Wohnfläche dividieren. In aller Regel liegt diese Angebotsmiete mehr oder minder deutlich über der **ortsüblichen Vergleichsmiete** laut Mietspiegel, der auf Grund der tatsächlich in den letzten vier Jahren neu vereinbarten oder geänderten Mieten erstellt wird. Die von Ihnen geforderte Anfangsmiete zu Beginn des Mietverhältnisses kann über dieser Vergleichsmiete laut Mietspiegel liegen, wenn dies marktüblich ist. Besorgen Sie sich auf jeden Fall den aktuellen Mietspiegel über den örtlichen Haus- und Grundbesitzerverein, auch wenn Sie dort kein Mitglied sind.

Zwar existiert noch die **Mietpreisüberhöhungsgrenze** nach § 5 Wirtschaftsstrafgesetz, wonach die mehr als 20 Prozent über der ortsüblichen Vergleichsmiete geforderte Miete ordnungswidrig ist. Tatsächlich besteht diese Grenze aber nur noch auf dem Papier, nachdem der Bundesgerichtshof in seinen Urteilen vom 28.1.2004 (Az. VIII ZR 190/03) und 13.4.2005 (Az. VIII ZR 44/04) maßgeblich zur faktischen Abschaffung dieser Mietpreisüberhöhungsgrenze beigetragen hat. In beiden Fällen gingen Berliner Mieter erfolglos gegen die nach ihrer Ansicht zu hohen Neuvertragsmieten vor.

In zwei Urteilen des OLG Frankfurt vom 25.1.2006 und 16.10.2013 wurde sogar das gegen die Vermieter bereits verhängte Ordnungsgeld, das nach § 5 Abs. 3 Wirtschaftsstrafgesetz bis zu 50.000 Euro ausmachen kann, zurückgenommen. Fachanwälte für Mietrecht gehen daher davon aus, dass diese Mietpreisüberhöhungsgrenze nach den eindeutigen Urteilen von BGH und OLG Frankfurt de facto nicht mehr greift.

Die Wuchergrenze nach § 291 StGB, wonach eine Überschreitung der ortsüblichen Miete um mehr als 50 Prozent als strafbarer Mietwucher gilt, wird aber auf jeden Fall bestehen bleiben.

Allzu schnell wird heutzutage der Begriff **Mietwucher** verwendet. Das Strafgesetzbuch setzt aber außer dem Überschreiten der Wuchergrenze noch voraus, dass sich der Mieter objektiv in einer Zwangslage befunden haben, unerfahren oder erheblich willensschwach gewesen sein muss oder ein Mangel an Urteilsvermögen hatte. Außerdem ist subjektiv dem Vermieter nachzuweisen, dass er die Zwangslage, die Unerfahrenheit, den Mangel an Urteilsvermögen oder die erhebliche Willensschwäche seines Mieters ausgebeutet hat.

Zwar droht dem Mietwucherer und Ausbeuter eine **Freiheitsstrafe** von bis zu drei Jahren und in ganz schweren Fällen sogar bis zu zehn Jahren. Dass Vermieter wegen Verstoßes gegen die Wuchergrenze verurteilt wurden und im Gefängnis sitzen, ist aber die absolute Ausnahme. Als seriöser Vermieter sollten Sie sich an diese Wuchergrenze auch gar nicht herantasten.

Wichtiger für Vermieter ist die vom Gesetzgeber neu eingeführte **Mietpreisbremse** nach §§ 556 d bis f BGB, die möglicherweise künftig verschärft wird. Danach darf die in neu abgeschlossenen Mietverträgen vereinbarte Miete bei angespannten Wohnungsmärkten höchstens 10 Prozent über der ortsüblichen Vergleichsmiete liegen. Damit diese Mietpreisbremse auch tatsächlich in Kraft tritt, muss die jeweilige Landesregierung eine entsprechende Rechtsverordnung verabschieden, in der die Gebiete mit angespannten Wohnungsmärkten für die Dauer von fünf Jahren bestimmt werden.

Berlin war Vorreiter und hat die neue Mietpreisbremse bereits im Juni 2015 eingeführt. In Hamburg und 22 Städten Nordrhein-Westfalens gilt die Mietpreisbremse seit dem 1.7.2015. Die bayerische Staatsregierung hat die Einführung der Mietpreisbremse in 144 Städten von Bayern seit August 2015 beschlossen. Dies bedeutet: Wenn Sie in einer von der Mietpreisobergrenze betroffenen Stadt Ihre Wohnung wieder vermieten und einen Mietvertrag abschließen, darf Ihre Neuvertragsmiete nicht über 110% der ortsüblichen Vergleichsmiete hinausgehen.

Erkundigen Sie sich genau, ob für die von Ihnen neu zu vermietende Wohnung bereits die Mietpreisbremse gilt. Besorgen Sie sich in diesem Fall den örtlichen Mietspiegel, ermitteln Sie die ortsübliche Vergleichsmiete und schlagen Sie auf diese Vergleichsmiete höchstens 10 Prozent auf, um Ihre Angebotsmiete zu ermitteln.

Für Gebiete mit angespannten Wohnungsmärkten und eingeführter Mietpreisbremse gibt es aber mehrere **Ausnahmen**. So gilt die Mietpreisbremse dort nicht für Wohnungen, die nach dem 1.10.2014 erstellt und genutzt werden (Neubauten), oder für die erste Vermietung nach einer umfassenden Modernisierung.

Eine weitere Ausnahme bezieht sich auf die Miete, die der vorherige Mieter gezahlt hat. Wenn diese **Vormiete** bereits mehr als 10 Prozent über der ortsüblichen Vergleichsmiete lag, kann sie auch bei Neuvermietung weiter bestehen bleiben. Dies gilt allerdings nicht für den Fall, dass die Vormiete aufgrund einer Mieterhöhung innerhalb des letzten Jahres vor Beendigung des Mietverhältnisses auf das 10 Prozent über der ortsüblichen Vergleichsmiete liegende hohe Niveau gestiegen ist. Der Neumieter kann vom Vermieter verlangen, dass er ihm die Höhe der Vormiete sowie den Tag der letzten Mieterhöhung mitteilt.

Auch nach Einführung der Mietpreisbremse kann die ortsübliche Vergleichsmiete wie bisher aus mindestens drei Vergleichswohnungen ermittelt werden. Der Vermieter kann dann auf die so ermittelte Vergleichsmiete noch einmal 10 Prozent draufschlagen und hält dennoch die Mietpreisbremse ein.

Es ist also ein Irrtum zu glauben, dass die ortsübliche Vergleichsmiete allein mit Hilfe von Mietspiegeln ermittelt werden muss. In § 558a Abs. 2 BGB werden neben dem Mietspiegel noch drei weitere Begründungsmittel (**Mietdatenbank, Mietwertgutachten und drei Vergleichswohnungen**) genannt. Ein bewährtes Mittel ist die Nennung von drei Vergleichswohnungen, die auch aus dem Bestand des Vermieters stammen können. Mietwertgutachten dagegen sind relativ teuer und Mietdatenbanken gibt es kaum.

Wenn die geforderte Neuvertragsmiete in angespannten Wohnungs-märkten mit Mietpreisbremse mehr als 10 Prozent über der ortsüblichen Vergleichsmiete liegt, kann der Mieter dies rügen und eine Senkung auf 110 Prozent der Vergleichsmiete verlangen. Allerdings muss er beweisen, dass die Neuvertragsmiete tatsächlich mehr als 10 Prozent über der Ver-gleichsmiete laut Mietspiegel oder beispielsweise der niedrigsten Ver-gleichsmiete bei Nennung von mindestens drei Vergleichswohnungen liegt.

Seriöse Vermieter mit Wohnungen in Gebieten, für die eine Miet-preisbremse eingeführt wurde oder künftig noch eingeführt wird, müssen sich nicht wirklich fürchten. Sie entscheiden weiterhin selbst, womit sie den Zuschlag von höchstens 10 Prozent auf die ortsübliche Vergleichs-miete begründen (zum Beispiel Mietspiegel oder mindestens drei Ver-gleichswohnungen).

Zudem ist die **Mietpreisbremse** aus rechtlicher Sicht bisher ein recht stumpfes Schwert. Wenn der Mieter gegenüber seinem Vermieter rügt, dass dieser die Mietpreisbremse nicht eingehalten habe, kann der Mieter die zu viel gezahlte Miete zurückfordern. Die Rüge muss der Mieter aber schlüssig begründen. Dies mag bei Vorhandensein eines Mietspiegels noch relativ einfach sein, aber nicht bei der Angabe von drei oder mehr Vergleichswohnungen.

Im Streitfall muss der Mieter sein Recht auf Rückzahlung im Klage-weg durchsetzen. Wenn der Vermieter zur Rückzahlung der zu viel ge-zahlten Miete bereit ist oder dazu verurteilt wird, ist die Sache für ihn er-ledigt. Er hat keine Ordnungswidrigkeit begangen und muss auch kein Strafverfahren befürchten.

Als Wohnungsvermieter können Sie die im Mietvertrag vereinbarte Anfangsmiete im Verlauf des Mietverhältnisses erhöhen. Die **Mieterhö-hung im Bestand** erfolgt meist über die Anpassung an die ortsübliche Vergleichsmiete nach §§ 558, 558a bis d BGB. Danach dürfen Sie die seit mindestens einem Jahr unverändert geltende Miete nur bis zur ortsübli-chen Vergleichsmiete laut Mietspiegel oder einem anderen Begrün-dungsmittel (zum Beispiel drei Vergleichswohnungen) anheben.

Allerdings darf die Mieterhöhung innerhalb eines Zeitraums von drei Jahren nach § 558 Abs. 3 Satz 1 nicht über 20 Prozent hinausgehen (sog. **Kappungsgrenze**). Seit der Mietrechtsreform im Mai 2013 kann diese Kappungsgrenze in Ballungsräumen mit Wohnungsmangel von 20 auf 15 Prozent nach § 558 Abs, 3 Satz 2 und 3 BGB gesenkt werden. München hat dies als erste Großstadt bereits Mitte Mai 2013 getan. Andere Großstädte wie Frankfurt, Hamburg oder Berlin sind dem Beispiel gefolgt. Inzwischen gibt es die von den jeweiligen Landesregierungen in Rechtsverordnungen festgelegte Kappungsgrenze von 15 Prozent innerhalb von drei Jahren in mehreren Bundesländern.

Sie sollten Ihre Miete möglichst laufend nach Ablauf von drei bis fünf Jahren mit Hinweis auf den neuen Mietspiegel oder auf mindestens drei Vergleichswohnungen erhöhen, maximal aber bis zur Kappungsgrenze von 20 bzw. 15 Prozent. Wenn Ihre Wohnung beispielsweise in einem Gebiet mit angespanntem Wohnungsmarkt und Kappungsgrenze von 15 Prozent liegt, steigt die Miete somit im rechnerischen Durchschnitt um jährlich bis zu 5 Prozent pro Jahr im Dreijahreszeitraum oder 3 Prozent pro Jahr im Fünfjahreszeitraum.

Im Mieterhöhungsschreiben müssen Sie die verlangte Mieterhöhung genau begründen. Am besten legen Sie den Mietspiegel gleich bei, wenn Sie sich darauf stützen wollen. Ihr Mieter muss der Mieterhöhung innerhalb von zwei Monaten zustimmen. In diesem Fall wird die erhöhte Miete mit Beginn des dritten Monats nach Erhalt des Mieterhöhungsschreibens fällig. Stimmt Ihr Mieter nicht zu, können Sie ihn auf Erteilung der Zustimmung verklagen.

Eine weitere Möglichkeit bietet die **Mieterhöhung wegen Modernisierung** der Wohnung, die Sie neben oder mit einer Mieterhöhung auf die ortsübliche Vergleichsmiete geltend machen können. Sie können zurzeit noch 11 Prozent der für die Wohnung entstandenen Modernisierungskosten pro Jahr auf Ihren Mieter abwälzen. Nach 9 Jahren haben Sie auf diese Weise die Modernisierungskosten über höhere Mieteinnahmen wieder hereingeholt. Der Mieter darf die Miete nach der Mietrechtsreform von 2013 in den ersten drei Monaten der Modernisierung nicht mehr mindern.

Unter Modernisierung fallen alle Baumaßnahmen, die den Gebrauchswert der Wohnung nachhaltig erhöhen (z.b. Verbesserung der sanitären Einrichtungen) oder eine nachhaltige Einsparung von Heizenergie oder Wasser bewirken (z.b. Verbesserung der Wärmedämmung von Fenstern oder Umstellung der Heizungsanlage) oder die allgemeinen Wohnverhältnisse auf Dauer verbessern (z.b. Herstellung und Ausbau von Grünanlagen, Kinderspielplätzen oder Stellplätzen).

Um nicht alle paar Jahre Mieterhöhungen bis zur ortsüblichen Vergleichsmiete zu fordern, können Sie mit Ihrem Mieter auch eine **Staffelmiete** vereinbaren. Hierbei wird die monatliche Nettokaltmiete für mehrere Jahre im Voraus festgelegt. Dies geschieht durch Angabe der jeweils geltenden Grundmiete für jedes Jahr oder der betragsmäßigen Erhöhung in Euro.

Beispiel:

Die monatliche Nettokaltmiete für die Wohnung beträgt 625 Euro. Sie erhöht sich ab 1.1.2018 um 15 Euro, ab 1.1.2019 um weitere 15 Euro und ab 1.1.2020 um weitere 15 Euro.

Bei **Staffelmietvereinbarungen** erhöht sich die Miete quasi automatisch jedes Jahr. In Zeiten eines Vermietungsmarktes mit hoher Mietnachfrage können Sie Staffelmieten auf Grund der allgemein steigenden Mieten problemlos durchsetzen. Verständlicherweise ist die Vereinbarung einer Staffelmiete bei Mietern nicht beliebt. Stagnieren oder sinken die Mieten bei einem Überangebot von Wohnungen, wird die Bereitschaft zu Staffelmietvereinbarungen auf Mieterseite gegen Null sinken.

Bei einer **Indexmiete** steigt die Miete entsprechend der Höhe der Inflationsrate an. So, wie sich der Index entwickelt, kann der Vermieter dann Jahr für Jahr die Miete anpassen - ohne zusätzliche Zustimmung des Mieters. Geht die Inflationsrate nach oben, wird auch die Wohnung teurer. Gäbe es eine Deflation, würde die Miete billiger. Das klingt gut für Mieter, ist aber unwahrscheinlich: In den vergangenen 20 Jahren stiegen die Lebenshaltungskosten kontinuierlich.

Die Indexmietklausel muss bereits im Mietvertrag vereinbart sein. Nehmen Sie den Index für die Verbraucherpreise als Bezugsgröße und

MIETREINERTRAG ALS LAUFENDE RENTE AUS MIETOBJEKTEN

vereinbaren Sie z.b. eine Mietanpassung, wenn sich dieser Index um insgesamt mindestens drei Prozentpunkte verändert hat. Die aktuellen Indizes erfahren Sie beim Statistischen Bundesamt unter der Rufnummer 0611/752888 (Anrufbeantworter) oder Abruffax 0611/753888.

Für Ihre Mieterhöhung genügt dann ein kurzer Brief an Ihren Mieter. Geben Sie in Ihrer Mieterhöhungserklärung unbedingt an, wie sich der vereinbarte Verbraucherpreisindex verändert hat. Ein solches **Mieterhöhungsschreiben** können Sie allerdings nur einmal im Jahr abschicken. Mit Beginn des übernächsten Monats, nach dem Ihre Erklärung dem Mieter zugegangen ist, muss Ihr Mieter dann die höhere Miete zahlen.

Vereinbarungen über eine Staffel- bzw. Indexmiete schließen eine Mieterhöhung auf die ortsübliche Vergleichsmiete oder Mieterhöhung wegen Modernisierung aus. Sie können sich also nur für das eine (einmalige Staffel- oder Indexmietvereinbarung im Mietvertrag) oder das andere (laufende Mieterhöhung bis zur ortsüblichen Vergleichsmiete oder wegen Modernisierung) entscheiden. Was letztlich für Sie bzw. für Ihren Mieter besser ist, stellt sich erst nach mehreren Jahren heraus.

Bewirtschaftung von Haus und Wohnung

Mit der Belastung für Zins und Tilgung von Darlehen zur Finanzierung Ihrer vermieteten Wohnimmobilie ist es nicht getan. Hinzu kommt die finanzielle Belastung aus der laufenden Bewirtschaftung von Haus und Wohnung. .

Anders als ein Mieter müssen Sie als Wohnungseigentümer die Verwaltungs- und Instandhaltungskosten sowie die nicht auf den Mieter umlagefähigen Betriebskosten tragen. Sie müssen sich also auch um die Bewirtschaftung Ihrer vermieteten Wohnung kümmern.

Was unter laufenden Betriebskosten im Einzelnen zu verstehen ist, geht aus der ab 2004 in Kraft getretenen Betriebskostenverordnung (BetrKV) hervor, die mit § 27 der II. Berechnungsverordnung (II. BV) und der Anlage 3 zu § 27 Abs. 1 II. BV weitgehend identisch ist.

Betriebskosten sind nach § 1 Abs. 1 BetrKV grundsätzlich die Kosten, die dem Eigentümer durch das Eigentum am Grundstück oder „durch den bestimmungsgemäßen Gebrauch des Gebäudes, der Nebengebäude, Anlagen, Einrichtungen und des Grundstücks laufend entstehen". Was offiziell Betriebskosten heißt, wird von Mietern meist als „Nebenkosten" bezeichnet. Richtigerweise muss es „umlagefähige Betriebskosten" heißen, da nur diese Kosten laut BetrKV auf den Mieter umgelegt werden können.

Nicht zu den Betriebskosten gehören laut § 1 Abs. 2 BetrKV Verwaltungskosten sowie Instandhaltungs- und Instandsetzungskosten. Daher sind diese Kosten auch nie umlagefähig.

Nach § 2 BetrKV gibt es folgende Arten von Betriebskosten:

• Kalt- und Abwasserkosten
• Heiz- und Warmwasserkosten
• Grundsteuer
• Müllabfuhr- und Straßenreinigungsgebühren
• Kosten der Haus- bzw. Gebäudereinigung
• Kosten der Gartenpflege
• Kosten der Beleuchtung (nur Allgemeinstrom für Außenbeleuchtung, nicht Stromkosten für die Wohnung)
• Hausmeisterkosten
• Antennen- und Kabelanschlussgebühren
• Kosten der Wohngebäudeversicherung (sog. Feuerversicherungsprämie) und der Haftpflichtversicherung für Gebäude
• sonstige Betriebskosten.

Bis auf die Grundsteuer sind dies genau die Betriebskosten, die Sie als Vermieter einer Eigentumswohnung auch an den Hausverwalter zu zahlen haben. In Jahresabrechnungen und Wirtschaftsplänen der Hausverwalter werden sie als „umlagefähige Kosten" bezeichnet.

Als Anhaltspunkt für die Höhe der üblichen Betriebskosten kann der jährlich aktualisierte **Betriebskostenspiegel** des Deutschen Mieterbundes (DMB) dienen, der ab 2010 veröffentlicht wird. Danach lagen die monatlichen Betriebskosten für das Abrechnungsjahr 2014 im Durchschnitt bei 3,18 Euro pro Quadratmeter Wohnfläche im Monat, sofern man alle nach BetrKV denkbaren Betriebskosten berücksichtigt.

Somit sind aktuell rund 3 Euro pro Quadratmeter Wohnfläche im Monat für umlagefähige Betriebskosten in vermietete Wohnungen durchaus repräsentativ. Die vom Deutschen Mieterbund ebenfalls genannten durchschnittlich 2,17 Euro treffen wohl hauptsächlich für reine Mietwohnungen ohne zusätzliche Kosten für Hausmeister, Hausreinigung und Gartenpflege zu.

Interessant für Sie als Vermieter und auch für Ihre Mieter sollte die Aufteilung innerhalb der Betriebskosten sein. Die warmen Betriebskosten (Heiz- und Warmwasserkosten) machten 2014 laut Mieterbund durchschnittlich 1,39 Euro pro Quadratmeter Wohnfläche und Monat aus, die sogenannten kalten Betriebskosten (also alle übrigen Kosten) 1,79 Euro.

Aussagekräftig ist auch die folgende Aufteilung laut Betriebskostenspiegel des DMB:

- **verbrauchsabhängige Betriebskosten** (Kalt- und Abwasserkosten, Heiz- und Warmwasserkosten) in Höhe von monatlich 1,73 Euro pro Quadratmeter
- **verbrauchsunabhängige Betriebskosten** (zum Beispiel Grundsteuer, Müllabfuhr, Feuerversicherungsprämie, Hausreinigung, Hausmeister, Gartenpflege) in Höhe von monatlich 1,45 Euro pro Quadratmeter Wohnfläche und Monat.

Am Betriebskostenspiegel des DMB können Sie sich also gut orientieren. Allerdings stellt er kein Rechtsinstrument wie beispielsweise der Mietspiegel dar. Laut DMB basiert der Betriebskostenspiegel auf mehr als 10 Mio. Quadratmeter Mietwohnungsfläche. Über den veröffentlichten Betriebskostenspiegel hinaus gibt es Durchschnittszahlen für die einzelnen Bundesländer und für einzelne Städte.

Auf die Höhe der verbrauchsunabhängigen Betriebskosten wie Grundsteuer, Müllabfuhr und Feuerversicherungsprämie haben Sie als privater Wohnungsvermieter praktisch keinen Einfluss. Möglicherweise kann aber der Wechsel des Versicherers zu einer kostengünstigeren Wohngebäudeversicherung führen. Auch die stark lohnabhängigen Hausmeister-, Hausreinigungs- und Gartenpflegekosen können gesenkt werden, wenn die anfallenden Arbeiten kostengünstiger und dennoch qualitativ gleich oder besser durchgeführt werden.

Bei einer vermieteten Eigentumswohnung können Sie darauf zwar nicht direkt einwirken. Sie können aber über Schreiben an den Hausverwalter und Anträge in der Eigentümerversammlung auf mögliche Ersparnisse bei den verbrauchsunabhängigen Betriebskosten hinwirken.

Je niedriger die Betriebskosten in Ihrer Eigentumswohnanlage im Vergleich zu fremden Objekten oder den Durchschnittswerten laut Betriebskostenspiegel ausfallen, desto zufriedener können Sie und insbesondere auch Ihre Mieter sein, denen Sie eine solch gute Nachricht durchaus mitteilen sollten. Zählen Sie beim Vergleich mit dem Betriebskostenspiegel des Deutschen Mieterbundes aber immer auch die von Ihnen als Eigentümer direkt an die Gemeinde bzw. Stadt gezahlte Grundsteuer zu den vom Hausverwalter genannten umlagefähigen Betriebskosten noch hinzu.

Die Vergütung des Hausverwalters für das gemeinschaftliche Eigentum (WEG-Verwaltung) ist grundsätzlich frei vereinbar zwischen Verwalter und Wohnungseigentümergemeinschaft. Die **Verwaltervergütung** je Wohneinheit liegt üblicherweise zwischen 200 und 300 Euro im Jahr. Üblicherweise wird sie im Verwaltervertrag mit monatlich 15 bis 21 Euro netto zuzüglich 19 Prozent Umsatzsteuer pro Wohnung vereinbart.

Als Orientierungshilfe kann auch die Zweite Berechnungsverordnung (II. BV) gelten, die aber nur für den öffentlich geförderten Wohnungsbau verpflichtend ist. Die **Verwaltungskosten** nach § 26 Abs. 2 und 3 sowie § 41 Abs. 2 II. BV liegen ab dem 1.1.2017 auf folgender Höhe:

* bis zu 284,63 Euro pro Jahr je Eigentumswohnung und
* bis zu 37,12 Euro pro Jahr je Garage bzw. TG-Stellplatz.

Die hier genannten Pauschalen verändern sich durch Anpassung an die durch den Verbraucherindex des Statistischen Bundesamtes gemessene Inflationsrate jeweils zum 1. Januar jedes darauf folgenden dritten Jahres.

Mit der üblichen Verwaltervergütung zwischen 200 und 300 Euro pro Jahr für Eigentumswohnungen werden nur die Verwaltungskosten für das Gemeinschaftseigentum abgegolten. Eventuelle zusätzliche Kosten für die Verwaltung des Sondereigentums Wohnung (Mietverwaltung) kommen nur für einen Vermieter hinzu, der diese Dienstleistung in Anspruch nimmt.

Bei Eigentumswohnungen ist es üblich, die regelmäßig anfallenden, meist relativ geringen **Instandhaltungskosten** als nicht umlagefähige Kosten im Wirtschaftsplan mit einzukalkulieren und darüber nach Ablauf eines Jahres abzurechnen.

Die in der Eigentümerversammlung festgelegte **Instandhaltungsrücklage** (im Wohnungseigentumsgesetz als „Instandhaltungsrückstellung" bezeichnet) wird meist in Anlehnung an die Instandhaltungspauschalen laut II. BV kalkuliert. Bei älteren Wohnungen aus den Nachkriegsjahren bis Ende der 1970er Jahre legt man meist 12 Euro pro Quadratmeter Wohnfläche im Jahr beziehungsweise 1 Euro pro Monat zugrunde. Fallen dann größere Instandhaltungsarbeiten an, wird diese Rücklage teilweise aufgelöst. Sofern die Rücklage aber nicht ausreicht, müssen Sonderumlagen beschlossen werden.

Bei in den 1990er Jahren fertig gestellten Wohnungen müsste eine Instandhaltungsrücklage von 6 Euro pro Quadratmeter Wohnfläche im Jahr beziehungsweise 0,50 Euro pro Monat in der Regel reichen. Es kommt aber auch ganz wesentlich auf den aktuellen Zustand des Wohngebäudes an. Liegt ein Reparatur- oder Renovierungsstau vor, muss die Instandhaltungsrücklage höher ausfallen. Bei Neubau-Wohnimmobilien reicht in den ersten fünf Jahren wegen der meist fünfjährigen Gewährleistungsfrist eine Instandhaltungsrücklage von nur 3 Euro pro Quadratmeter Wohnfläche im Jahr meist aus.

Die Höhe der Pauschale für Instandhaltungskosten hängt nach § 28 Abs. 2 II. BV davon ab, wie viele Jahre die Bezugsfertigkeit der Wohnung am Ende eines Kalenderjahres zurückliegt. Daher gibt es grundsätzlich drei Instandhaltungspauschalen in folgender Höhe ab 1.1.2017:

- bis zu 8,78 Euro pro Quadratmeter Wohnfläche und Jahr bei weniger als 22 Jahren (z.B. Bezugsfertigkeit ab dem 1.1.1995 zum Ende des Jahres 2017)
- bis zu 11,14 Euro pro Quadratmeter Wohnfläche und Jahr bei mindestens 22 und weniger als 32 Jahren (z.B. Bezugsfertigkeit zwischen dem 1.1.1985 und 31.12.1994 zum Ende des Jahres 2017)
- bis zu 14,23 Euro pro Quadratmeter Wohnfläche und Jahr bei mindestens 32 Jahren (z.B. Bezugsfertigkeit bis zum 31.12.1984 zum Ende des Jahres 2017).

Hinzu kommt noch die Instandhaltungspauschale bis zu 84,16 Euro je Garage bzw. TG-Stellplatz nach § 28 Abs. 5 II. BV. Die genannten Instandhaltungspauschalen ab 1.1.2017 erhöhen sich um 1,24 Euro pro Quadratmeter Wohnfläche und Jahr für Wohnungen, für die ein Aufzug vorhanden ist.

Unter den **Bewirtschaftungskosten** ist die Summe aus Betriebs-, Verwaltungs- und Instandhaltungskosten zu verstehen. Wenn die Betriebskosten beispielsweise im Monat 3 Euro pro Quadratmeter Wohnfläche ausmachen, sollten Sie für die Verwaltungs- und Instandhaltungskosten zusätzlich noch bis zu 1,50 Euro pro Quadratmeter ansetzen.

Typischerweise liegen die gesamten Bewirtschaftungskosten für eine vermietete Eigentumswohnung daher bei 4,50 Euro pro Quadratmeter Wohnfläche im Monat oder 54 Euro pro Quadratmeter im Jahr. Bei einer Eigentumswohnung von beispielsweise 80 Quadratmetern kommt also für laufende Bewirtschaftungskosten eine jährliche Belastung von 4.320 Euro oder monatlich 360 Euro auf Sie zu. Die darin enthaltenen Betriebskosten in Höhe von rund 2.880 Euro pro Jahr bzw. 240 Euro pro Monat können Sie auf Ihren Mieter abwälzen.

Die Gesamtbelastung aus Bewirtschaftung und Kapitaldienst ermitteln Sie, indem Sie zur Belastung aus Bewirtschaftung die Belastung aus Zins und Tilgung für Darlehen hinzuzählen. Diese Gesambelastung sollten Sie über die Mieteinnahme inkl. umlagefähiger Kosten auf jeden Fall wieder reinholen, damit Sie unterm Strich keinen Ausgabenüberschuss haben und damit ins Minus geraten.

Mietverwaltung und Mieterbindung

Die laufende Mietverwaltung erledigen Sie am besten selbst. Meist handelt es sich nur um die jährlichen Betriebskostenabrechnungen. Den Hausverwalter von Eigentumswohnanlagen zusätzlich mit der Mietverwaltung Ihrer Wohnung zu beauftragen, kostet Geld und bringt Ihnen wenig.

Um Ihre hoffentlich guten Mieter möglichst lange zu halten und an die Wohnung zu binden, empfiehlt sich eine laufende Instandhaltung auch in der Mietwohnung. Darüber hinaus können ein spezieller Mieter-Service oder nützliche Mieter-Tipps wahre Wunder bewirken.

Die jährliche **Betriebskostenabrechnung** kann ein Mittel zur Mieterbindung sein. Der Abrechnung an Ihren Mieter sollten Sie einen Auszug über die umlagefähigen Betriebskosten in der Jahresabrechnung des Hausverwalters, die Heiz- und Warmwasserkostenabrechnung sowie den Grundsteuerbescheid beifügen. Machen Sie dabei auch deutlich, dass Sie nur laufende Betriebskosten auf ihn umlegen und darüber hinausgehende Verwaltungs- und Instandhaltungskosten als Eigentümer selbst tragen.

Sie können einige verständliche Erläuterungen zur Abrechnung geben und Ihren Mieter insbesondere auf die Steuervergütung für Handwerkerleistungen und haushaltsnahe Dienstleistungen hinweisen, also beispielsweise Lohnkosten für Hausmeister, Hausreinigung und Gartenpflege. Liegen diese für umlagefähige Betriebskosten entstandenen Lohnanteile beispielsweise bei 500 Euro im Jahr, kann Ihr Mieter davon 20 Prozent gleich 100 Euro direkt von seiner Lohn- bzw. Einkommensteuer absetzen und dies in seiner Einkommensteuererklärung angeben. Für diesen geldwerten, aber leider kaum bekannten Tipp wird jeder Mieter dankbar sein.

Vereinbaren Sie evtl. mit Ihrem Mieter einen Termin in „seiner" Wohnung und überreichen Sie ihm bei dieser Gelegenheit die Abrechnung mit allen dazu gehörigen Belegen. Im Falle einer Erstattung bringen Sie das Geld in bar gleich mit. Erklären Sie ihm eine erforderliche Nachzahlung, indem Sie die wichtigsten Kostensteigerungen auflisten.

Über die vom Deutschen Mieterbund und den Mietervereinen verbreitete Meinung, dass jede zweite Neben- bzw. Betriebskostenabrechnung falsch sei, müssen Sie sich nicht ärgern. Hauptsache, Ihre Betriebskostenrechnung ist hieb- und stichfest und ohne Fehler.

Für eine **laufende Instandhaltung** Ihrer vermieteten Wohnung sollten Sie schon im eigenen Interesse Sorge tragen. Schließlich wollen Sie keinen schleichenden Wertverlust durch einen Instandhaltungsstau hinnehmen.

Ermuntern Sie Ihren Mieter daher, Mängel oder Schäden in der Wohnung sofort Ihnen oder dem Hausmeister mitzuteilen. Falls Sie selbst kein Handwerker sind, sollten Sie eine Handwerkerliste erstellen und bei Bedarf Elektro-, Heizungs- und Sanitärinstallateure anfordern. Im Übrigen schadet ein bisschen Selbsthilfe von handwerklich versierten Mietern nichts.

Schieben Sie das Beheben von Mängeln und die Beantwortung einer schriftlichen Mängelrüge Ihres Mieters nicht auf die lange Bank. Schließlich wollen Sie eine Mietminderung verhindern.

Mit der Suche und Auswahl geeigneter Mieter und einem rechtssicheren Mietvertrag ist es nicht getan. Ein gutes Vermieter-Mieter-Verhältnis beschränkt sich auch nicht auf die Übersendung der jährlichen Betriebskostenabrechnung und das Beheben von Wohnungsmängeln.

Sie sollten Ihren Mieter auch nach dem Einzug betreuen und individuellen Service bieten. Geeignete Mieter für Ihre Wohnung zu finden, ist die eine Sache. Noch viel wichtiger ist es, gute Mieter über längere Zeit zu binden. Sie wollen schließlich nicht alle paar Monate neu vermieten. Es soll nicht zugehen wie im Taubenschlag. Die Wohnung wird durch einen ständigen Mieterwechsel nicht besser. Zudem kostet Sie der ständige Aus- und Einzug Ihrer Mieter Zeit, Geld und Nerven.

Heutzutage können Sie in aller Regel nur noch Mietverträge mit einer unbestimmten Mietdauer abschließen. Dennoch gibt es einen legalen rechtlichen Ausweg, um Ihren Mieter möglichst lange an das Mietverhältnis zu binden. Das Zauberwort heißt Kündigungsverzicht. Hierbei schließen Sie einen normalen Mietvertrag mit unbestimmter Mietdauer.

Gleichzeitig verzichten Sie und Ihr Mieter in einer Sondervereinbarung für die Dauer von beispielsweise vier Jahren auf das Recht zur gesetzlichen Kündigung. Erst nach Ablauf dieser Frist kann Ihr Mieter mit einer Kündigungsfrist von drei Monaten kündigen.

Einen **Mietvertrag mit Kündigungsverzicht** können Sie allerdings nicht erzwingen. Ist kein Mietinteressent dazu bereit, haben Sie halt Pech gehabt. Starten Sie dennoch einen Versuch mit der naiv anmutenden Frage: „Wie lange möchten Sie hier wohnen bleiben?" Vielleicht lautet die Antwort: „Mindestens drei Jahre". Dies ist Ihre Chance, einen Mietvertrag mit Kündigungsverzicht ins Spiel zu bringen, möglicherweise noch mit dem Zusatz „auf ausdrücklichen Wunsch des Mieters". Die rechtlichen Weichen für eine längere Mieterbindung müssen Sie also schon bei der Neuvermietung stellen.

Einen Kündigungsausschluss über mehr als drei Jahre werden Sie nur in den seltensten Fällen erreichen. Mietinteressenten wollen sich in aller Regel nicht gern lange binden. Das Sprichwort „Drum prüfe, wer sich lange bindet" ist ihnen wohl vertraut. Setzen Sie zögernde Mietinteressenten nicht bei Abschluss des Mietvertrages unter Druck, sondern geben Sie ihnen vorher Zeit zur Prüfung.

Es gibt aber jenseits von Rechtsvorschriften Mittel und Wege, Wohnungsmieter länger an ein Mietverhältnis zu binden. Dazu gehört zunächst eine neue Vermieterphilosophie. Betrachten Sie Ihren Mieter als Kunden und sich selbst als Unternehmer. Wie ein Unternehmer wollen Sie nicht nur Kunden sprich Mieter gewinnen, sondern vor allem auch gute Mieter behalten. Zeigen Sie Ihren guten Willen und streben Sie mit Ihrem Mieter eine faire Sozial-, Geschäfts- und Vertragspartnerschaft an! Bauen Sie ein positives Vermieterimage auf! Damit ist keine weiche Welle im Umgang mit Ihren Mietern gemeint. Ihr Mieter soll sich auf Sie verlassen können und Sie auf ihn.

Neue Philosophien und Einstellungen müssen sich aber im Alltag bewähren. Sonst bleiben es nur leere Phrasen. Sie müssen sich also intensiv um Ihre guten Mieter kümmern. Nur einmal im Jahr die Nebenkostenabrechnung zu verschicken, ist zu wenig. Noch ungeschickter ist es, nur bei schlechten Nachrichten wie Mieterhöhungen von sich hören zu lassen.

Geldtipps rund um das Wohnen kommen besonders gut bei Ihren Mietern an. Jeder möchte Geld von anderen Stellen bekommen – sei es das Finanzamt, Wohnungsamt, Bafögamt oder Sozialamt. Geld stinkt bekanntlich nicht. Und Geld von Vater Staat wird immer noch am liebsten genommen. So lange alles mit rechten Dingen zugeht, ist nichts dagegen einzuwenden. Geben Sie Ihren Mietern daher ganz legale Geldtipps, wie er zu mehr Einnahmen kommen kann.

Beispiel: Eine direkte **Steuervergütung** in Höhe von 20 Prozent der anteiligen Lohnkosten bei Handwerkerleistungen und haushaltsnahen Dienstleistungen kann jeder Mieter in seiner Einkommensteuererklärung gegenüber dem Finanzamt geltend machen. In bestimmten Fällen kann Ihr Mieter auch die anteiligen Kosten für das Mieter-Arbeitszimmer steuerlich absetzen. Falls ihm das gelingt, spart er mit seinem Arbeitszimmer Steuern. Bei einem steuerlich abzugsfähigen Jahresbetrag von zum Beispiel 1.000 Euro und einem persönlichen Steuersatz von 30 Prozent errechnet sich immerhin eine jährliche Steuerersparnis 300 Euro.

Die wichtigste finanzielle Hilfe des Staates für Mieter mit relativ geringem Einkommen ist das **Wohngeld**. Es wird Mietern als Mietzuschuss gewährt, und zwar auch Mietern von frei finanzierten Mietwohnungen. Oft sind Mieter ungenügend über den Rechtsanspruch auf Wohngeld informiert. Besorgen Sie ihnen die im Wohnungsamt ausliegende Wohngeldfibel und helfen Sie Ihren Mieten beim Ausfüllen des Wohngeldantrags.

Die Höhe des Wohngelds ist abhängig von der Größe des Haushalts, der Höhe des Familieneinkommens und der zuschussfähigen Miete. Die Höhe der Nettokaltmiete und der Nebenkosten (ohne Heiz- und Warmwasserkosten) müssen Sie als Vermieter auf einem speziellen Formular bescheinigen. Insofern ist Ihr Mieter so oder so auf Ihre Hilfe angewiesen. Daher macht es Sinn, sich bei Mietern mit finanziellen Engpässen sofort einzuklinken und die Möglichkeiten zum Erhalt von Wohngeld durchzuchecken. Wohngeld muss Ihr Mieter immer selbst bei der Stadtverwaltung seines Wohnorts (z.B. Wohnungsamt) beantragen. Einen Online-Wohngeldantrag kann er auch im Internet über die Homepage der entsprechenden Stadt finden. Er kann das Formular dann gleich ausfüllen und absenden.

Studenten und erwachsene Schüler (Meisterschüler und Schüler auf dem zweiten Bildungsweg wie Abendgymnasium und Weiterbildungskolleg) bekommen unter bestimmten Voraussetzungen **Bafög** bis zum Höchstsatz von rund 700 Euro. Im Bafög (Abkürzung für „Bundesausbildungsförderungsgesetz") ist auch ein Betrag von beispielsweise 300 Euro für die Miete einschließlich Nebenkosten enthalten. Weisen Sie bafögberechtigte Mieter wie Studenten und erwachsene Schüler darauf hin. Der Bafögempfänger muss seinen Bafögantrag jedes Jahr neu stellen. Dabei ist er auf Ihre Mithilfe angewiesen, denn Sie müssen ihm die Miete einschließlich Nebenkosten auf einem dafür vorgesehenen Formular bestätigen.

Wohngeld- oder Bafögempfänger sind Ihnen dankbar für jeden Geldtipp und Ihre zügige Unterschrift unter die geforderte Mietbescheinigung. Dies gilt prinzipiell auch für Hartz-IV-Empfänger oder Bezieher der Grundsicherung im Alter. Hartz IV bzw. Grundsicherung umfassen auch die Kosten für die Unterkunft, also die tatsächlich gezahlte Miete einschließlich Nebenkosten. Möglicherweise zahlt die Arbeitsagentur oder das Grundsicherungsamt die komplette Warmmiete direkt an Sie.

Sie sollten jedoch nicht gezielt an Hartz-IV-Empfänger vermieten in der irrigen Erwartung, dass keine Miete so sicher sei wie die vom Amt. Mittlerweile führen immer mehr Städte und Gemeinden Mietobergrenzen ein. Es kann daher durchaus sein, dass nur ein Teil der geforderten Miete vom Amt übernommen wird. Auf dem Rest bleiben Sie dann sitzen.

Bei den hier aufgeführten Geldtipps zu Steuerersparnis, Wohngeld, Bafög, Hartz IV und Grundsicherung geht es vor allem darum, dass Ihre Mieter „mit dem Einkommen auskommen". Bei finanziell besser gestellten Mietern sollten Sie sich Geldtipps nach dem Motto „mit dem Gelde Geld verdienen" eher verkneifen. Sonst meint Ihr Mieter noch, Sie wollten sich in seine finanziellen Dinge einmischen.

Ihr Mieter will sich wohl fühlen bei einem netten Vermieter. Vielleicht entsteht sogar ein echtes Wir-Gefühl zwischen Ihrem Mieter und Ihnen als Vermieter. Mit Kumpanei hat das wenig zu tun. Sie müssen mit Ihren Mietern auch keine Freundschaft schließen. Aber nichts spricht dagegen, bei familiären Anlässen Ihres Mieters wie Heirat, Geburt eines Kindes oder einem runden Geburtstag ein kleines Geschenk zu überreichen oder zumindest zu gratulieren. Den Geburtstag Ihres Mieters kennen Sie ja vom ausgefüllten Mieterfragebogen und Mietvertrag her.

Ihr guter Wille und Mieter-Service hilft letztlich nichts, wenn Mietrückstände auflaufen. Falls Ihr Mieter trotz aller Vorsichtsmaßnahmen eine Miete schuldig bleibt, sollten Sie ihn unverzüglich mahnen. Bleibt die Miete trotz Mahnung aus, sollte die fristlose Kündigung für den Fall angekündigt werden, dass auch die zweite Miete ausbleibt. Um den nicht zahlungsfähigen oder nicht zahlungswilligen Mieter so früh wie möglich aus dem Mietverhältnis zu entlassen, bietet sich zwecks Minimierung der Mietausfallrisiken der Abschluss eines **Mietaufhebungsvertrags** an.

Geht der Mieter auch auf einen Mietaufhebungsvertrag nicht ein und bleibt er trotz Mahnungen weiter im Zahlungsverzug, sollten Sie ihm nach dem Ausbleiben von zwei Monatsmieten unverzüglich die **fristlose Kündigung** des Mietverhältnisses per Brief zustellen – entweder durch Einschreiben mit Rückschein oder durch Einwurf des Kündigungsschreibens unter Anwesenheit eines Zeugen in seinen Briefkasten. Dies ist keine „harte Welle", sondern ein Gebot der Vernunft.

Bei Kündigungen wegen Zahlungsverzugs sollten Sie zusätzlich auch das **gerichtliche Mahnverfahren** nutzen. Der **Mahnbescheid**, den Sie beim zuständigen Mahngericht beantragen, ist ein schneller und kostengünstiger Weg, doch noch zum Geld zu kommen. Entsprechende Formulare finden Sie im Internet oder erhalten Sie im Schreibwarengeschäft. Welches Mahngericht zuständig ist, erfahren Sie unter http://www.mahngerichte.de. Das Mahngericht erlässt den Mahnbescheid, wenn alle Formalien erfüllt sind. Es prüft also nicht, ob die Forderung zu Recht erhoben wird. Es genügt, dass Sie Ihren Zahlungsanspruch genau beziffern und den Grund „Rückständige Miete" nennen.

Der Mahnbescheid wird dann Ihrem Mieter vom Mahngericht zugestellt. Zahlt er, ist die Sache für ihn und für Sie erledigt. Wenn er aber innerhalb von zwei Wochen nach Zustellung Widerspruch gegen den

Mahnbescheid einlegt, geht das Verfahren in eine Klage über. Reagiert Ihr Mieter weder durch Zahlung noch durch Widerspruch, können Sie beim Mahngericht einen **Vollstreckungsbescheid** beantragen. Auch dann hat der Mieter wieder drei Möglichkeiten: Er zahlt (dann ist die Sache erledigt), er erhebt innerhalb von zwei Wochen nach Zustellung Einspruch gegen den Vollstreckungsbescheid, so dass ein Klageverfahren durchgeführt werden muss) oder er tut gar nichts (dann kommt es zur Zwangsvollstreckung durch den Gerichtsvollzieher).

Ob Sie bei Zahlungsverzug Ihres Mieters erst den Mahnbescheid zustellen lassen oder direkt Räumungsklage einreichen, hängt immer vom Einzelfall ab. Beides können Sie vermeiden, wenn es im letzten Moment doch noch zu einem schriftlichen **Mietaufhebungsvertrag** kommt, der von Ihnen allerdings nicht erzwungen werden kann. Vertrag kommt schließlich von „Vertragen". Sie sind also auch vom guten Willen Ihres zahlungsunfähigen bzw. –unwilligen Mieters abhängig, ob es letztlich zum Mietaufhebungsvertrag kommt. Vertragen ist immer noch besser als Klagen vor Gericht.

5. AUSSCHÜTTUNG UND DIVIDENDE BEI IMMOBILIENFONDS UND IMMOBILIENAKTIEN

Viele Wege führen zur Kapitalanlage in vermietete Immobilien. Welche Anlageform Sie wählen, hängt vor allem von der Höhe Ihres geplanten Kapitaleinsatzes und Ihrem persönlichen Anlegerprofil ab. Grundsätzlich können Sie zwischen der Direktanlage in Mietobjekte (siehe Kapitel 4) und einer indirekten Beteiligung an Immobilien wählen.

Bei der Direktanlage erwerben Sie Einzeleigentum an Haus oder Wohnung. Sie können in allen Phasen von der Investition bis zum Verkauf allein bestimmen, sofern Ihnen die Immobilie allein gehört. Dies erfordert allerdings sechsstellige Investitionssummen und ein hohes Maß an persönlichem Engagement.

Angesichts stark gestiegener Immobilienpreise in den letzten Jahren müssen für Mietobjekte hohe Summen durch eigene Mittel oder Hypothekendarlehen aufgebracht werden. Pläne zum Erwerb einer vermieteten Eigentumswohnung oder eines Mietwohnhauses scheitern daher häufig an der Finanzierung. Hinzu kommt, dass sich viele potenzielle Kapitalanleger die oft mühevolle Arbeit als Vermieter nicht zutrauen oder aus Zeitgründen nicht auf sich nehmen wollen.

Wer dennoch in vermietete Immobilien investieren will, kann jedoch Anteile an Immobilienfonds erwerben oder in Immobilienaktien investieren. Eine indirekte Beteiligung an Immobilien bietet mehr Bequemlichkeit als eine Direktanlage. In geschlossene Immobilienfonds können Sie schon mit einer fünfstelligen Beteiligungssumme ab 10.000 Euro einsteigen. Bei offenen Immobilienfonds, Immobilienaktien oder Immobilien-ETFs reichen bereits dreistellige Beträge.

5.1. Ausschüttungen aus geschlossenen Immobilienfonds

Auch wenn die geschlossenen Immobilienfonds seit Inkrafttreten des Kapitalanlagegesetzbuches (KAGB) im Jahr 2014 offiziell „geschlossene alternative Investmentfonds (AIF) Immobilien" heißen, bleibt es dabei: Wer sich an einem geschlossenen Immobilienfonds bzw. geschlossenen AIF Immobilien beteiligt, geht Chancen und Risiken ein wie bei einer unternehmerischen Beteiligung. Den im Vergleich zu sicheren Zinsanlagen höheren Risiko, das im schlimmsten Fall zum Totalverlust der Einlage führen kann (sog. Totalverlustrisiko), steht die Chance auf eine deutlich höhere Rendite gegenüber.

Geschlossene Immobilienfonds nehmen im Unterschied zu offenen Immobilienfonds nach Zeichnung des gesamten Beteiligungskapitals (sog. Vollplatzierung) keinen weiteren Anleger mehr auf. Wer dem geschlossenen Fonds als Anleger beigetreten ist, befindet sich im wahrsten Sinne „in geschlossener Gesellschaft". Vor Beendigung der meist über zehn oder mehr Jahre gehenden Fondslaufzeit kann er nicht kündigen. Einen funktionierenden Zweitmarkt, auf dem er seinen Anteil jederzeit problemlos veräußern könnte, gibt es bis heute nicht.

Für vorsichtige und ängstliche Anleger, die überhaupt kein Risiko eingehen wollen, eignen sich geschlossene Immobilienfonds nicht. Ebenso nicht für Anleger, die jederzeit über ihr angelegtes Geld verfügen wollen. Nicht empfehlenswert sind Anteile an geschlossenen Immobilienfonds zudem für Anleger, die ihre künftige Altersversorgung zu einem relativ großen Teil auf solche unternehmerische Beteiligungen stützen. .

Anteile an geschlossenen Immobilienfonds eignen sich nicht als alleiniger Bestandteil eines Vermögens, sondern sind nur als Beimischung zu einem aus unterschiedlichen Geld- und Sachwertanlagen bestehenden Portfolio (zum Beispiel Zinsanlagen, Aktien und Immobilien) geeignet.

Ausschüttungen aus geschlossenen Immobilienfonds als private Zusatzrente

Nach dieser Fülle von einschränkenden bis warnenden Hinweisen gibt es aber auch gute Nachrichten für Anleger, die zusätzlich zu ihrer gesetzlichen Rente oder Pension eine weitere Altersversorgung suchen. Wer beispielsweise im Jahr 2018 mit 63 Jahren und Renten- bzw. Pensionsabschlägen vorzeitig in den Ruhestand eintritt, kann die entstehende Versorgungslücke zwischen Nettorente bzw. –pension und letztem Nettogehalt zumindest zum Teil mit Ausschüttungen aus geschlossenen Immobilienfonds schließen.

Diese **Ausschüttungen** (auch Auszahlungen genannt) liegen meist zwischen 4 und 6 Prozent der Beteiligungssumme pro Jahr und werden üblicherweise monatlich auf das laufende Konto des Fondsanlegers überwiesen. Wer beispielsweise 50.000 Euro in einen geschlossenen Immobilienfonds investiert, kann mit monatlichen Überweisungen zwischen 167 und 250 Euro rechnen. Bei einer Beteiligung mit 100.000 Euro wäre dann eine monatliche Ausschüttung bis zu 500 Euro möglich. Dies stellt dann eine willkommene private Zusatzrente dar.

Die **Ausschüttungsquote** in Prozent des Zeichnungskapitals sollte sich bei geschlossenen Immobilienfonds, die auf eine Fremdfinanzierung durch Banken verzichten und sich ausschließlich durch Eigenkapital von Privatanlegern finanzieren (sog. eigenfinanzierte Fonds), auf den Mietreinertrag nach Abzug aller laufenden fondsbedingten Kosten in Prozent der Investitionssumme einschließlich aller einmaligen objekt- und fondsbedingten Kosten stützen. Wenn die aus Eigenkapital der Anleger finanzierte Investitionssumme beispielsweise 10 Millionen Euro und der jährliche Mietreinertrag 500.000 Euro ausmachen würden, könnten jährlich 5 Prozent des Beteiligungskapitals an die Anleger ausgeschüttet werden.

Die meisten geschlossenen Immobilienfonds nehmen zusätzlich Fremdkapital bis zu 50 Prozent der Investitionssumme als Hypothekendarlehen bei Banken auf. In diesem Fall sollte sich die Ausschüttungsquote am Mietreinertrag nach Abzug von Zinskosten und Tilgungsbeträgen sowie aller laufenden fondsbedingten Kosten orientieren. Bei einer Investitionssumme von beispielsweise 20 Millionen Euro, die zu gleichen Teilen aus Eigenkapital und Fremdkapital finanziert wird, könnte der Liquiditätsüberschuss ebenfalls bei 500.000 Euro (zum Beispiel Mietreinertrag 1 Million Euro nach Abzug aller fondsbedingten Kosten minus 500.000 Euro für Zins und Tilgung des Hypothekendarlehens liegen. Die Ausschüttungsquote würde dann – auf das Eigenkapital von 10 Millionen Euro bezogen – ebenfalls 5 Prozent betragen.

Ausschüttungen dürfen aber keinesfalls mit Gewinnen verwechselt werden. Steuerlich zählen sie nur als Kapitalentnahme. Ein Fondsinitiator, der mit einer hohen Ausschüttung von 7 Prozent werben will, könnte die Ausschüttungsquote beispielsweise durch einen niedrigen Tilgungssatz von nur 1 Prozent des Hypothekendarlehens nach oben manipulieren. Bei einem Zinssatz von 2 Prozent und einem Tilgungssatz von 1 Prozent könnte der Liquiditätsüberschuss dann in dem beschriebenen Fall auf 700.000 Euro hochschnellen. Und diese 700.000 Euro machen 7 Prozent des Zeichnungskapitals von 1 Million Euro aus.

In den aus Immobiliensicht wilden 1990er Jahren wurden hohe Ausschüttungen von 7 Prozent und mehr dadurch ausgewiesen, dass die Zinskosten durch ein hohes Disagio von 10 Prozent der Darlehenssumme und eine kurze Zinsbindungsdauer von nur fünf Jahren nach unten gedrückt sowie tilgungsfreie Anfangsjahre angesetzt wurden. Zusätzlich musste auch noch die Auflösung einer in der Investitionsphase gebildeten Liquiditätsreserve herhalten, um den gewünschten anfänglichen Ausschüttungssatz von 7 Prozent der Beteiligungssumme zustande zu bringen.

Hohe Ausschüttungsquoten sind also kein Hinweis auf besonders rentierliche Fonds. Je höher der Tilgungssatz (zum Beispiel 3 oder 4 statt nur 1 Prozent) und damit die jährliche Belastung aus dem Schuldendienst liegen, desto schneller schreitet die Entschuldung des Fonds voran. Daher kann eine Ausschüttungsquote von 5 oder gar nur 4 Prozent auf lange Sicht für den Fondsanleger besser sein.

Einen echten Renditefonds erkennt man also nicht an der Höhe der laufenden Ausschüttung. Wichtiger ist die anfängliche Nettomietrendite und der Mietreinertrag nach Abzug aller nicht umlagefähigen Bewirtschaftungskosten einschließlich der laufenden Fondsnebenkosten.

Schlussüberschuss am Ende der Fondslaufzeit

Die laufenden Ausschüttungen als Quasi-Zusatzrente stellen aus finanzieller Sicht nur eine Seite der unternehmerischen Beteiligung an geschlossenen Immobilienfonds dar. Mindestens ebenso wichtig ist der zu erwartende Schlussüberschuss am Ende der meist zehn- bis zwanzigjährigen Laufzeit des Fonds, wenn die Fondsimmobilien verkauft und evtl. verbleibende Restschulden aus dem Veräußerungserlös abgelöst werden.

Beträgt die Fondslaufzeit beispielsweise 15 Jahre, kann selbst eine relativ hohe jährliche Ausschüttung von 6 Prozent nur insgesamt 90 Prozent der Beteiligungssumme erbringen, sofern nach Auflösung des Fonds kein Geld mehr übrig bleibt, weil der erzielte Veräußerungserlös gerade einmal die Restschulden deckt. Letztlich würde dieser Anleger einen Verlust in Höhe von 10 Prozent erleiden.

Bei einer laufenden Ausschüttung von 5 Prozent kämen nach 15 Jahren zwar nur 75 Prozent zusammen. Sofern es sich aber um einen komplett mit Eigenkapital finanzierten geschlossenen Immobilienfonds handelt und der Veräußerungserlös genau so hoch wäre wie die Investitionssumme, flössen zusätzlich 100 Prozent zurück. Insgesamt läge die Gesamtauszahlung aus laufenden Ausschüttungen und Schlussauszahlung also bei 175 Prozent der Beteiligungssumme. Dies würde immerhin eine jährliche Rendite von 5 Prozent vor Steuern bedeuten.

Leider kann der künftige Veräußerungserlös nur grob geschätzt werden. Üblicherweise geht man vom Verkaufsfaktor aus, der sich aus dem X-fachen der prognostizierten Jahresnettokaltmiete im letzten Jahr der Fondslaufzeit ergibt. Unseriöse Fondsanbieter setzen den Verkaufsfaktor (zum Beispiel 16-Faches der letzten vollen Jahresnettokaltmiete) höher an als den Einkaufsfaktor (zum Beispiel 15-Faches der anfänglichen ersten vollen Jahresnettokaltmiete), um die Schlussauszahlung auf dem Papier nach oben zu manipulieren. Ebenso unseriös ist es, wenn künftige Mietsteigerungen prognostiziert werden, die deutlich über einer angenommenen Inflationsrate von beispielsweise 2 Prozent liegen.

Anlegerfallen und Fondspleiten

Für den Anleger ist es nicht einfach, mögliche Anlegerfallen wie zu hohe Ausschüttungsquoten oder utopische Schlussüberschüsse am Ende der Fondslaufzeit zu entdecken. Unzählige Pleiten von geschlossenen Immobilienfonds in der Vergangenheit mahnen zur Vorsicht.

Erwähnt seien nur die Kürzel S&K, SHB, CIS, MSF, DLF, LBB, Trias, TuP und WGS. In dem 2008 erschienenen Buch „Lizenz zum Bauernfang" hat der Fondsexperte Stefan Loipfinger Ross und Reiter bei den Fondspleiten in den Jahren 1992 bis 2008 genannt. In seinem im Februar 2018 erschienenen neuen Buch „Achtung Anlegerfallen! Wie Sie teure Fehler vermeiden und Chancen nutzen" hat er auch jüngere Fälle aufgedeckt. Loipfinger ist auch der erste und einzige Experte, der die jüngste Insolvenz der P&R (Anbieter von Containerfonds) schon frühzeitig erahnt hat.

Der Verfasser des vorliegenden Ratgebers hat den grauen Kapitalmarkt für Finanztest in den Jahren 1994 bis 2009 näher unter die Lupe genommen und dabei in vielen konkreten Fällen recherchiert. Finanztest hat daraufhin eine Warnliste erstellt, in der vor unseriösen Angeboten und Firmen gewarnt wurde und auch heute noch gewarnt wird. Dies galt beispielsweise auch für vom TÜV zertifizierte geschlossene Fonds der CIS wie „Genohausfonds" und „GarantieHebelPlan".

Der bequeme Weg zur Beteiligung an einem geschlossenen Immobilienfonds hat insbesondere in den 1990er Jahren viele Kapitalanleger dazu verleitet, den Vermittlern und Anbietern fast blind zu vertrauen und Fondsanteile mehr oder minder ungeprüft zu zeichnen.

Weder TÜV-Zertifikaten noch Ratings von G.U.B., Scope oder CHECK-Analyse über geschlossene Fonds war zu vertrauen, da sie durchweg von den Fondsinitiatoren selbst in Auftrag gegeben wurden und daher nicht als objektiv einzustufen waren. Die Aufsichtsbehörde BaFin (Bundesanstalt für Finanzdienstleistungsaufsicht) prüft die Verkaufsprospekte der Fondsinitiatoren nur auf formale Richtigkeit und seit 2014 darüber hinaus die Zulassung eines Unternehmens als Kapitalverwaltungsgesellschaft (KVG). Eine wirtschaftliche Prüfung der Chancen und Risiken einer Beteiligung aus Anlegersicht erfolgt jedoch nicht.

„Drum prüfe, wer sich lange bindet" – diesen Spruch sollten gerade Anleger in geschlossenen Immobilienfonds beherzigen. Anders als bei der Direktanlage in vermietete Immobilien kommt es vor allem auf die Prüfung des Fondsanbieters, des Fondsprospektes und des genauen Fondskonzeptes an.

Prüfung von Initiator, Verkaufsprospekt und Anlagekonzept

Der Anbieter des Fonds (Fondsinitiator genannt) muss als Erstes auf den Prüfstand. Von seiner Kompetenz und Seriosität hängt der wirtschaftliche Erfolg der Fondsanlage ganz wesentlich ab.

Um die Leistungsfähigkeit des **Fondsinitiators** zu überprüfen, sollten Sie sich Leistungsbilanzen bzw. Performanceberichte über die bereits aufgelegten Fonds zeigen lassen. Aus den Soll-Ist-Vergleichen können Sie erkennen, ob der Fondsinitiator seine Prognose (Soll) für Fonds in der Vergangenheit auch tatsächlich erfüllt hat. Verweigert der Initiator einen Soll-Ist-Vergleich oder liegen die Ist-Werte deutlich unter den Soll-Werten, ist erhöhte Vorsicht geboten.

Über das konkrete Beteiligungsangebot gibt der offizielle **Verkaufsprospekt** (auch Emissionsprospekt genannt) Auskunft. Darin finden Sie zunächst nähere Angaben über die Fondsimmobilien, den Investitions- und Finanzierungsplan sowie die Prognoserechnung. Im zweiten Teil des Prospekts sind die steuerlichen und rechtlichen Grundlagen sowie der Gesellschafts- und Treuhandvertrag enthalten.

Auch wenn es Mühe und Zeit kostet, 100- bis 150-seitige Prospekte durchzublättern: Wer sich über eine lange Zeit mit fünfstelligen Beträgen an einen geschlossenen Immobilienfonds bindet, sollte den Verkaufsprospekt vor Zeichnung seines Anteils sorgfältig durchlesen und analysieren. Dazu gehört auch die über zwei Seiten laufende Prognoserechnung, die wegen ihrer Fülle von Zahlen abschreckend auch „Zahlentapete" genannt wird.

Die Beteiligung an einem geschlossenen Immobilienfonds muss sich für Sie als Fondsanleger wirtschaftlich lohnen. Eine hohe und gleichzeitig sichere Rendite vor und nach Steuern dürfen Sie von Ihrem Fondsanteil aber ebenso wenig erwarten wie von einer Direktanlage in eine vermietete Immobilie.

Am besten prüfen Sie insbesondere das **Fondskonzept** und entscheiden, welches Konzept Ihren Anlagebewünschen am besten entspricht. Sie haben beispielsweise die Wahl zwischen:

- unterschiedlichen Immobilienarten (Wohn-, Büro-, Einzelhandels- oder Spezialimmobilien wie Hotels oder Pflegeheime), also Wohnungs-, Büro-, Einkaufscenter-, Hotel- oder Pflegeheimfonds
- bestehenden, teilweise noch nicht erworbenen bzw. noch nicht fertiggestellte noder noch völlig unbekannten Immobilien (Bestandsfonds, Projektfonds oder Blind-Pool-Fonds)
- ausschüttungsorientierten und veräußerungsgewinnorientierten Fonds (also „buy and hold"-Strategie versus „buy and sell"-Strategie)
- einer Fondsimmobilie (Ein-Produkt-Fonds) oder mehreren Fondsimmobilien (Mehr-Produkt-Fonds bzw. risikogemischter Immobilienfonds)
- im Inland oder Ausland liegenden Fondsimmobilien, also Inlands- oder Auslandsfonds
- nur mit Eigenkapital oder mit Eigen- und Fremdkapital finanzierten Immobilienfonds (eigenfinanzierter oder gemischt finanzierter Fonds)
- nur mit Einmalanlagen oder auch mit Ansparplänen finanzierten Fonds.

Um Ihre unternehmerische Beteiligung an einem geschlossenen Immobilienfonds überhaupt vorher sachgemäß überprüfen und die Risiken begrenzen zu können, sollten Sie auf Blind-Pool-Fonds, Ein-Produkt-Fonds und Ansparfonds verzichten.

Qualitätsmerkmale und quantitative Kennziffern

Bei der Analyse der Fondsimmobilien und des Fondskonzepts sollten Sie ganz besonders auf folgende **Qualitätsmerkmale** großen Wert legen:

- Lagequalität (Makro- und Mikrolage; erstklassige, gute oder zweitklassige Lage)
- Bauqualität (Neubau oder Gebrauchtimmobilie, Baujahr und Jahr einer evtl. umfassenden Modernisierung)

- Mieterqualität (Bonität der Endmieter; erstklassige, gute oder zweitklassige Mieter).

Der wirtschaftliche Erfolg hängt insbesondere von der Miet- und Wertentwicklung der Fondsimmobilien selbst ab. Bei sog. Betreiberimmobilien wie Pflegeheimen kommt es auf die Qualität des Betreibers an, der für die sicheren Miet- bzw. Pachtzahlungen einstehen soll.

Handelt es sich nicht um Betreiberimmobilien, sollten Sie Fonds mit bonitätsstarken Endmietern und langjährigen Mietern den Vorzug geben. Besonders so genannte 1a-Mieter wie öffentlich-rechtliche Institutionen oder große Industrie-, Banken- und Versicherungsunternehmen bürgen für weitgehend sichere Mieteinnahmen.

Außer den Qualitätsmerkmalen sollten Sie zusätzlich noch **quantitative Kennziffern** analysieren. Diese zahlenmäßig messbaren Kennziffern lassen sich am besten anhand der fünf Phasen rund um die Immobilie (Investition, Finanzierung, Vermietung, Steuern und Verkauf) ermitteln. Dazu gehören die folgenden Zahlenangaben:

- Investitionskennziffern (Kaufpreis pro qm Wohn- bzw. Gewerbefläche, Einkaufsfaktor als Vielfaches der anfänglichen Jahresnettokaltmiete, einmalige Fondsnebenkosten einschl. Höhe aller Provisionen)
- Finanzierungskennziffern (Fremdkapitalquote in Prozent der Investitionssumme, Zinsbindungsdauer, Höhe von Zinssatz und Tilgungssatz)
- Vermietungskennziffern (Jahresnettokaltmiete, nicht umlagefähige Bewirtschaftungskosten und Höhe der laufenden Fondsnebenkosten, jährlicher Mietreinertrag)
- Steuerkennziffern (Höhe der Abschreibungen, steuerliches Ergebnis im Vergleich zum Liquiditätsergebnis bzw. zur Ausschüttung)
- Verkaufskennziffern (Verkaufsfaktor im Vergleich zum Einkaufsfaktor, prognostizierter Veräußerungserlös).

Diese quantitativen Kennziffern lassen sich dem Investitions- und Finanzierungsplan sowie der Prognoserechnung entnehmen. Die meisten Verkaufsprospekte enthalten darüber hinaus eine Beispielrechnung für eine Beteiligung in Höhe von beispielsweise 50.000 oder 100.000 Euro.

Es versteht sich von selbst, dass der durchschnittliche Fondsanleger bei der wirtschaftlichen, steuerlichen und rechtlichen Prüfung eines Beteiligungsangebots über geschlossene Immobilienfonds überfordert und daher auf die Mithilfe von qualifizierten Beratern angewiesen ist. Provisionsabhängige Vermittler von Fondsanteilen können diese Beratung allerdings nicht leisten.

Auch Rating- oder Anlayseagenturen sind kritisch zu sehen. Häufig werden ihre Ratings oder Analysen von den Fondsinitiatoren selbst bezahlt. Positive oder negative Urteile sind jedoch nur dann etwas wert, wenn sich fachliche Kompetenz mit völliger wirtschaftlicher Unabhängigkeit vom jeweiligen Fondsinitiator paart.

Anlageziele und magisches Viereck für Fondsanleger

Auch für Anteile an geschlossenen Immobilienfonds müssen die für jede Geldanlage geltenden Anlageziele gelten. Typischerweise werden dabei vier Ziele genannt:

1. Sicherheit
2. Rendite
3. Verfügbarkeit
4. Steuerersparnis.

Bildlich kann man sich diese vier Anlageziele als magisches Viereck vorstellen. Denn nur ein Magier bzw. Zauberer kann alle vier Ziele zugleich bei ein und derselben Geldanlage erreichen.

Eine hohe Sicherheit wird beispielsweise durch eine geringe Rendite erkauft und eine hohe Rendite durch weniger Sicherheit. Je sicherer die Anlage, desto weniger rentiert sie sich. Umgekehrt gilt: Je höher die Rendite, desto höher auch das Risiko.

Bei Anteilen an geschlossenen Immobilienfonds dominiert der Wunsch nach einer Rendite, die deutlich über der Rendite von Zinsanlagen liegt. Dies geht auf Kosten der Sicherheit, da der Fondsanleger mehr oder weniger bewusst Risiken in Kauf nehmen muss.

Die Verfügbarkeit (auch Liquidierbarkeit oder Fungibilität genannt) wird dadurch eingeschränkt, dass die Fondslaufzeit meist über zehn Jahre hinaus geht und ein Verkauf des Fondsanteils auf dem Zweitmarkt nur selten gelingt. Steuerersparnisse entstehen in der Vermietungsphase insbesondere durch steuerlich abzugsfähige Abschreibungen auf die anteiligen Gebäudekosten (sog. AfA = Absetzung für Abnutzung). Veräußerungsgewinne sind nach Ablauf von zehn Jahren steuerfrei, sofern der Fonds steuerliche Einkünfte aus Vermietung und Verpachtung erzielt und keine gewerblichen Einkünfte.

Wenn man Schulnoten für die Bewertung der vier Anlageziele bei der Geldanlage in geschlossenen Immobilienfonds zu vergeben hätte, könnten diese etwa wie folgt aussehen: Note 2 für Rendite, Note 3 für Sicherheit und Steuerersparnis und Note 4 für Verfügbarkeit. Daraus würde sich dann die Durchschnittsnote „befriedigend" ergeben. Eingefleischte Optimisten würden eher zu „gut" tendieren und chronische Pessimisten zu „ausreichend" oder gar „mangelhaft".

Pauschalurteile bringen erfahrungsgemäß aber wenig. Daher wird im Folgenden anhand eines aktuellen Praxisbeispiels auf einen noch in der Platzierung befindlichen geschlossenen Immobilienfonds bzw. geschlossenen AIF Immobilien eingegangen. Es handelt sich dabei um einen Pflegeimmobilienfonds der INP Gruppe, die seit 2005 auf dem Markt ist und sich auf Sozialimmobilien spezialisiert hat. IMMAC ist zwar bereits seit 1997 auf dem Markt und mit insgesamt 85 Fonds und einem Investitionsvolumen von über 1,3 Mrd. Euro Marktführer bei Sozial- bzw. Pflegeimmobilien. Das letzte Beteiligungsangebot Nr. 77 über drei Pflegheime in Bad Ems, Berlin und Jesteburg wurde im März 2016 vollständig platziert. Die jährliche Ausschüttung liegt bei 5,5 Prozent.

Anfang April 2018 gab es kein neues Beteiligungsangebot der IMMAC über Sozialimmobilien bzw. Pflegeheime. Daher wurde das Beteiligungsangebot der INP ausgewählt, das seit März 2018 gezeichnet werden kann.

Praxisbeispiel für Fonds „25. INP Deutsche Pflege Portfolio"
Der „25. INP Deutsche Pflege Portfolio" ist ein risikogemischter geschlossener alternativer Investmentfonds (AIF), der fünf Pflegeheime in vier Bundesländern und teilweise Apartments für betreutes Wohnen für einen Kaufpreis von insgesamt knapp 34 Mio. Euro erworben hat. Der

Verkaufsprospekt für diesen **Pflegeimmobilienfonds** wurde am 19.2.2018 erstellt. Die Vertriebsfreigabe erfolgte am 5.3.2018.

Das Investitionsvolumen von rund 39 Mio. Euro (also Kaufpreis rund 34 Mio. Euro plus 5 Mio. Euro für Kaufnebenkosten, einmalige Fondsneben- und Dienstleistungskosten inkl. Vertriebsprovisionen ohne Agio sowie Finanzierungskosten) wird finanziert über Fremdkapital in Höhe von knapp 20,3 Mio. Euro (52 Prozent der Investitionssumme) und Eigen- bzw. Zeichnungskapital von 18,6 Mio. Euro (48 Prozent der Investitionssumme).

Die Mindestbeteiligung liegt bei 10.000 Euro. Hinzu kommt ein Agio (Ausgabeaufschlag) von 5 Prozent der jeweiligen Beteiligung. Da dieses Agio aber bei Zeichnung über bestimmte Fondsdiscount-Broker oder über den Initiator INP wegfällt, wird im Folgenden nicht näher darauf eingegangen.

Bei den vier Vorgängerfonds INP 21 bis 24 aus den Jahren 2014 bis 2017 mit einem Zeichnungskapital in Höhe von insgesamt 61,5 Mio. Euro gab es insgesamt knapp 2.000 Fondsanleger, die sich mit durchschnittlich rund 31.000 Euro an diesen Mehr-Produkt-Fonds beteiligten, zum Teil auch mehrfach. Die Fonds INP 1 bis 23 aus den Jahren 2005 bis 2013 waren meist Ein-Produkt-Fonds mit nur einer Pflegeimmobilie.

Ausschüttung beim INP 25 auf 4,75 Prozent gesunken

Im Vergleich zu den Mehr-Produkt-Fonds INP 21 bis 24 mit anfänglichen Ausschüttungen von 5,5 bis 5 Prozent ist die Ausschüttung beim INP 25 auf nunmehr 4,75 Prozent gesunken. Bei den INP Fonds 3 bis 20 aus den Jahren 2009 bis 2014 gab es noch Ausschüttungsquoten von 6 bis 6,75 Prozent.

Dieser stetige Rückgang der anfänglichen Ausschüttung ist auf die gestiegenen Kaufpreise für Pflegeimmobilien und das dadurch ungünstigere Preis-Leistungs-Verhältnis („value for cost") zurückzuführen.

Der Vergleich des Fonds INP 22 aus dem Jahr 2015 mit dem in 2018 aufgelegten Fonds INP 25 verdeutlicht dies. Beim INP 25 liegt der **Einkaufsfaktor** beim 15,15-Fachen der anfänglichen Jahresnettokaltmiete, während er beim INP 22 das 13,58-Fache ausmachte. Die **Brutto-**

Mietrendite als Verhältnis von Jahresnettokaltmiete zum Kaufpreis ist von 7,36 Prozent in 2015 beim INP 22 auf 6,60 % in 2018 gesunken. Dieser Rückgang um 0,76 Prozentpunkte bei der Brutto-Mietrendite schlägt sich dann direkt beim Rückgang der Ausschüttung von 5,5 auf 4,75 Prozent nieder.

Warum die Brutto-Mietrendite von 6,6 Prozent auf eine Ausschüttung von nur noch 4,75 Prozent fällt, ist leicht erklärbar. Die **Netto-Mietrendite** als Jahresreinertrag nach Abzug der Instandhaltungskosten und laufenden Fondsnebenkosten von rund 1,9 Mio. Euro in Prozent der Investitionssumme inkl. aller einmaligen Nebenkosten für Objekt, Finanzierung und Fonds von 39 Mio. Euro liegt bei 4,87 Prozent. Wenn man die Investitionssumme noch um das Agio von 930.000 Euro erhöht, kommt man sogar auf 4,76 Prozent.

Die anfängliche Ausschüttung von 4,75 Prozent des Zeichnungskapitals spiegelt also durchaus die erzielbare Netto-Mietrendite wieder. Darüber hinaus macht auch der **Einnahmenüberschuss** von 883.411 Euro (sog. cash flow als Überschuss der Mieteinnahmen über die laufenden Instandhaltungs- und Fondsnebenkosten sowie Zinskosten und Tilgung) 4,75 Prozent des Zeichnungskapitals im ersten vollen Vermietungsjahr 2019 aus.

Man mag als potenzieller Fondsanleger die auf 4,75 Prozent gesunkene Ausschüttungsquote bedauern. Sie ist aber plausibel erklärbar. Zudem sollte man bedenken, dass auch die Netto-Mietrenditen bei der Direktanlage in vermietete Immobilien in den letzten drei Jahren gesunken sind und eine Netto-Mietrendite von 4,75 Prozent in diesem aktiven Immobilieninvestment nur noch selten zu erzielen ist. Sofern der Kaufpreis beispielsweise bei vermieteten Eigentumswohnungen das 20-Fache der Jahresnettokaltmiete ausmacht und die Brutto-Mietrendite demzufolge bei 5 Prozent liegt, rutscht die Netto-Mietrendite nach Berücksichtigung aller einmaligen Kaufnebenkosten und laufenden nicht umlagefähigen Instandhaltungs- und Verwaltungskosten typischerweise auf rund 4 Prozent.

Schlussüberschuss und prognostizierte Rendite vor und nach Steuern

Die Laufzeit des INP 25 endet planmäßig am 31.12.2033, also nach rund 15 Jahren. Sie kann laut Gesellschaftsvertrag maximal um acht Jahre verlängert werden, also bis zum 31.12.2041. Dann würde die Fondslaufzeit knapp 23 Jahre betragen.

Der Fonds kann nach verbindlicher Abstimmung der Fondsanleger jedoch auch bereits zum 31.12.2029 aufgelöst werden, also nach knapp 11 Jahren. Nur auf diesen Fall bezieht sich die Prognoserechnung im Verkaufsprospekt des INP 25. Danach werden die Fondsimmobilien für rund 32 Mio. Euro verkauft, was einem Verkaufsfaktor in Höhe der 13,5-fachen Mieteinnahme für das Jahr 2029 entspricht. Im Vergleich zum Einkaufsfaktor von 15,15 ist der Verkaufsfaktor und damit der Veräußerungserlös recht vorsichtig kalkuliert.

Nach Abzug der verbleibenden Restschulden und Kosten für die Instandhaltung sowie Revitalisierung der Fondsimmobilien verbleibt laut INP-Prognose ein **Schlussüberschuss** von gut 18 Mio. Euro, der 97,55 Prozent des Zeichnungskapitals von 18,6 Mio. Euro ausmacht. Wer beispielsweise im Juni 2018 seinen Fondsanteil zeichnet und überweist, erhält von Juli 2018 bis Dezember 2029 laufende Ausschüttungen in einer Gesamthöhe von 54,62 Prozent (= 4,75 Prozent x 11,5 Jahre). Zusammen mit dem Schlussüberschuss von 97,55 Prozent errechnet sich somit eine **Gesamtauszahlung** von 152,17 Prozent.

Die prognostizierte **Rendite vor Steuern** liegt laut INP nach der Berechnungsmethode des internen Zinsfußes bei 4,49 Prozent. Dabei wurde unterstellt, dass die erste Ausschüttung bereits im März 2018 erfolgte. Dadurch steigt die Summe der laufenden Ausschüttungen auf 56,21 Prozent und die Gesamtauszahlung auf 153,75 Prozent.

Die prognostizierte Rendite vor Steuern wird sich bei einem späteren Beitritt im Laufe des Jahres 2018 nicht verändern, da die individuelle Beteiligungsdauer dadurch verkürzt wird. Die Rendite nach Steuern wird bei Annahme eines Grenzsteuersatzes von 40 Prozent auf rund 3 Prozent fallen. Diese prognostizierte Nach-Steuer-Rendite von 3 Prozent ist im Vergleich zu anderen Anlagen wie Direktanlage in vermietete Immobilien oder Extrabeitrag in die gesetzliche Rentenversicherung durchaus konkurrenzfähig. Mit einer reinen Zinsanlage werden Nach-Steuer-Renditen von 3 Prozent auf absehbare Zeit nicht erzielbar sein.

Schlüssiges Fondskonzept des INP 25

Das Fondskonzept des Pflegeimmobilienfonds INP 25 überzeugt. Die insgesamt fünf Pflegeheime in Hessen (Groß-Gerau), Niedersachsen (Goslar und Clausthal-Zellerfeld), Nordhein-Westfalen (Saarbeck) und Bayern (Eltmann) sorgen für eine sinnvolle Streuung und Risikomischung.

Die vier Betreiber und Mieter haben eine mittlere bis sehr gute Bonität. Die langen Mietlaufzeiten von 20 bzw. 25 Jahren mit einer Verlängerungsoption über 5 bzw. 10 Jahre sorgen für die erwünschte Mietsicherheit. Der Anteil des Heimentgeltes, der für die Investitionen bzw. Mieten zu leisten ist, wird grundsätzlich vom pflegebedürftigen Bewohner oder seinen Angehörigen getragen. Sofern dies finanziell nicht möglich ist, springt der Sozialhilfeträger ein. Insofern kann der Betreiber fest davon ausgehen, dass der vom Bewohner zu leistende Eigenanteil im Bedarfsfall durch staatliche Unterstützung sichergestellt ist.

Der Bedarf an stationären Pflegeeinrichtungen wird wegen der künftig steigenden Zahl von pflegebedürftigen Menschen steigen. Ende 2016 waren 830.000 Pflegebedürftige in Pflegeheimen stationär versorgt. Bei einem geschätzten Zuwachs von 20 Prozent wird es 1 Million stationär versorgte Pflegebedürftige im Jahr 2030 geben.

INP verfolgt als Bestandshalter eine klassische „buy-and-hold"-Strategie, die auf eine langjährige Vermietung und nicht auf einen kurzfristigen Veräußerungsgewinn ausgerichtet ist. Mietausfall- und Anschlussvermietungsrisiken sind trotz der lang laufenden Mietverträge nicht auszuschließen. Das Hauptrisiko liegt beim beabsichtigen Weiterverkauf der Fondsimmobilien, sofern diese umfangreich modernisiert und revitalisiert oder für Drittverwendungsmöglichkeiten der potenziellen Käufer umgestaltet werden müssen.

In der Fremdfinanzierung liegen die geringsten Risiken, da die Zinsbindungsdauer über 10 bis 13 Jahre geht und ein recht hoher Tilgungssatz von 2,5 bis 3 Prozent zuzüglich der ersparten Zinsen angesetzt wird.

Dadurch sinken die Schulden von anfangs 20,4 Mio. auf 12,6 Mio. Euro im Jahr 2029. Der Anschlusszinssatz nach Ablauf der Zinsbindungsfrist wird mit 4 Prozent kalkuliert. Die Sollzinssätze für die bereits laufenden Hypothekendarlehen liegen zwischen 2,1 und 2,4 Prozent.

Verkaufsprospekt, wesentliche Anlegerinformationen und Leistungsbilanz 2015

Der 142-seitige **Verkaufsprospekt** für den INP 25 enthält in der Anlage auch die **Anlagebedingungen**, denen insbesondere die Anlagegrundsätze und –grenzen sowie die einmaligen und laufenden Kosten zu entnehmen sind. Darüber hinaus gibt es auf drei eng bedruckten Seiten noch **wesentliche Anlegerinformationen (wAI)**, die gesetzlich vorgeschrieben sind, um die Wesensart dieses Fonds und die Risiken einer Anlage in diesem Fonds zu erläutern. Es handelt sich dabei nicht um Werbematerial. Alle drei genannten Unterlagen (Verkaufsprospekt, Anlagebedingungen und wesentliche Anlegerinformationen) sind Pflichtdokumente.

Zu den einmaligen Kosten zählen insbesondere die sog. **Initialkosten**, die nach den wesentlichen Anlegerinformationen bis zu 9 Prozent der Kapitalanlage ausmachen können. Tatsächlich werden 7 Prozent des Zeichnungskapitals bzw. 1,3 Mio. Euro für diese Innenprovisionen beim INP 25 berechnet.

Wenn noch das Agio (Ausgabeaufschlag) in Höhe von 5 Prozent der Kapitalanlage als Außenprovision hinzukommt, sind es bereits 12 Prozent. Allerdings entfällt dieses Agio, wenn die Zeichnung direkt über den Fondsinitiator oder über einen Fondsdiscount-Broker erfolgt.

Zu den einmaligen Kosten zählt auch die sog. **Transaktionsgebühr** für die Kapitalverwaltungsgesellschaft (KVG) in Höhe von 1 Mio. Euro für die Verwaltung und Anlage des Vermögens der Fondsgesellschaft sowie die Durchführung des Vertriebsanzeige- und Genehmigungsverfahrens. Initialkosten und Transaktionsgebühr von zusammen 2,3 Mio. Euro machen 12,4 Prozent des Zeichnungskapitals aus. Diese einmaligen, nicht substanzbildenden Kosten werden auch als „weiche Kosten" bezeichnet.

Die **laufenden Fondsnebenkosten** werden mit rund 1,4 Prozent des Zeichnungskapitals bzw. 1,6 Prozent des Nettoinventarwertes der Fondsgesellschaft für das erste volle Geschäftsjahr 2019 angegeben. Darunter fallen laufende Vergütungen der KVG in Höhe von 153.000 Euro gleich 0,8 Prozent des Zeichnungskapitals sowie Haftungsvergütungen, Rechts- und Beratungskosten, Kosten der Verwahrstelle und Kosten für Folgebewertungen in Höhe von rund 100.000 Euro. Diese fünf Posten werden also insgesamt mit rund 253.000 Euro im Jahr 2019 kalkuliert.

Die einmaligen Kosten (Initialkosten und Transaktionsgebühr) von 12,4 Prozent und zusätzlichen laufenden Fondsnebenkosten von 1,6 Prozent des Zeichnungskapitals würden bei einer Direktanlage in vermietete Immobilien selbstverständlich nicht anfallen. Diese typischen Fondsnebenkosten drücken die Netto-Mietrendite und damit auch die laufende Ausschüttung nach unten. Ohne diese einmaligen und laufenden Fondsnebenkosten würde die Ausschüttung noch bei 5,8 Prozent der Kapitaleinlage liegen. Da sie aber nach Fondskosten nur bei 4,75 Prozent liegt, bewirken diese Kosten de facto eine Reduzierung der laufenden Ausschüttung um einen Prozentpunkt.

Zum Vergleich: Die Marktwächter Finanzen des Bundesverbandes der Verbraucherzentralen haben in der Zeit von Oktober 2016 bis September 2017 die Kosten bei 25 neu aufgelegten geschlossenen Fonds (darunter wohl auch den im Juni 2017 aufgelegten Vorgängerfonds INP 24) geprüft. Laut Verbraucherschützer lagen die Initialkosten im Schnitt bei 15 Prozent der Kapitaleinlage inkl. Agio bzw. bei 10 Prozent ohne Agio und die laufenden Kosten zwischen 0,9 und 5,8 Prozent. Im Vergleich dazu ist die Kostenstruktur des INP 25 noch akzeptabel.

Die **Leistungsbilanz** (auch Performancebericht genannt) der INP zum 31.12.2015 über bis dahin 22 platzierte INP-Fonds fällt durchaus positiv aus. Bei den INP-Fonds 4 bis 22 wurden die Ausschüttungen wie geplant geleistet. Positive bzw. negative Abweichungen von der geplanten Tilgung und Liquidität gab es nur in geringem Ausmaß. Lediglich bei den ersten drei INP-Fonds 1 bis 3 gab es Abweichungen bei den Ausschüttungen nach unten.

Beim INP 1 betrug die Ausschüttung in 2015 und 2016 nur 2,5 Prozent. Der Hauptgrund für diese negative Abweichung liegt in Wechselkursverlusten, da das Fremdkapital in Schweizer Franken aufgenommen wurde und der Wechselkurs nach Aufhebung der Kurs-Untergrenze von 1,20 CHF/EUR im Januar stark unter Druck geraten ist. Daher lagen die effektiven Zinskosten nach Berücksichtigung der Wechselkursverluste aus diesem Fremdwährungsdarlehen deutlich über Plan. Zudem führten den vergangenen Jahren notwendige Instandhaltungs- und Modernisierungskosten für das in Düsseldorf gelegene Pflegeheim zu einer zusätzlichen Liquiditätsbelastung.

Auf der Homepage der INP-Gruppe sind im Downloadbereich unter dem Button „Service" auch drei **Jahresberichte** über die INP-Fonds Nr. 20, 21 und 22 zum 31.12.2016 einsehbar. Im Jahresbericht für den INP Fonds Nr. 22 wird erwähnt, dass die Platzierungsphase im Juni 2015 begann und im Januar 2016 endete. Der Verkehrswert für vier Pflegeheime und eine Kindertagesstätte wurde zum 23.9.2016 mit insgesamt 32,37 Mio. Euro ermittelt. Somit lag der Verkehrswert 1 Prozent über dem gezahlten Kaufpreis von insgesamt 32,04 Mio. Euro.

Im Jahresbericht sind alle Zahlen zur Ertrags-, Finanz- und Vermögenslage des INP Nr. 22 zum 31.12.2015 und 31.12.2016 aufgeführt. Sie können daher mühelos mit den Zahlen laut Prognoserechnung im Verkaufsprospekt zum INP 22 verglichen und auf Abweichungen untersucht werden.

Dextro-Analyse und Loipfinger-Investmentcheck
Die DEXTRO Stabilitätsanalyse vom 13.3.2018 ergab für den neuen INP 25 ein Investitionsrating von AA. Bei einer Gesamtauszahlung von 152 Prozent errechnete DEXTRO Group Germany, die Stabilitätsanalysen ohne vorherigen Auftrag des Fondsanbieters oder Emittenten erstellt, eine Rendite von 4,3 Prozent vor Steuern.

Als Hauptrisiko sieht DEXTRO die für 2029 geplante Veräußerung der fünf Pflegeimmobilien, da es eingeschränkte Drittverwendungsmöglichkeiten für diese Immobilien gebe. Darüber hinaus wird das Fondslaufzeitrisiko erwähnt, da die Laufzeit des Fonds bis 2033 und bei einer Verlängerung bis 2041 gehen kann.

Der bereits erwähnte Fondsexperte Stefan Loipfinger zeichnet den INP 25 auf seiner Homepage www.investmentcheck.de bei der Transparenzbewertung mit fünf Sternen aus. Seine Begründung lautet: Der Fondsanbieter INP hat Unterlagen und Informationen zur Verfügung gestellt, die ein Anleger für eine qualifizierte Entscheidung benötigt. Außerdem hat INP die von Loipfinger gestellten Fragen ausführlich beantwortet. Seine Transparenzbereitschaft in diesem Bereich kann laut Loipfinger demnach als sehr gut bewertet werden.

Vor- und Nachteile von geschlossenen Immobilienfonds

Jeder geschlossene Immobilienfonds bzw. alternative Investmentfonds (AIF) Immobilien ist ein Unikat. Daher ist es ohne genaue Analyse und Prüfung aller in der Platzierung befindlichen Beteiligungsangebote nicht möglich, Vergleiche zwischen zum Teil völlig unterschiedlichen geschlossenen Immobilienfonds (zum Beispiel Büro-, Einkaufscenter-, Hotel-, Wohnungs- oder Pflegeimmobilienfonds, Bestands- oder Projektfonds, Ein- oder Mehr-Produkte-Fonds) anzustellen.

Im Folgenden werden daher nur die grundsätzlichen Vor- und Nachteile von geschlossenen Immobilienfonds genannt. Folgende **Vorteile** sind hervorzuheben:

- Sachwertanlage mit höheren Renditechancen im Vergleich zu reinen Geldwert- bzw. Zinsanlagen
- laufende Ausschüttungen von 4 bis 6 Prozent der Kapitalanlage pro Jahr
- Steuerersparnisse durch steuerlich abzugsfähige Abschreibungen in der Vermietungsphase und steuerfreie Veräußerungsgewinne bei Verkauf der Fondsimmobilien nach Ablauf von zehn Jahren.

Diesen Vorteilen stehen folgende **Nachteile** gegenüber:

- unternehmerische Beteiligung mit höheren Risiken bis hin zum Totalverlustrisiko

- fehlende Verfügbarkeit, da lange Kapitalbindung wegen der mindestens zehnjährigen Fondslaufzeit
- einmalige und laufende Fondsnebenkosten, die zur Minderung der Rendite führen.

Vergleich mit Direktanlage in vermietete Immobilien

Der Vergleich einer Beteiligung am geschlossenen Immobilienfonds mit einer **Direktanlage in vermietete Immobilien** liegt nahe. Im Gegensatz zum aktiven Immobilieninvestment bei der Direktanlage handelt es sich beim geschlossenen Immobilienfonds um ein passives Investment.

„Aktiv oder passiv" – was ist besser? Die Antwort auf diese Frage hängt ganz entscheidend vom Anlegerprofil ab. Ein Do-it-yourself-Anleger in vermietete Immobilien (zum Beispiel Kapitalanlage in vermietete Eigentumswohnungen oder Mietwohnhäuser) ist flexibler und kann seine Mietobjekte verkaufen, wenn er es will. Mieterhöhungen im Bestand oder höhere Mieten bei der Anschlussvermietung kann er selbst durchsetzen. Die Entscheidungen über Kauf, Finanzierung, Vermietung und Verkauf trifft er alleine. Sofern sich zur attraktiven Mietrendite noch ein Veräußerungsgewinn gesellt, wird sein aktives Investment von Erfolg gekrönt.

Allerdings muss er viel Zeit investieren und handelt sich möglicherweise auch Ärger bei der Vermietung ein. Zuweilen verliert der private Wohnungsvermieter Zeit, Geld und Nerven. Sofern er die Mietverwaltung Dritten überträgt, muss er diese bezahlen.

Der Anleger in geschlossenen Immobilienfonds überlässt die laufenden Immobiliengeschäfte dem Fondsinitiator und den von ihm eingeschalteten Unternehmen. Diese Bequemlichkeit zahlt sich aus, wenn es sich um Profis handelt, die ihr Geschäft verstehen. Umso wichtiger ist es, alle Pflichtdokumente (Verkaufsprospekt, Anlagebedingungen, wesentliche Anlegerinformationen) beim Einstieg und laufenden Jahresberichte sowie Leistungsbilanzen unter die Lupe zu nehmen.

Eine durch laufende Liquiditätsüberschüsse und Mietrenditen gedeckte Ausschüttung von 4 bis 5 Prozent der Kapitaleinlage vor Steuern ist angesichts einer anhaltenden Niedrigzinsphase noch recht attraktiv.

Die fehlende Verfügbarkeit über den Fondsanteil während der recht langen Fondslaufzeit muss akzeptiert werden. Auf einen evtl. Verkauf des Fondsanteils über den Zweitmarkt sollte man sich nicht verlassen.

Kritische Stimmen über geschlossene Immobilienfonds gibt es zuhauf. Die vom Verbraucherzentrale Bundesverband in ihrer Pressemitteilung vom 14.9.2105 aufgestellte These „Geschlossene Fonds sind nichts für Kleinanleger" geht aber entschieden zu weit. Darin heißt es: „*Geschlossene Fonds sind hochriskante Produkte und für Privatanleger völlig ungeeignet ......Geschlossene Fonds dürfen nicht länger aktiv an Privatkunden vertrieben werden*".

Mit einem solchen Vertriebsverbot würde man auch mündige Privatanleger von der unternehmerischen Beteiligung an alternativen Investmentfonds (AIF), wie die geschlossenen Fonds seit Verabschiedung des Kapitalanlagegesetzbuchs (KAGB) im Jahr 2013 heißen, komplett ausschließen. Verbraucher- und Anlegerschutz sollte nicht so weit gehen, dass er zur Unmündigkeit von Privatanlegern führt.

Ein Vergleich sei erlaubt: Auch vermietete Eigentumswohnungen können riskante Anlageprodukte sein. Dennoch können sie weiterhin aktiv an Privatkunden vertrieben werden.

Vergleich mit gesetzlicher Rente aus Extrabeiträgen

Der Vergleich einer Beteiligung am geschlossenen Immobilienfonds mit einem Extrabeitrag in die gesetzliche Rentenversicherung scheint zunächst weit hergeholt. Tatsächlich gibt es aber auch für gesetzlich rentenversicherte Personen die Möglichkeit, Rentenabschläge über Zahlung eines fünfstelligen Extrabeitrags auszugleichen und dadurch ihre gesetzliche Rente bzw. ihren monatlichen Rentenzahlbetrag zu erhöhen.

Wer beispielsweise in 1956 geboren ist und vor seinem 63. Geburtstag einen **Einmal- bzw. Ausgleichsbetrag** von 50.000 Euro zum Ausgleich seines Rentenabschlags in Höhe von monatlich 210 Euro leistet, kommt auf eine zusätzliche gesetzliche Rente von brutto 2.520 Euro im ersten Rentenjahr. Dies sind immerhin 5 Prozent des Ausgleichsbetrags.

Selbst wenn man den Beitrag zur gesetzlichen Kranken- und Rentenversicherung von dieser Zusatzrente brutto abzieht, bleiben noch rund 187

Euro monatlich bzw. 2.244 Euro jährlich übrig. Der nun auf 4,5 Prozent sinkende jährliche Rentensatz ist durchaus mit einer jährlichen Ausschüttung von beispielsweise 4,5 Prozent bei einer Beteiligung am geschlossenen Immobilienfonds in Höhe von 50.000 Euro zu vergleichen.

Um nicht Äpfel mit Birnen zu vergleichen, muss aber auf die wesentlichen Unterschiede bei diesen beiden Anlagen (Beteiligungssumme am geschlossenen Immobilienfonds versus Einmalbeitrag in die gesetzliche Rentenversicherung) hingewiesen werden. Die gesetzliche Rente ist eine Leibrente, die nicht kapitalisiert werden kann und daher neben dem Zinsanteil noch einen Kapitalanteil enthält. Da die gesetzlichen Renten auch künftig steigen werden, wird es nicht mehr als 22 Jahre dauern, bis der eingezahlte Einmalbeitrag wieder über die laufenden Renten hereingeholt wird. Bei einer jährlichen Rentensteigerung von 2 Prozent sind es knapp 19 Jahre und dann ist der heute 63-jährige Neurentner noch nicht 82 Jahre alt.

Ganz wichtig ist der steuerliche Aspekt: Der Einmalbeitrag von 50.000 Euro, der beispielsweise über zwei Teilzahlungen Ende 2018 und kurz vor Vollendung des 63. Lebensjahres im Jahr 2019 an die gesetzliche Rentenversicherung gezahlt werden kann, ist zu durchschnittlich 87 Prozent steuerlich abzugsfähig. Andererseits wird die in 2019 bezogene gesetzliche Rente nur mit 78 Prozent besteuert. Wenn der persönliche Steuersatz im Rentenalter deutlich unter den Steuersatz in der Beschäftigungsphase fällt, ergeben sich weitere interessante Steuervorteile. Typischerweise liegt die Rentenrendite nach Steuern daher – anders als bei Fondsrenditen – immer über der Rentenrendite vor Steuern. Eine Rentenrendite von beispielsweise 2 Prozent vor Steuern kann daher durchaus auf eine Rendite von 3 Prozent nach Steuern steigen.

Beim Anteil an einem geschlossenen Immobilienfonds handelt es sich hingegen nicht um eine lebenslängliche Auszahlung, da die Fondslaufzeit begrenzt ist. Die monatliche bzw. jährliche Ausschüttung kann als Verzinsung angesehen werden, sofern sie sich an den erzielten Liquiditätsüberschuss anpasst. Das eingesetzte Kapital geht nicht unter, sondern führt nach Verkauf der Fondsimmobilien und Auflösung des Fonds zu einem Schlussüberschuss.

„Extrabeitrag zur gesetzlichen Rente oder Beteiligung an geschlossenem Immobilienfonds" – was ist besser? Möglicherweise bietet sich nach dem Prinzip der Streuung und Anlagemischung sogar eine Investition in beide Alternativen an. Wer beispielsweise mit 60, 62 oder 63 Jahren eine Ablaufleistung von 100.000 Euro aus einer fälligen Kapital-Lebensversicherung erhält, könnte diese splitten in 50.000 Euro für den Einmalbeitrag in die gesetzliche Rentenversicherung zum Ausgleich von Rentenabschlägen und 50.000 Euro für eine Beteiligung an einem relativ risikoarmen Pflegeimmobilienfonds.

Dieses doppelte Investment dürfte jedenfalls deutlich besser abschneiden als eine Sofortrente für einen Einmalbeitrag von 100.000 Euro in die private Rentenversicherung. Beim Direktversicherer HUK24 könnten 63-Jährige nur eine garantierte monatliche Sofortrente von monatlich 310 Euro (ohne Rentengarantiezeit) erwarten, die noch mit einem Ertragsanteil von 20 Prozent besteuert wird. Dies sind 3,7 Prozent von 100.000 Euro vor Steuern bzw. 3,5 Prozent nach Steuern bei einem persönlichen Steuersatz von 30 Prozent.

Diese jährlichen Rentensätze von 3,7 bzw. 3,5 Prozent sind jedoch nicht mit Rentenrenditen zu verwechseln. Der heute 63-Jährige müsste schon fast 92 Jahre alt werden, um zumindest garantiert seine eingezahlten 100.000 Euro über die laufenden privaten Renten zurück zu erhalten. Die von HUK24 in Aussicht gestellte monatliche Sofortrente von 385 Euro geht von der laufenden Verzinsung und einer erzielbaren Überschussbeteiligung aus. Die mögliche jährliche Privatrente würde zwar auf 4.620 brutto bzw. 4,6 Prozent des Einmalbeitrags von 100.000 Euro steigen. Nach Steuern wären es noch 4.343 Euro bzw. 4,3 Prozent bei einem persönlichen Steuersatz von 30 Prozent im Rentenalter.

Nur in diesem recht optimistisch gewählten Fall hätte der 63-Jährige seine eingezahlten 100.000 Euro im Alter von 86 Jahren wieder raus. Die Rentenrendite läge dann zumindest bei Null Prozent und würde nicht negativ. Eine nennenswerte positive Rentenrendite nach Steuern ist frühestens ab 90 zu erwarten.

5.2. Ausschüttungen aus offenen Immobilienfonds

Bequem, jederzeit verfügbar und sicher – das war einmal. Auf keine andere Immobilienanlage trafen diese drei Eigenschaften bis zur Finanzkrise in 2008 besser zu als auf Anteile an offenen Immobilienfonds. Regelmäßige Ausschüttungen und Renditen von durchschnittlich rund 5 oder 6 Prozent pro Jahr waren die Regel.

Die Bezeichnung „offener Immobilienfonds" sollte eigentlich verdeutlichen, dass der Fonds jederzeit für neue Anleger offen ist und jeder Altanleger jederzeit seinen Fondsanteil zurückgeben kann. Leider stimmt beides heutzutage so nicht mehr.

Als Folge der Finanzkrise konnten die Anleger ihre Anteile an offenen Immobilienfonds nicht mehr zurückgeben. Offene Immobilienfonds mussten plötzlich schließen, da die sofortige massenhafte Rückgabe der Fondsanteile zu Liquiditätsproblemen führte. Als Ausweg hätten die meisten Fondsimmobilien verkauft werden müssen.

Eine ganze Reihe von offenen Immobilienfonds musste ihr Geschäft einstellen. Inzwischen wurden 18 offene Immobilienfonds endgültig abgewickelt. Anleger haben hohe Verluste erlitten. Der im Jahr 2005 aufgelegte TMW Immobilien Weltfonds hat bis Ende 2016 beispielsweise mehr als die Hälfte seines Wertes verloren.

Rückgabe- und Mindesthaltefristen

Der Gesetzgeber beschloss daher im Jahr 2008 feste **Rückgabefristen**. Nach dem 21. Juli 2013 gekaufte Anteile an offenen Immobilienfonds können nur noch unter Einhaltung einer Rückgabefrist von einem Jahr ausgezahlt werden. Und auch das geht nur, wenn der Anleger seine Anteile mindestens zwei Jahre schon gehalten hat. Die Rückgabefrist wird also ergänzt um eine **Mindesthaltefrist**. Damit liegt die Anlagedauer insgesamt bei mindestens drei Jahren.

Auch die jederzeitige Neuanlage kann gestoppt werden. Aktuell nehmen einige offene Immobilienfonds überhaupt keine Anlegergelder mehr an. Sie sind quasi wegen Überfüllung geschlossen. Für den eigentlich offenen Wohnimmobilienfonds Wertgrund Wohn Select D gilt dieses **Annahmeverbot** bereits seit Oktober 2016 und auf unabsehbare Zeit. Der Grund ist leicht erklärt: Der rasante Anstieg der Wohnimmobilienpreise in Deutschland bescherte den Altanlegern von Wohn Select D innerhalb von fünf Jahren (von Ende Februar 2013 bis Ende Februar 2018) eine Wertsteigerung ihrer Anteile um insgesamt rund 53 Prozent. Davon entfielen allein 23 Prozent auf das letzte Jahr.

Klar, dass viele Anleger nun auf den fahrenden Zug anspringen wollten. Bei drastisch steigenden Immobilienpreisen müsste Wertgrund das zusätzliche Geld aber in überteuerten Wohnimmobilien mit sinkenden Mietrenditen anlegen. Insofern besteht ein Wiederanlageproblem. Daher bleibt der eigentlich offene Fonds Wertgrund Wohn Select D vorläufig geschlossen.

Vier große offene Immobilienfonds mit 52 Mrd. Euro Fondsvolumen

Andere offene Immobilienfonds wie die vier vom Volumen her größten offenen Immobilienfonds Deka Immobilien Europa (Fondsvolumen 15 Mrd. Euro), Hausinvest der Commerzbank (13 Mrd. Euro), Uni-Immo Deutschland und Uni-Immo Europa der Union Investment (beide mit jeweils 12 Mrd. Euro) trifft dieses Anlageproblem noch stärker. Von den insgesamt 52 Mrd. Euro liegen rund 17 Mrd. Euro und damit fast ein Drittel brach, da sie als Cash mit Mini-Zinsen auf eine Wiederanlage in vorzugsweise Gewerbeimmobilien warten.

Wenn zwei Drittel in Immobilien angelegte Gelder beispielsweise eine laufende Rendite von 5 Prozent abwerfen und das in Cash gehaltene Drittel nahezu keine Zinsen bringt, rutscht die Rendite für Fondsanleger bereits auf 3,3 Prozent. Insofern nimmt es nicht wunder, dass die jährliche Rendite für diese vier größten offenen Immobilienfonds von Ende Februar 2017 bis Ende Februar 2018 nur zwischen 2 Prozent (Hausinvest) und 3,4 Prozent (Deka Immobilien Europa) lag.

Der in 2014 von der Deutschen Bank aufgelegte offene Immobilienfonds „Grundbesitz Fokus Deutschland" brachte es im letzten Jahr noch auf eine Rendite von 3,5 Prozent. Allerdings schreckt der „Rückgabeabschlag" von 2 Prozent nicht nur Altanleger, die bei Rückgabe ihrer Anteile 2 Prozent verlieren, sondern auch potenzielle Neuanleger ab. Das Fondsvolumen liegt daher nur bei vergleichsweise bescheidenen 423 Mio. Euro. Auf immerhin bereits 832 Mio. Euro kommt der erst in 2017 aufgelegte „Uni-Immo Wohnen ZBI", der sich auf Wohnimmobilien in Deutschland konzentriert.

Kritik an Immobilienbewertungen

Im Gegensatz zu anderen offenen Investmentfonds (Aktienfonds, Rentenfonds oder Mischfonds) werden die Kurse für Anteile an offenen Immobilienfonds nicht an der Wertpapierbörse notiert. Vielmehr hängen die Anteilswerte von den erzielten laufenden Miet- und Zinserträgen sowie den von Gutachtern ermittelten Verkehrswerten für die Fondsimmobilien ab.

Gerade diese Bewertung stößt immer wieder auf Kritik. Nach der Finanzkrise 2008 gab es bei der Bewertung der Fondsimmobilien zunächst keine Marktabschläge, obwohl die Immobilien deutlich an Wert verloren. Heute sind die Fondsimmobilien im Vergleich zu den tatsächlichen Marktpreisen häufig zu niedrig bewertet.

Da die Gutachter von den Fondsinitiatoren selbst bestellt werden und aufgrund deren Aufträge die aktuellen Verkehrswerte der Immobilien schätzen, sind Fehlbewertungen nicht auszuschließen. „Schätzer sind Schwätzer", heißt es zuweilen, wenn die geschätzten Verkehrswerte einfach nicht mit der Wirklichkeit des Marktes übereinstimmen.

Drei Anlagemöglichkeiten

Ob künftig mit Anteilen an offenen Immobilienfonds wieder höhere Renditen als 2 oder 3 Prozent erzielt werden können, bleibt ungewiss. Unabhängig von der Beurteilung dieser Fondsanteile hinsichtlich jährlicher Ausschüttung und Sicherheit steht aber fest: An offenen Immobilienfonds können sich Anleger auch schon mit Mini-Beiträgen ab 50 oder 100 Euro pro Anteil beteiligen. Sie erwerben praktisch „Grundbesitz in der Brieftasche".

Wie andere Investmentfonds bietet auch der offene Immobilienfonds darüber hinaus drei Anlagemöglichkeiten:

- Einmalanlage (zum Beispiel fester vier- oder fünfstelliger Betrag mit Anlagedauer über mindestens drei Jahre)
- Sparplan (regelmäßige, meist monatliche Einzahlungen ab 50 Euro)
- Auszahlungs- bzw. Entnahmeplan mit Kapitalerhalt, teilweisem Kapitalverzehr oder vollständigem Kapitalverzehr (regelmäßige, monatliche Auszahlungen aus Einmalbeitrag).

Besteuerung von Anteilen an offenen Immobilienfonds ab 2018

Bei offenen Immobilienfonds sind 60 Prozent der Kapitalerträge nach Inkrafttreten des Investmentsteuerreformgesetzes ab Beginn 2018 steuerfrei. Bei im Ausland gelegenen Immobilien sind es sogar 80 Prozent. Andersherum bedeutet dies für offene Immobilienfonds mit Deutschland-Immobilien: Nur 40 Prozent der Kapitalerträge (Mieteinnahmen und Veräußerungsgewinne) sind steuerpflichtig.

Dies bedeutet einen nicht zu unterschätzenden Steuervorteil. Wenn die aus Kapitalerträgen erfolgte Ausschüttung beispielsweise jährlich 4 Prozent ausmacht, werden nur 1,6 Prozent versteuert. Bei einer Abgeltungsteuer von 25 Prozent zuzüglich Solidaritätszuschlag läge die Ausschüttung nach Steuern dann noch bei knapp 3,6 Prozent.

Dass pauschal 60 bis 80 Prozent der Kapitalerträge aus offenen Immobilienfonds steuerfrei sind, wird als Teilfreistellung bezeichnet. Für alternative Investmentfonds mit Immobilien (siehe Kapitel 5.1) gilt diese neue Fondsbesteuerung übrigens nicht, da es sich hierbei steuerlich um Mieteinkünfte und nicht um Kapitaleinkünfte handelt.

5.3. Dividenden aus Immobilienaktien oder Immobilien-ETFs

Wer auf vermietete Immobilien setzen will und die Aktienbörse nicht scheut, kann auch eine **Direktanlage in Immobilienaktien** erwägen. Immobilien oder Aktien – was ist besser? Dieser Streit um die „richtige" Kapitalanlage ist eigentlich unnötig. Mutige Anleger setzen auf beides – Immobilien und Aktien. Ein auch wirtschaftlich vernünftiger Kompromiss können an der Börse gehandelte Immobilienaktien sein.

Drei große Wohnungsunternehmen an der Aktienbörse

Das Düsseldorfer Wohnungsunternehmen **Vonovia**, das aus der Deutschen Annington hervorgegangen ist und seit dem 11.7.2013 zu den 30 DAX-Werten gehört, zählt mit einem Wohnimmobilienportfolio von über 33 Mrd. Euro und rund 347.000 Wohnungen zum 31.12.2017 zumindest von der Größe her zur Nummer 1.

Der Aktienkurs stieg von einem Emissionspreis in Höhe von 16,50 Euro bis auf einen Höchstkurs von 42,58 Euro und notierte am 10.4.2018 noch bei 40 Euro. Allein in den letzten drei Jahren ist der Kurs von Vonovia um 34 Prozent gestiegen.

Die Dividende für 2017 beträgt 1,32 Euro, dies sind 3,3 Prozent des Aktienkurses von 40 Euro für Vonovia. Seit 2013 ist die Höhe der ausgezahlten Dividende jedes Jahr gestiegen.

Auf 128.000 Wohnungen kommt die **LEG Immobilien**, ebenfalls ein Düsseldorfer Wohnungsunternehmen. Seit Juni 2013 wird die Aktie der LEG Immobilien im MDAX notiert. Am 10.4.2018 lag ihr Kurs bei rund 92 Euro. Die Dividende von 3,04 Euro für 2017 (im Jahr zuvor waren es noch 2,76 Euro) macht ebenfalls 3,3 Prozent des Kurses von 92 Euro aus. Die geplante Übernahme der LEG Immobilien durch die Deutsche Wohnen AG platzte Ende 2015.

Die **Deutsche Wohnen AG** mit Sitz in Berlin hat über 163.000 Wohnungen mit einem Gesamtwert von rund 19 Mrd. Euro. Von der Größe her steht sie auf Platz 2, hinter Vonovia und vor LEG Immobilien. Seit 2010 wird die Aktie der Deutsche Wohnen AG im MDAX notiert. Der Aktienkurs lag am 10.4.2018 bei 38,50 Euro. Die für 2017 ausgeschüttete Dividende in Höhe von 0,80 Euro macht 2 Prozent dieses Kurses aus.

Die im Jahr 1998 von der Deutschen Bank gegründete Deutsche Wohnen AG hatte als Grundstock ein Wohnungsportfolio aus der Pensionskasse Hoechst. In 2007 übernahm sie die Berliner GEWAG und in 2013 die ebenfalls in Berlin sitzende GSW.

Anfangs besaß die Deutsche Wohnen AG rund 30.000 Wohnungen überwiegend im Rhein-Main-Gebiet und in Rheinland-Pfalz. Die im Oktober 1999 neu ausgegebenen Immobilienaktien der Deutsche Wohnen AG waren innerhalb von nur drei Wochen vergriffen. Hauptgrund: Die Deutsche Wohnen AG prognostizierte eine durchschnittliche, weitgehend steuerfreie Ausschüttung von jährlich 7,3 Prozent auf den Kaufpreis über einen Zeitraum von 15 Jahren und garantierte darüber hinaus eine Mindestverzinsung von 4,5 Prozent pro Jahr bei Ausübung eines Andienungsrechts zum 31.12.2009. Verständlich, dass eine Mindestbeteiligung von damals 100.000 DM (gleich 365 Aktien à 140 DM) die Anleger ebenso wenig schreckte wie die Börseneinführung als Namensaktien an der Luxemburger Wertpapierbörse.

Die großformatigen Anzeigen in Wirtschaftszeitungen unter dem Titel „Die erste Aktie mit garantiert festem Boden unter den Kursen" hatten ihre Wirkung offensichtlich nicht verfehlt. Stolz verkündete die Deutsche Wohnen AG: „Die erste Immobilienaktie, die die Sicherheit einer Immobilienanlage mit der Flexibilität einer Aktie verbindet".

Immobilienaktien mit garantiert festem Boden unter den Kursen, Kombination von Sicherheit einer Immobilienanlage mit der Flexibilität einer Aktie – Anlegerherz, was willst Du mehr? Leider sind diese goldenen Zeiten für Immobilienaktien vorbei. Die Flexibilität der Aktie ist zwar geblieben, doch die Sicherheit einer Immobilienanlage kann eben nicht garantiert werden. Immobilienaktien haben neben Renditechancen eben auch Risiken. Insofern unterscheiden sie sich nicht von anderen Aktien.

Vor- und Nachteile von Immobilienaktien

Mit Immobilienaktien werden Immobilien aber mobil bzw. flexibel gemacht. Mit dem Kauf von Immobilienaktien erwirbt der Anleger als Aktionär allerdings lediglich Anteilsrechte am Immobilienvermögen einer Aktiengesellschaft. Im Gegensatz zur Anlage in offenen Immobilienfonds wandert das Geld der Anleger direkt an die Börse. Insofern handelt es sich um eine Direktanlage in Wertpapiere, wobei das Wertpapier – hier die Immobilienaktie – als eine indirekte Immobilienanlage anzusehen ist.

Immobilienaktien sind liquider als vermietetes Einzeleigentum (zum Beispiel vermietete Eigentumswohnung) oder eine Beteiligung an einem geschlossenen Immobilienfonds, da sie börsentäglich wieder verkauft werden können. Mindesthalte- und Rückgabefristen wie bei Anteilen an offenen Immobilienfonds gibt es nicht.

Im Vergleich zu anderen Aktien fallen die Kursschwankungen bei Immobilienaktien meist höher aus. Fachleute sprechen von der höheren Volatilität.

Die Kauf- und Verkaufsnebenkosten liegen bei zusammen rund 2 Prozent des Kurswertes. Bei Kauf und Verkauf der Immobilienaktien über Discount-Broker machen die Kosten je nach Höhe der Beträge nur einen Bruchteil davon aus.

Die Rendite von Immobilienaktien setzt sich wie bei allen übrigen Aktien aus zwei Bestandteilen zusammen – aus der Dividendenrendite in Prozent des aktuellen Börsenkurses und aus der erhofften Kursgewinnrendite als anteiliger jährlicher Veräußerungsgewinn in Prozent der Anschaffungskosten.

Aber Vorsicht: Immobilienaktien sind nicht mit Bauaktien zu verwechseln. Mit Bauaktien beteiligen Sie sich an Unternehmen in der Bauindustrie wie beispielsweise Hochtief. Immobilienunternehmen wie Vonovia, LEG Immobilien und Deutsche Wohnen AG konzentrieren sich hingegen auf das Management von Immobilien, also die Entwicklung, Vermietung, Verwaltung und Verwertung von beispielsweise Wohnimmobilien. Als Immobilien-Aktiengesellschaften werden Unternehmen angesehen, deren hauptsächlicher Geschäftszweck das Immobiliengeschäft ist und die hierin mehr als 75 Prozent ihrer Erträge erzielen.

Außer den drei genannten Immobilien-AGs sind beispielsweise auch die Aktien von Patrizia, TLG Immobilien, TAG Immobilien und Adler Real Estate an der Börse notiert.

Die Kurse von Immobilienaktien hängen selbstverständlich auch von der allgemeinen Entwicklung der Aktienbörse ab. Der Mini-Crash Anfang Februar 2018 riss beispielsweise auch die Kurse der Immobilienaktien in die Tiefe. Neben der Bewertung des Immobilienvermögens der AG sind auch die typischen Kennzahlen der Aktienanalyse wie Dividendenrendite, Kurs-Gewinn-Verhältnis (KGV) und cash flow je Aktie (Jahresgewinn plus Abschreibungen, dividiert durch die Anzahl der Aktien) bei der Analyse und Bewertung von Immobilienaktien heranzuziehen.

Aktien von Immobilien-AGs sollten über einen ausreichend liquiden Markt verfügen, um den Verkauf von Immobilienaktien jederzeit sicherzustellen. Ein breiter Streubesitz bietet daher größere Vorteile für den privaten Kapitalanleger. Befinden sich hingegen große Aktienpakete in wenigen Händen, besteht die Gefahr eines engen Marktes mit größeren Kursschwankungen durch Käufe und Verkäufe.

Immobilien-ETFs

Selbstverständlich ist es möglich, auch indexierte Immobilienaktienfonds an die Börse zu bringen und als **Immobilien-ETFs** dem breiten Publikum anzubieten. Diese börsengehandelten indexierten Aktienfonds in Form des ETFs (exchange traded funds) sorgen für eine größere Streuung und vermindern somit die Risiken.

Noch sind **Immobilien-ETFs** zumindest auf dem deutschen Markt Zukunftsmusik. Europa- bzw. weltweit gibt es aber bereits Immobilien-ETFs. Die ETFs bieten im Gegensatz zur direkten Investition in eine Immobilieaktie eine weitaus größere Flexibilität.

Einige internationale Immobilien-ETFs haben sich in der letzten Zeit recht gut entwickelt. Laut ETF Extra Magazin konnte beispielsweise der iShares Developed Markets Property Yield ETF in den letzten drei Jahren etwa 20 Prozent an Wertzuwachs verbuchen. Mehr als drei Prozent Dividende wurden dabei zuletzt ausgeschüttet. Das Paket enthält etwa zur Hälfte Immobilienanlagen aus den USA.

Ein ETF, der sich ausschließlich auf europäische Immobiliengesellschaften stützt, ist der Amundi FTSE Epra Europe Real Estate ETF. Hier konnten laut ETF Extra Magazin sogar über 30 Prozent an Wertzuwachs verzeichnet werden. Die ausgeschüttete Dividende war vergleichbar mit dem oben genannten Beispiel von iShares.

Über den Betrachtungszeitraum waren allerdings heftige Kursschwankungen zu beobachten. Diese liegen bei den immobilienlastigen ETFs immer noch weitaus höher als beim direkten Investment. In den drei Jahren betrugen die Abweichungen nach oben und unten für die beiden genannten Immobilien-ETFs etwa 15 Prozent (siehe www.extrafunds.de).

6. IMMOBILIEN UND STEUERN

Wer als Ruheständler vermietete Immobilien oder Anteile an geschlossenen Immobilienfonds besitzt, kann auch heute noch kräftig Steuern sparen. Dies gilt vor allem für Abschreibungen, die steuerlich als Werbungskosten von den Mieteinnahmen abgesetzt werden können. Künftig werden sich die Abschreibungssätze im Mietwohnungsneubau möglicherweise wieder erhöhen.

Bei selbstgenutzten, also zu eigenen Wohnzwecken genutzten Einfamilienhäusern oder Eigentumswohnungen, sind die früheren Steuerbegünstigungen wie Eigenheimzulage oder Baukindergeld zwar weggefallen. Das Baukindergeld wird soll aber wieder eingeführt werden, um den Neubau von Eigenheimen zu fördern. Darüber hinaus gibt es noch ein paar andere Möglichkeiten zum Steuernsparen im Eigenheim.

6.1. Steuern sparen im Eigenheim

Steuerersparnisse im Eigenheim beziehen sich grundsätzlich immer nur auf selbstgenutzte Immobilien. Die **Steuerermäßigung für Handwerkerleistungen und haushaltsnahe Dienstleistungen im Eigenheim** wird zwar am ehesten von Selbstnutzern genutzt. Da aber auch Mietern diese Steuerermäßigung bis zu 1.200 Euro im Jahr bei Handwerkerarbeiten bzw. bis zu 510 Euro bei haushaltsnahen Dienstleistungen von Minijobbern zusteht, zählt sie steuersystematisch zu den privaten Ausgaben bzw. Sonderausgaben, die steuerlich gefördert werden.

Die frühere **Eigenheimzulage** (offiziell als Abzugsbetrag für Wohnungen, die zu eigenen Wohnzwecken genutzt werden, oder kurz als § 10e bezeichnet) wurde Ende 2005 abgeschafft. Nur in Altfällen können Selbstnutzer noch davon profitieren.

Abzugsbetrag für denkmalgeschützte Eigenheime

Was oft übersehen wird: Den Abzugsbetrag für denkmalgeschützte Eigenheime gibt es weiterhin (§ 10f EStG). Wer diesen in Anspruch nehmen will, muss dies in den Zeilen 11 und 12 der Anlage FW zur Einkommensteuererklärung beantragen.

Hintergrund: Die Abschreibung (steuerlich „Absetzung für Abnutzung" genannt und oft mit AfA abgekürzt) spielt für Kosten von Baumaßnahmen bei denkmalgeschützten Gebäuden und Gebäuden, die in Sanierungsgebieten selbst bewohnt werden, eine ganz entscheidende Rolle.

Die auch „Denkmal-AfA" genannte Abschreibung kann nicht nur für vermietete, sondern grundsätzlich auch für selbstgenutzte Immobilien angesetzt werden. Nur der Fachbegriff und die Höhe der steuerlich abzugsfähigen Aufwendungen heißen hier anders: Statt von „Abschreibung" spricht man von **Abzugsbetrag**, der nach § 10 f EStG zehn Jahre lang zu je 9 Prozent der Herstellungskosten abgezogen werden und dann zu einer erheblichen laufenden Steuerersparnis führen kann.

Diese spezielle Steuerersparnis sollten Sie unbedingt vor Kauf eines denkmalgeschützten Hauses mit Absicht zur Selbstnutzung abklären, am besten durch einen Steuerberater. Außerdem sollten Sie sich beim Kauf nicht durch die hohe Steuerersparnis blenden lassen, denn oft werden solche denkmalgeschützten Einfamilienhäuser oder Eigentumswohnungen völlig überteuert angeboten. Die erhoffte Steuerersparnis bezahlen Sie also eventuell durch einen höheren Kaufpreis im Voraus selbst. Hier gilt der Grundsatz „Nicht nur nach Steuern steuern".

Steuerersparnis für häusliches Arbeitszimmer

Was viele nicht wissen: Nach wie vor gibt es in bestimmten Fällen eine Steuerersparnis für das **häusliche Arbeitszimmer im Eigenheim**. Bis zu jährlich 1.250 Euro pro Jahr können Sie auch als Ruheständler unter Werbungskosten aus nichtselbstständiger Arbeit oder Betriebsausgaben aus selbstständiger Arbeit steuerlich absetzen, wenn Sie noch Arbeitseinkünfte haben und für Ihre Tätigkeiten kein anderer Arbeitsplatz zur Verfügung steht.

Sogar ein „Vermieter-Arbeitszimmer" im Eigenheim wird steuerlich gefördert, sofern Sie im Ruhestand über umfangreichen Grundbesitz in Form von Mietwohnhäusern oder mehreren vermieteten Eigentumswohnungen verfügen.

Ob Sie nun Mieter oder Eigentümer von Haus oder Wohnung sind, spielt zunächst keine Rolle. Allerdings errechnen sich die anteiligen Kosten für das häusliche Arbeitszimmer beim Eigentümer aus den Kosten für das Eigenheim insgesamt (einschließlich evtl. Hypothekenzinsen und Abschreibungen) und dem auf die gesamte Wohnfläche entfallenden Anteil des Arbeitszimmers.

Wenn die laufenden jährlichen Kosten für das selbstbewohnte Einfamilienhaus oder die selbstgenutzte Eigentumswohnung beispielsweise mindestens 12.500 Euro im Jahr ausmachen und die auf das Arbeitszimmer entfallende Fläche 10 Prozent der gesamten Wohnfläche (einschließlich Arbeitszimmer), sind 1.250 Euro steuerlich abzugsfähig.

Eine Summe von jährlich 12.500 Euro und mehr für ein beispielsweise 150 Quadratmeter großes Einfamilienhaus mit einem darin enthaltenen Arbeitszimmer von beispielsweise 15 Quadratmetern ist so ungewöhnlich nicht. An jährlichen Bewirtschaftungskosten (Betriebs-, Verwaltungs- und Instandhaltungskosten) fallen zum Beispiel insgesamt 7.200 Euro an, sofern man die Bewirtschaftungskosten mit 4 Euro pro Quadratmeter Wohnfläche im Monat ansetzt.

Hinzu kommen Schuldzinsen von beispielsweise 5.000 Euro bei einem Darlehen von 250.000 Euro zu 2 Prozent Zinsen, so dass die Summe aus Zins- und Bewirtschaftungskosten bereits 12.200 Euro ausmacht. 10 Prozent davon für das häusliche Arbeitszimmer wären bereits 1.220 Euro und damit nur 30 Euro unter der Höchstgrenze von 1.250 Euro.

Liegen die tatsächlichen laufenden Kosten pro Jahr aber deutlich unter 12.500 Euro, kann der Ansatz einer Abschreibung von 2 Prozent der anteiligen Gebäudekosten (zum Beispiel 300.000 Euro für ein Einfamilienhaus, das 375.000 Euro inklusive Kaufnebenkosten gekostet hat) zu weiteren Werbungskosten oder Betriebsausgaben führen. In diesem Beispiel wären es immerhin 6.000 Euro gleich 2 Prozent von 300.000 Euro. Obwohl nur vermietete Immobilien steuerlich abgeschrieben werden können, lässt das Finanzamt bei der Berechnung der Kosten für das häusliche Arbeitszimmer eines Selbstnutzers auch den Ansatz dieser fiktiven Abschreibung zu.

6.2. Einkommensteuer sparen mit Mietobjekten

Das Recht, mit vermieteten Immobilien legal Steuern zu sparen, wird Ihnen niemand streitig machen können. Steuerersparnisse mit einem Mietwohnhaus oder mit vermieteten Eigentumswohnungen sollten aber immer nur das Sahnehäubchen darstellen. Sie dürfen nicht den Blick auf die eigentliche Immobilienrendite verstellen. Eine attraktive Nettomietrendite mit zinsgünstiger Finanzierung als Hauptspeise und zusätzliche Steuerersparnis als Nachspeise – dieses Gericht dürfte dem erfolgreichen Kapitalanleger besser bekommen.

Mieteinkünfte erzielen Sie mit Miethäusern, vermieteten Eigentumswohnungen, Miethäusern oder mit Anteilen an geschlossenen Immobilienfonds bzw. alternativen Investmentfonds, die in Immobilien (zum Beispiel Pflegeeinrichtungen) investieren. Sie versteuern den Überschuss der Mieteinnahmen über die Werbungskosten bei den Einkünften aus Vermietung und Verpachtung (VuV).

Zu den Werbungskosten zählen auch die Gebäudeabschreibungen, die ebenso wie Schuldzinsen und Bewirtschaftungskosten steuerlich abgesetzt werden können. Beim Verkauf entstandene Veräußerungsgewinne sind steuerfrei, wenn zwischen Kauf und Verkauf mehr als zehn Jahre liegen und kein gewerblicher Grundstückshandel vorliegt.

So schön zusätzliche Mieteinkünfte auch sein mögen: Sie setzen immer ein entsprechendes Immobilienvermögen im Alter voraus. Sinnvoll ist es auf jeden Fall, die private Altersvorsorge nicht nur auf Renten und Pensionen zu stützen.

Steuerersparnisse in der Vermietungsphase

In der Vermietungsphase geht es steuerlich um die Gegenüberstellung von Mieteinnahmen und Werbungskosten. Im Prinzip ist alles ganz einfach: Liegen die Mieteinnahmen einschließlich Umlagen über der Summe aus Zinskosten, Bewirtschaftungskosten und Abschreibungen, entsteht ein steuerlicher Gewinn, der Ihr zu versteuerndes Einkommen erhöht und zusätzliche Steuerzahlungen nach sich zieht.

Wenn die Werbungskosten (Zinskosten, Bewirtschaftungskosten und Abschreibungen) indes die Mieteinnahmen übersteigen, kommt es zu einem steuerlichen Verlust, den Sie mit anderen positiven Einkünften im Wege des steuerlichen **Verlustausgleichs** verrechnen können. Dadurch erzielen Sie entsprechend Ihrer individuellen Steuerprogression eine entsprechende Steuerersparnis.

In der nur zweiseitigen **Anlage V** zu Ihrer Einkommensteuererklärung (V steht für Vermietung) führen Sie alle Einnahmen und Werbungskosten für Ihre vermieteten Immobilien auf. Auf der Vorderseite geht es um die steuerpflichtigen Mieteinnahmen einschließlich Umlagen (Zeilen 9 bis 21) und auf der Rückseite um die steuerlich abzugsfähigen Werbungskosten (Zeilen 33 bis 50).

Nach Ermittlung aller Werbungskosten tragen Sie die Summe wieder auf der Vorderseite (Zeile 22) direkt unter der Summe aus den Mieteinnahmen (Zeile 21) ein. Der Überschuss der Mieteinnahmen über die Werbungskosten erscheint dann in Zeile 23. Wenn sich nach Abzug der Werbungskosten von den Mieteinnahmen ein Minus ergibt, markieren Sie den entstandenen steuerlichen Verlust entsprechend mit einem Minuszeichen in der Zeile 23.

Diese Eintragungen können Sie nach ein bisschen Übung selbst erledigen. Einen Steuerberater brauchen Sie dafür nicht. Wenn Sie beispielsweise nur eine einzige vermietete Eigentumswohnung besitzen, ist das Ausfüllen der Anlage V sogar ein Kinderspiel. Dies setzt aber voraus, dass Sie die Mieteinnahmen und Werbungskosten vorher sorgfältig zusammengestellt haben. Ihre Unterlagen dazu legen Sie der Anlage V bei oder bewahren Sie in einem Ordner auf, falls Sie die Einkommensteuererklärung mit einem speziellen Steuerprogramm erstellen.

Mieteinnahmen und Umlagen

Grundsätzlich müssen Sie alle Bruttomieteinnahmen versteuern, also die Nettokaltmiete (Zeile 9 der Anlage V) zuzüglich Vorauszahlungen auf die Betriebskosten (Umlagen laut Zeile 13). Wenn nach der jährlichen Betriebskostenabrechnung für ein Vorjahr Nachzahlungen fällig sind und diese vom Mieter auch geleistet werden, sind diese Nachzahlungen im

Jahr der Gutschrift auf Ihrem Konto ebenfalls als Mieteinnahme zu versteuern. Betriebskosten-Erstattungen an Mieter ziehen Sie von den erhaltenen Umlagen einfach ab und berücksichtigen beides in Zeile 13.

Tatsächlich entstandene Mietausfälle führen selbstverständlich direkt zu niedrigeren Mieteinnahmen. Später teilweise ausgeglichene Mietrückstände sowie an Vermieter ausgezahlte Mietkautionen sind aber mit den Mietausfällen zu verrechnen.

Eine bewusst **verbilligte Vermietung von Wohnungen** führt ab 2012 dennoch zu einem vollen Werbungskostenabzug, sofern die Miete 66 Prozent oder mehr der ortsüblichen Vergleichsmiete übersteigt. Die Vermietung gilt dann ausdrücklich als „vollentgeltlich" mit der Folge, dass alle mit der Vermietung in Zusammenhang stehenden Werbungskosten (Schuldzinsen, Bewirtschaftungskosten, Abschreibungen) in voller Höhe von den Mieteinnahmen abgezogen werden können.

Eine Totalüberschussprognose wie früher bei Mieten zwischen 56 und 75 Prozent der ortsüblichen Vergleichsmiete ist ab 2012 nicht mehr erforderlich. Es ist auch gleichgültig, ob Sie die verbilligte Miete mit einem Angehörigen oder einem Fremden vereinbaren. Die Neuregelung gilt auch für bestehende Mietverhältnisse. Daher ist es sinnvoll, die Höhe der aktuellen Bestandsmieten mit der ortsüblichen Vergleichsmiete laut Mietspiegel zu vergleichen und eventuell nach oben anzupassen, wenn die tatsächlich gezahlte Miete infolge von unterlassenen Mieterhöhungen in der Vergangenheit deutlich unter die ortsübliche Vergleichsmiete gesunken ist.

Die 66-Prozent-Grenze gilt auch für die Umlagen. Daher sollte auch die Bruttowarmmiete aus Nettokaltmiete, kalten und warmen Betriebskosten mindestens 66 Prozent betragen. Besser ist es aus Vorsichtsgründen, die verbilligte Miete mit 70 bis 75 Prozent der ortsüblichen Miete anzusetzen.

Sonstige Einnahmen sind:

- Guthabenzinsen aus Bausparverträgen, die vor- und zwischenfinanziert und für Mietobjekte verwendet wurden

- Erbbauzinsen als Guthabenzinsen für den Eigentümer von Grund und Boden (sog. Erbbaurechtsgeber)
- Mietvorauszahlungen und Baukostenzuschüsse des Mieters
- nicht rückzahlbare Aufwendungszuschüsse zur Minderung der Zins- und Mietbelastung und öffentliche Zuschüsse zur Finanzierung von Modernisierungskosten.

Für Mieteinnahmen und sonstige Einnahmen gilt generell das Zuflussprinzip. Alle Einnahmen sind also grundsätzlich in dem Jahr vom Vermieter zu versteuern, in dem sie ihm auch zufließen. Eine Ausnahme gilt lediglich für regelmäßig wiederkehrende Mieteinnahmen, die bis zu zehn Tage vor Beginn des neuen Jahres (also Vorauszahlungen für das Folgejahr) oder nach dem Jahr, zu dem sie wirtschaftlich gehören (also Nachzahlungen für das Vorjahr), zufließen. Diese Mieteinnahmen sind nicht im Zuflussjahr, sondern im Jahr der wirtschaftlichen Zugehörigkeit zu erfassen.

Werbungskosten

Steuerlich abzugsfähig bei vermieteten Wohnimmobilien sind Zinskosten, Bewirtschaftungskosten und Abschreibungen. Diese werden auf der Rückseite der Anlage V eingetragen. In den Zeilen 36 und 37 geht es um Schuldzinsen und Geldbeschaffungskosten und in den Zeilen 39 bis 49 um steuerlich voll abzugsfähige Erhaltungsaufwendungen, laufende Betriebskosten, Verwaltungskosten und sonstige Kosten. Die Abschreibungen sind in den Zeilen 33 bis 35 einzutragen.

Schuldzinsen für vermietete Immobilien können grundsätzlich in voller Höhe von den Mieteinnahmen abgezogen werden (siehe Zeile 36). Der Schuldzinsenabzug setzt also einen wirtschaftlichen Zusammenhang mit den Mieteinnahmen voraus. Steuerlich abzugsfähig sind in erster Linie die laufend gezahlten Zinskosten für Hypothekendarlehen. Ein einmaliges **Disagio** (Damnum, auch Auszahlungsverlust genannt) ist bis zu 5 Prozent der Darlehenssumme abziehbar, wenn die Zinsbindungsfrist mindestens fünf Jahre ausmacht. Sofern dies nicht erfüllt ist, muss das Disagio auf die Jahre der Zinsfestschreibung verteilt werden.

Abzugsfähig sind auch einmalige **Kreditnebenkosten** wie Notar- und Grundbuchgebühren für die Bestellung und Eintragung von Grundschulden, Bereitstellungszinsen oder Wertschätzungsgebühren (siehe Zeile 37 unter „Geldbeschaffungskosten"). Zu den laufenden Kreditnebenkosten zählen außerdem Kontoführungsgebühren oder Vorfälligkeitsentschädigungen für abgelöste Hypothekendarlehen im Zusammenhang mit einer weiteren Vermietung.

Laufende Tilgungsbeträge sind steuerlich nicht abzugsfähig, da sie keine Kosten darstellen. Wenn Sie von Ihrer Bank eine Jahresbescheinigung über das Darlehen für Ihre vermietete Eigentumswohnung erhalten, übernehmen Sie daraus nur die jährlichen Zinskosten.

Erhaltungsaufwendungen für die vermietete Immobilie (zum Beispiel Renovierungs-, Instandhaltungs- und Modernisierungskosten) sind steuerlich in voller Höhe abzugsfähig, sofern sie nicht über 15 Prozent der anteiligen Gebäudekosten innerhalb von drei Jahren nach Kauf des gebrauchten Mietobjekts aus zweiter Hand hinausgehen.

Grundsätzlich sind sämtliche Bewirtschaftungskosten für Ihre vermietete Eigentumswohnung steuerlich abzugfähig, also

- **Betriebskosten** (zum Beispiel Grundsteuer, Müllabfuhrgebühren, Feuerversicherungsprämie, Wassergeld, Heizkosten)
- **Verwaltungskosten** (zum Beispiel Kosten für Hausverwalter bei vermieteten Eigentumswohnungen, eventuelle Mietwohnungsverwaltung für das Sondereigentum)
- **Instandhaltungskosten** (zum Beispiel laufende Erhaltungsaufwendungen für das Gemeinschaftseigentum oder das Sondereigentum Wohnung).

Die Bildung von Instandhaltungsrücklagen ist nicht abziehbar, wohl aber die teilweise oder völlige Auflösung der Rücklage zwecks Bezahlung von Instandhaltungskosten.

Laufende oder einmalige Instandhaltungs- und Instandsetzungskosten zählen in aller Regel zu den Erhaltungsaufwendungen (siehe Zeile 39). Größeren Erhaltungsaufwand können Sie, um den Nachteil der Steuerprogression abzumildern, auf bis zu fünf Jahre gleichmäßig verteilen (siehe Zeilen 41 bis 45 der Anlage V).

Handelt es sich hingegen bei umfangreichen Instandsetzungsmaßnahmen um **Herstellungsaufwand** oder um **anschaffungsnahen Aufwand** bei Überschreiten der Grenze von 15 Prozent der anteiligen Gebäude-Anschaffungskosten innerhalb der ersten drei Jahre nach dem Kauf eines Mietobjekts, sind die Kosten nur zeitanteilig im Wege der Abschreibungen steuerlich abziehbar. Herstellungsaufwand oder anschaffungsnaher Aufwand führt also dann nur über die jährlichen Abschreibungen zu Werbungskosten.

Sonstige steuerlich abzugsfähige Werbungskosten (Zeile 49) können beispielsweise sein:

- Fahrt- und Reisekosten zu Ihrer vermieteten Eigentumswohnung (zum Beispiel 30 Cent für jeden gefahrenen Kilometer)
- Kosten der Mietersuche per Annonce im Internet oder in der Tageszeitung
- Maklerprovision bei Erst- oder Neuvermietung
- Mitgliedsgebühr für den Haus- und Grundbesitzerverein
- Kosten einer speziellen Rechtsschutzversicherung für vermietetes Haus- und Wohnungseigentum oder einer Mietausfall- bzw. Mietnomadenversicherung
- Kosten eines häuslichen Arbeitszimmers in Höhe von maximal 1 250 Euro pro Jahr für die Vermietung von Häusern und Eigentumswohnungen (Vermieter-Arbeitszimmer) bei umfangreichem Besitz von vermieteten Immobilien.

Bei einer vermieteten Eigentumswohnung gehen Sie am besten zunächst von der Jahresabrechnung Ihres Hausverwalters aus. Tragen Sie die Summe aller **Betriebskosten** laut Jahresabrechnung zuzüglich der von Ihnen bezahlten Grundsteuer in Zeile 46 und die **Verwaltervergütung** in Zeile 47 ein. **Instandhaltungskosten**, die durch Entnahme aus der Instandhaltungsrücklage entstehen, zählen zu den Erhaltungsaufwendungen in Zeile 39.

Sofern Ihnen bei Abgabe Ihrer Einkommensteuererklärung die Jahres-abrechnung des Hausverwalters für das vergangene Jahr noch nicht vor-liegt, können Sie auch wie folgt vorgehen: Von den geleisteten Hausgeld-Vorauszahlungen für das vergangene Jahr ziehen Sie zunächst die In-standhaltungsrücklage sowie eine eventuelle Erstattung laut Verwalterab-rechnung vom letzten Jahr ab. Zusätzliche Instandhaltungskosten durch Entnahme aus der Instandhaltungsrücklage sowie eine eventuelle Nach-zahlung aus der vergangenen Jahresabrechnung an den Hausverwalter zählen Sie hinzu. Es reicht, wenn Sie den so errechneten Betrag dann in Zeile 46 einsetzen.

Alle übrigen Bewirtschaftungskosten wie Grundsteuer oder Erhal-tungsaufwand für Ihre Eigentumswohnung, die Sie direkt aus eigener Ta-sche zahlen, führen Sie dann noch in den Zeilen 39 und 49 auf. Wenn möglich, teilen Sie die Summe aller Bewirtschaftungskosten noch auf die Positionen Erhaltungsaufwand (Zeile 39), Betriebskosten (Zeile 46), Ver-waltungskosten (Zeile 47) und sonstige Kosten (Zeile 49) auf.

Die lineare oder gleichbleibende **Abschreibung** beträgt grundsätzlich 2 Prozent der anteiligen Gebäudekosten (2,5 Prozent bei Fertigstellung des Gebäudes vor dem 1.1.1925) und ist als Werbungskosten steuerlich ab-zugsfähig, auch wenn sie nicht im laufenden Jahr zu Ausgaben führt. Grundstückskosten dürfen nicht abgeschrieben werden.

Hohe Abschreibungssätze für Neubauten gibt es schon seit längerem nicht mehr. Eine Ausnahme stellt die **Denkmal-Abschreibung** dar. Da-nach können Vermieter die Sanierungs- bzw. Modernisierungskosten in-nerhalb von zwölf Jahren abschreiben, und zwar jeweils 9 Prozent in den ersten acht Jahren und dann jeweils 7 Prozent im 9. bis 12. Jahr.

Bei Denkmalprojekten teilen sich die gesamten Investitionskosten ty-pischerweise wie folgt auf: 15 bis 20 Prozent für nicht abschreibungsfähige Grundstückskosten, 10 bis 20 Prozent für Gebäudekosten (mit jeweils 2 Prozent beziehungsweise 2,5 Prozent abschreibbar) und der Rest von 60 bis 75 Prozent für die Modernisierungskosten des Baudenkmals.

Das Finanzamt erkennt nur Modernisierungskosten und damit die hohe Denkmal-Abschreibung an, die vom Denkmalschutzamt zuvor bescheinigt wurden. Außerdem darf der Kaufvertrag auf keinen Fall vor Sanierungsbeginn unterschrieben werden.

Während Denkmalprojekte in den alten Bundesländern nur höchstens 5 Prozent aller Wohnimmobilien ausmachen, liegt der Anteil in den neuen Bundesländern meist deutlich über 50 Prozent. Daraus zu folgern, dass die Investition in Denkmalprojekte im Osten besonders lukrativ erscheint, ist falsch. Meist sind die angebotenen Objekte wie in Leipzig mit einem Anteil von fast 70 Prozent aller Wohnimmobilien hoffnungslos überteuert. Lukrativ sind sie dann meist nur für Anbieter und Vermittler, die sich auf diesem Spezialmarkt tummeln und meist nicht als besonders seriös bekannt sind.

Abgesehen von Denkmalprojekten dominiert die so genannte **lineare AfA** (AfA = Absetzung für Abnutzung) als gleichbleibende Abschreibung von 2 Prozent der anteiligen Gebäudekosten, falls die vermieteten Wohn- oder Gewerbeimmobilien nach dem 31.12.1924 fertig gestellt wurden (siehe Zeile 33 der Anlage V). Die Aufteilung der Gesamtinvestitionskosten in nicht abschreibungsfähige Grundstückskosten und über die AfA abzugsfähigen Gebäudekosten soll laut Bundesfinanzhof grundsätzlich nach der **Verkehrswertmethode** erfolgen.

Oft liegt aber ein Gutachten mit einer Aufteilung des Verkehrswertes auf Bodenwert und Gebäudewert gar nicht vor. Man kann dann den Kaufpreis bereits im notariellen Kaufvertrag in Grundstücks- und Gebäudepreis aufteilen. Das Finanzamt muss sich an diese **Kaufpreisaufteilung** aber nicht halten.

Bei vermieteten Eigentumswohnungen wird häufig mit Erfahrungswerten gearbeitet. Je nach Lage der Eigentumswohnung werden 70 bis 90 Prozent der Anschaffungskosten als anteilige Gebäudekosten angesetzt. Die auch anzutreffende **Restwertmethode**, wonach das Finanzamt den Wert für Grund und Boden laut Bodenrichtwertkarte einfach vom Kaufpreis abzieht und den verbleibenden Wert als Gebäudewert ansetzt, sollten Sie nicht akzeptieren, wenn dadurch ein zu niedriger Gebäudeanteil herauskommt. Schließlich liegt es in Ihrem Interesse, dass der Anteil der Gebäudekosten relativ hoch liegt.

Die früher mögliche hohe degressive AfA sowie die außergewöhnlich hohe Sonderabschreibung bei Neubauten in den neuen Bundesländern hatten den Erwerb von Neubauobjekten in den 1990er Jahren extrem verteuert. Häufig schlugen die Anbieter von Neubau-Eigentumswohnungen die fiktive Steuerersparnis einfach auf den normalen Marktpreis drauf und lockten die Kapitalanleger mit der Aussicht auf hohe Abschreibungen und Steuerersparnisse.

Ob eine hohe degressive Abschreibung bei vermieteten Neubau-Wohnimmobilien demnächst wieder eingeführt wird, ist ungewiss. Mit Sicherheit wird sie aber nicht mehr so hoch liegen wie in den 1990er Jahren.

Steuerlicher Gewinn oder Verlust aus Vermietung

Der Überschuss der Mieteinnahmen über die Werbungskosten stellt den steuerlichen Gewinn aus der vermieteten Immobilie dar, der zu versteuern ist und zu einer zusätzlichen Belastung an Einkommensteuer inklusive Solidaritätszuschlag führt.

Liegen die Werbungskosten über den Mieteinnahmen, entsteht ein steuerlicher Verlust aus Vermietung, der mit anderen positiven Einkünften ausgeglichen werden kann. Steuerliche Verluste aus Vermietung führen daher zu laufenden Steuerersparnissen.

Steuern sparen mit Verlusten

Renditeorientierte Kapitalanleger werden sich hüten, zwecks Steuerersparnis ganz bewusst laufende wirtschaftliche Verluste in Kauf zu nehmen. Etwas anderes gilt für steuerliche und nur buchtechnische Vermietungsverluste, die durch den Ansatz von Abschreibungen entstehen.

Beispiel: Sie erzielen mit Ihrer vermieteten Eigentumswohnung einen jährlichen Mietreinertrag von 8.000 Euro nach Abzug aller nicht umlagefähigen Bewirtschaftungskosten. Da Sie die Anschaffungskosten von 200.000 Euro zu 80 Prozent über ein Hypothekendarlehen fremd finanziert haben bei einem noch hohen Sollzins von 4 Prozent, zahlen Sie Hypothekenzinsen von ebenfalls 8.000 Euro. Vor Steuern sieht dies wie ein Nullsummenspiel aus. Ihr Mietreinertrag reicht exakt zur Deckung der Zinskosten aus.

Nach Steuern erzielen Sie jedoch ein finanzielles Plus. Bei anteiligen Gebäudekosten von 160.000 Euro, also ebenfalls 80 Prozent der Anschaffungskosten, und einer Abschreibung von 2 Prozent fallen Abschreibungen in Höhe von 1.600 Euro pro Jahr an. Ihr steuerlicher Verlust aus der vermieteten Eigentumswohnung beträgt somit ebenfalls 1.600 Euro und führt bei einem persönlichen Steuersatz von beispielsweise 35 Prozent zu einer jährlichen Steuerersparnis von 560 Euro.

Für Ihre Vermietungseinkünfte gilt das Nettoprinzip. Das heißt, Sie versteuern nur den Überschuss der Mieteinnahmen über die Werbungskosten. Liegen aber die Werbungskosten (Bewirtschaftungskosten, Hypothekenzinsen, Abschreibungen) wie in diesem vereinfachten Beispiel über den Mieteinnahmen, entstehen negative Vermietungseinkünfte bzw. steuerliche Verluste.

Vor allem bei überfinanzierten und renditeschwachen Mietobjekten können die steuerlichen Verluste stark anwachsen. Problematisch wird es, wenn die Hauptursache für die steuerlichen Verluste in einem deutlichen Überschuss der Hypothekenzinsen über die Mietreinerträge liegt. Steuerliche Verluste gehen dann mit echten wirtschaftlichen Verlusten einher.

Völlig anders sieht die Situation aus, wenn die Mietreinerträge trotz hoher Fremdfinanzierung zur Deckung der Hypothekenzinsen ausreichen und die steuerlichen Verluste allein auf den Ansatz von Abschreibungen zurückzuführen sind. Die Verluste in Höhe der Abschreibungen ziehen Steuerersparnisse nach sich und bescheren Ihnen eine steuerliche Zusatzrendite.

Die Steuerersparnis setzen Sie am besten für eine Sondertilgung des Darlehens und damit indirekt für den Vermögensaufbau ein. Dann stimmen sogar die Sprüche „Steuern, die Vermögen werden" oder „Gewinne mit steuerlichen Verlusten".

Doch Vorsicht: Mit diesen Sprüchen treiben unseriöse Anbieter und Vermittler auch heute noch ihr Unwesen. Oft müssen diese Sprüche herhalten, um von hoffnungslos überfinanzierten und renditeschwachen Mietobjekten abzulenken.

Außerdem gilt der banale Satz: Steuern durch Verluste spart nur derjenige, der auch Steuern zahlt. Wer keine Steuern zahlt oder nur einen Steuersatz von deutlich unter 30 Prozent hat, sollte sich von einer Kapitalanlage in vermietete Wohnimmobilien eher fernhalten. Umgekehrt gilt: Bei einer Steuerprogression von über 30 Prozent können steuerliche Verluste durchaus Sinn machen, sofern damit wirksam Steuern gespart werden.

Vermietungsverluste sind grundsätzlich mit anderen positiven Einkünften über den **Verlustausgleich** verrechenbar, sofern die Absicht zur Erzielung von Mietüberschüssen besteht. Die so genannte **Überschusserzielungsabsicht** lässt sich meist anhand einer Langfristprognose beweisen. Es muss ein Totalüberschuss der Mieteinnahmen (einschließlich Umlagen, aber ohne Veräußerungsgewinne und Steuerersparnisse) über die Werbungskosten (einschließlich Abschreibungen) vorliegen.

Auch als Vermieter einer Eigentumswohnung könnten Sie eine Langfristrechnung mit Ermittlung des Totalüberschusses aufstellen. Meist ist dies aber gar nicht erforderlich, da laut einem Schreiben des Bundesfinanzministeriums vom 23.07.1992 bei Immobilien „grundsätzlich von einer tatsächlichen Nutzungsdauer von 100 Jahren auszugehen" ist und bei Vermietungseinkünften der „Beweis des ersten Anscheins für das Vorliegen der Einkunftserzielungsabsicht" spricht.

Vermieter und Kapitalanleger in Immobilien erhalten zwar keinen Sparerfreibetrag auf ihre Mieterträge und können einen Gewinn aus der Vermietung nicht der Abgeltungssteuer von zurzeit nur 25 Prozent unterwerfen. Allerdings können Sie Gebäudeabschreibungen von den Mieterträgen abziehen und somit ihre Steuer vermindern. Diese Steuerersparnis durch Ansatz von Abschreibungen wiegt den Nachteil des fehlenden Sparerfreibetrags und des Nicht-Ansatzes der niedrigen Abgeltungsteuer in vielen Fällen mehr als auf.

Steuerfreier Veräußerungsgewinn beim Immobilienverkauf

Wer Steuern auf Veräußerungsgewinne beim Verkauf von vermieteten Immobilien völlig vermeiden will, muss nur die Besitzdauer von mehr als zehn Jahren bei Immobilien überschreiten. Aussitzen zahlt sich also aus, sofern Sie **steuerfreie Veräußerungsgewinne** beim Verkauf Ihrer vermieteten Wohnimmobilie erst nach Ablauf von zehn Jahren realisieren, wobei die Zehn-Jahres-Frist vom notariellen Kauf bis zum notariellen Verkauf gerechnet wird.

Die zu Ihrem Privatvermögen zählenden Mietobjekte sollten Sie daher grundsätzlich mehr als zehn Jahre halten. Wenn Sie diese einfache Halteregel befolgen, fließt Ihnen der Überschuss des Veräußerungserlöses über die Anschaffungskosten steuerfrei zu.

Die Höhe der Veräußerungsgewinne und die Zahl der verkauften Mietobjekte spielt dabei keine Rolle. Es kommt einzig und allein auf die Besitzdauer zwischen Kauf und Verkauf an. Beschenkte oder Erben von Immobilienvermögen zählen die Besitzdauer des Schenkers oder Erblassers mit. Sie treten praktisch in die Fußstapfen ihres Rechtsvorgängers.

Von der Zehn-Jahres-Frist ausgenommen sind nur Immobilien, die ausschließlich zu eigenen Wohnzwecken genutzt wurden, und zwar entweder im gesamten Zeitraum zwischen Erwerb und Veräußerung oder zumindest im Veräußerungsjahr und in den beiden vorangegangenen Jahren. Darunter fallen also nur selbstgenutzte Einfamilienhäuser oder Eigentumswohnungen, nicht aber vermietete Wohnimmobilien. Selbstgenutzte Wohnimmobilien können Sie somit auch vor Ablauf von zehn Jahren mit steuerfreiem Gewinn veräußern.

Wer jedoch die **Zehn-Jahres-Frist bei Mietobjekten** unterschreitet, begibt sich auf gefährliches steuerliches Glatteis. Zunächst einmal wird der Veräußerungsgewinn als Differenz zwischen Veräußerungspreis und Restbuchwert versteuert, sofern der Immobilienkauf nach dem 31.07.1995 erfolgte. Da sich der Restbuchwert aus dem Abzug der Abschreibungen von den Anschaffungskosten ergibt, werden praktisch alle in der Vergangenheit geltend gemachten Abschreibungen rückgängig gemacht und dadurch stille Reserven aufgedeckt. Dadurch fällt der steuerpflichtige Veräußerungsgewinn deutlich höher aus als der rein wirtschaftliche Gewinn aus der Differenz zwischen Veräußerungserlös und Anschaffungskosten.

Steuerpflichtige Veräußerungsgewinne muss der private Immobilienverkäufer in den Zeilen 31 bis 40 der Anlage SO (Sonstige Einkünfte) angeben. Auch Gewinne aus der privaten Veräußerung von anderen Wirtschaftsgütern (zum Beispiel Kunstgegenstände) müssen in Anlage SO unter den Zeilen 41 bis 45 aufgeführt werden.

Sofern Sie mehr als drei Objekte innerhalb von fünf Jahren verkaufen, tappen Sie außerdem noch in die Falle des gewerblichen Grundstückshandels und müssen zusätzlich Gewerbeertragsteuer zahlen. Wichtig: Bei der Anwendung der so genannten **Drei-Objekt-Grenze** zählen Objekte mit einer Besitzdauer von mehr als zehn Jahren nicht mit.

Nach Ablauf von zehn Jahren können Sie grundsätzlich so viel Mietobjekte verkaufen wie Sie wollen. Eventuell anfallende Veräußerungsgewinne fließen Ihnen nach derzeitigem Steuerrecht steuerfrei zu, sofern es sich um Ihr Privatvermögen handelt.

6.3. Einkommensteuer sparen mit Anteilen an Immobilienfonds

Einkünfte aus geschlossenen Immobilienfonds, die seit einigen Jahren geschlossene alternative Investmentfonds (AIF) mit Schwerpunkt Immobilien heißen, werden steuerlich ebenfalls als Einkünfte aus Vermietung und Verpachtung behandelt, sofern es sich nicht um Einkünfte aus Gewerbebetrieb handelt.

Einkünfte aus Vermietung und Verpachtung liegen vor, wenn die Fondsgesellschaft nur eine **vermögensverwaltende Tätigkeit** ausübt. Bei einer gewerblich geprägten bzw. gewerblichen Fondsgesellschaft entstehen hingegen Einkünfte aus Gewerbebetrieb, die in Anlage G einzutragen wären.

Einkünfte aus geschlossenen und gleichzeitig vermögensverwaltenden Immobilienfonds sind hingegen auf Seite 1 der Anlage V unter „Anteile an Einkünften" einzutragen. In Zeile 28 der Anlage V kommt im Übrigen immer noch die ältere Bezeichnung „geschlossene Immobilienfonds" vor.

Die Fondsgesellschaft erteilt den Anlegern eine jährliche Steuerbescheinigung, der die **anteiligen Einkünfte aus Vermietung und Vermietung** zu entnehmen sind. Grundlage für die auf den Fondsanleger entfallenden Mieteinkünfte ist der Überschuss der Mieteinnahmen über die Werbungskosten bei der Fondsgesellschaft und nicht die jährliche Ausschüttung an die Fondsanleger, die steuerrechtlich eine Entnahme darstellt.

Das prognostizierte steuerliche Ergebnis während der Laufzeit des geschlossenen Immobilienfonds ist der Prognoserechnung im offiziellen Emissionsprospekt zu entnehmen. Oft entsteht im ersten Jahr ein steuerlicher Verlust, da die Werbungskosten infolge der Bankgebühren für die Zwischen- und Endfinanzierung sowie der Kosten für die Grundschuldbestellung und –eintragung höher als die noch geringen Mieteinnahmen sind. Dieser steuerliche Verlust kann mit positiven anderen Einkünften ausgeglichen werden.

Üblicherweise liegt bereits ab dem zweiten Jahr bzw. dem ersten vollen Vermietungsjahr ein steuerlicher Gewinn aus Vermietung und Verpachtung vor. Eine Totalüberschussprognose über die voraussichtliche Gesamtlaufzeit des Fonds ist dann entbehrlich. Bei geschlossenen Immobilienfonds mit einer auf Dauer angelegten Vermietungstätigkeit dürfte die Überschusserzielungsabsicht nicht in Frage stehen.

Der Fondsanleger kann seine Beteiligung auch teilweise fremd finanzieren. Die Kosten dieser **Anteilsfinanzierung** muss er seiner Fondsgesellschaft als Sonderwerbungskosten rechtzeitig vor Beginn des steuerlichen Feststellungsverfahrens mitteilen, damit sie in der Steuerbescheinigung berücksichtigt werden können. Ob eine Anteilsfinanzierung aus wirtschaftlicher Sicht überhaupt sinnvoll ist, muss der Fondsanleger selbst entscheiden.

6.4. Erbschaft- und Schenkungsteuer sparen mit Immobilien

Wer Immobilien erbt, kann grundsätzlich damit tun und lassen, was er will. Er muss aber zunächst dem Finanzamt formlos den Todesfall melden und nach Zusendung des entsprechenden Formulars eine **Erbschaftsteuererklärung** abgeben, in der er alle ererbten Immobilien aufführt. Das Finanzamt wird dann den Wert der Immobilien und die Höhe des gesamten Nachlasses ermitteln.

Das **geerbte Eigenheim** sollten der überlebende Ehe- bzw. Lebenspartner oder das erbende Kind mindestens zehn Jahre selbst bewohnen, damit das Eigenheim von der Erbschaftsteuer befreit wird. Bei erbenden Kindern gilt die Steuerbefreiung nur für ein Eigenheim mit einer Wohnfläche bis zu 200 Quadratmetern. Ist das Eigenheim größer, wird der über 200 Quadratmeter liegende Anteil der Wohnfläche zur Erbschaftsteuer herangezogen. Ist das Eigenheim beispielsweise 250 Quadratmeter groß, sind nur 80 Prozent des Verkehrswertes erbschaftsteuerfrei. Die restlichen 20 Prozent werden mit dem entsprechenden steuerlichen Wert angesetzt.

Die **ehebedingte Zuwendung eines Familienheims** ist auch schon zu Lebzeiten steuerfrei. Es muss sich dabei um ein zu eigenen Zwecken genutztes Wohnhaus oder eine selbstgenutzten Eigentumswohnung handeln. Vergleichbare Vergünstigungen bei Eigenheimen gibt es für nichteheliche Lebensgemeinschaften nicht.

Geerbte vermietete Immobilien im Privatbesitz des Erblassers können die Erben weiter vermieten oder verkaufen. Das Finanzamt nimmt bei der Bewertung der geerbten Mietobjekte einen Abschlag in Höhe von 10 Prozent des ermittelten Vergleichs-, Ertrags- oder Sachwertes vor (sog. Verschonungsabschlag). Somit werden vermietete Immobilien für erbschaft- oder schenkungsteuerliche Zwecke nur mit 90 Prozent ihres geschätzten Verkehrswertes angesetzt. Der Ertragswert steht bei Mietwohnhäusern, Wohn- und Geschäftshäusern und vermieteten Gewerbeimmobilien im Vordergrund, während der Vergleichswert üblicherweise bei vermieteten Eigentumswohnungen ermittelt wird.

Bei **geschlossenen Immobilienfonds** ist der aktuelle Grundbesitzwert meist nur schwer zu erfassen. Grundsätzlich wird der Anteil des Fondsanlegers am gesamten Immobilienwert ermittelt, der seinem Anteil an der Gesamtinvestition des Fonds entspricht. Eine Hilfe bieten aktuelle Preise auf dem Zweitmarkt für Fondsbeteiligungen, sofern dort Zweitmarktpreise für die im Besitz stehenden Anteile an geschlossenen Immobilienfonds bekannt sind.

Steuern sparen beim Verschenken von Immobilien

Das Verschenken von Immobilien zu Lebzeiten im Wege der **vorweggenommenen Erbfolge** hat Vorteile für beide Seiten, also für Schenker und Beschenkte. Der wichtigste Vorteil besteht darin, dass schon zu Lebzeiten der Vermögensübergang bei Immobilien geregelt wird. Das schafft rechtzeitig Klarheit und vermeidet langwierige und oft erbitterte Erbstreitigkeiten um Haus und Wohnung im Todesfall.

Darüber hinaus lassen sich für beide Seiten sinnvolle Regelungen wie **Nießbrauchsrecht, lebenslanges Wohnungsrecht oder lebenslange Rente** finden. Der Beschenkte wird in diesen Fällen bereits zu Lebzeiten Immobilieneigentümer, während der Schenker weiterhin noch Nutzen aus dem verschenkten Immobilienbesitz zieht. Mit dem Verschenken im Zehn-Jahres-Zyklus lässt sich zudem Schenkung- und Erbschaftsteuer vermeiden oder zumindest reduzieren.

Hohe Freibeträge bei der Erbschaft- und Schenkungsteuer

Die Höhe der Erbschaft- und Schenkungsteuer auf das Immobilienvermögen (ohne das vom hinterbliebenen Ehegatten über mindestens zehn Jahre weiter bewohnte Eigenheim) und übrige Geldvermögen hängt vom Wert des steuerpflichtigen Erwerbs nach Abzug bestimmter Freibeträge, der vom Verwandtschaftsgrad abhängigen Steuerklasse und vom jeweiligen Steuersatz ab.

Folgende Steuerklassen sind dabei zu unterscheiden:

- Steuerklasse I (Ehegatten, Kinder, Enkel, Eltern, Großeltern)
- Steuerklasse II (Geschwister, Nichten, Neffen, Schwiegereltern, Schwiegerkinder, geschiedener Ehegatte)

- Steuerklasse III (alle übrigen).

Der Steuersatz steigt je nach Höhe des steuerpflichtigen Wertes von 7 Prozent in Steuerklasse I bis auf höchstens 50 Prozent in Steuerklasse III (siehe Tabelle 10).

Tabelle 9: Steuersätze bei der Erbschaft- und Schenkungsteuer

Steuerwert*	Steuersätze in Steuerklasse		
	I	II	III
bis 75.000 €	7 %	15 %	30 %
„ 300.000 €	11 %	20 %	30 %
„ 600.000 €	15 %	25 %	30 %
„ 6.000.000 €	19 %	30 %	30 %
„ 13.000.000 €	23 %	35 %	50 %
„ 26.000.000 €	27 %	40 %	50 %
darüber	30 %	43 %	50 %

*) Steuerwert = Wert des steuerpflichtigen Erwerbs nach Abzug der Freibeträge

Die recht hohen Steuersätze müssen Sie aber nicht erschrecken, da sich der Wert des steuerpflichtigen Erwerbs durch relativ hohe persönliche Freibeträge insbesondere bei Ehegatten und Kinder deutlich vermindert und in vielen Fällen sogar auf Null fällt.

Immerhin macht der **persönliche Freibetrag** für den erbenden Ehegatten eine halbe Million Euro aus und für die Kinder noch 400 000 Euro (siehe Tabelle).

Tabelle 10: Persönliche Freibeträge bei der Erbschaft- und Schenkungsteuer (bei Erbschaften und Schenkungen ab 2009)

Erbe/Beschenkter	Freibetrag
Ehegatte	500.000 Euro
Kinder und Kinder verstorbener Kinder	400.000 Euro
übrige Enkel, Eltern und Großeltern (nur im Todesfall)	200.000 Euro
Steuerklasse II (z.B. Geschwister)	20.000 Euro
alle übrigen	20.000 Euro

Außer den persönlichen Freibeträgen gibt es noch **sachliche Freibeträge** in Höhe von 41.000 Euro für den Hausrat und 10.300 Euro für sonstiges bewegliches Vermögen bei Ehegatten, Kindern, Enkeln, Eltern und Großeltern. Für alle übrigen Erben und Beschenkten liegt der sachliche Freibetrag bei insgesamt 10.300 Euro.

Nur im Erbfall, nicht bei der Schenkung werden zusätzlich noch **Versorgungsfreibeträge** in Höhe von 250.000 Euro für Ehegatten und 10.300 bis 52.000 Euro für Kinder je nach Alter gewährt.

Allerdings sind diese Versorgungsfreibeträge um den kapitalisierten Barwert der Hinterbliebenenversorgung (zum Beispiel Barwert der Witwenrente in der gesetzlichen Rentenversicherung und oder Barwert des Witwengeldes in der Beamtenversorgung) zu kürzen. Bei hohen Witwengeldern für Witwen von Beamtenpensionären geht der Versorgungsfreibetrag schnell gegen Null.

Eine Erbschaft- und Schenkungsteuerpflicht tritt grundsätzlich nur ein, wenn das nach Abzug der Schulden verbleibende Reinvermögen über den genannten persönlichen und sachlichen Freibeträgen sowie besonderen Versorgungsfreibeträgen liegt.

Die hier genannten Regelungen zur Erbschaft- und Schenkungsteuer beziehen sich auf Immobilien im Privatvermögen. Für das Vererben oder Verschenken von Immobilien im Betriebsvermögen gelten einige Sonderregelungen.

Zum Erben und Verschenken von Immobilien noch ein paar Zahlen: Von rund 11 Bio. Euro Privatvermögen in Deutschland entfallen 4,7 Bio. Euro oder 43 Prozent auf das Immobilienvermögen. Der Rest stellt Geldvermögen in Höhe von 5,2 Bio. und Sachvermögen von 1,7 Bio. Euro dar.

Von diesen 11 Bio. Euro wechselt ein Privatvermögen von 3,1 Bio. Euro im kommenden Jahrzehnt durch Erbschaft oder Schenkung ihren Besitzer. 1,4 Bio. Euro oder 45 Prozent davon macht allein der Immobilienanteil aus.

Im Zeitraum von 2015 bis 2024 wird mit insgesamt 7,7 Millionen Todesfällen gerechnet. Bei 1,9 Millionen, also in jedem vierten Todesfall, erbt der hinterbliebene Ehepartner. Das von überlebenden Ehepartnern ererbte Vermögen wird auf 1,1 Bio. Euro geschätzt. Davon entfallen allein 0,5 Bio. oder 500 Mio. Euro auf Immobilien.

In 5,8 Millionen Todesfällen geht das Erbe auf die Kinder über. Das generationenübergreifende Erbe umfasst 2,1 Bio. Euro. Darunter gehen allein 0,9 Bio. oder 900 Mio. Euro für Immobilien an die nächste Generation über.

7. IMMOBILIEN VERSCHENKEN UND VERERBEN

Nachlassplanung und Überlegungen zum Verschenken von Immobilien beschäftigen häufig Ruheständler mit umfangreichem Grundbesitz. Die reine Schenkung sollte im eigenen Interesse aber die Ausnahme bleiben. Besser sind Schenkungen unter Auflagen wie Vorbehaltsnießbrauch, lebenslanges Wohnrecht oder Leibrente.

7.1. Nachlassplanung

Das Ziel, Erbschaft- und Schenkungsteuer zu sparen, sollte bei der Nachlassplanung nicht im Vordergrund stehen. Andererseits ist es bei großen Vermögen aus wirtschaftlicher Sicht fahrlässig und unsinnig, die steuerlichen Auswirkungen bei Erbschaft oder Schenkung völlig zu vernachlässigen.

Rentner und Pensionäre werden sich spätestens in der Ruhestandsphase auch Gedanken über die Nachlassplanung machen. Vorrangig geht es dabei sicherlich um die direkte finanzielle Absicherung der Hinterbliebenen in den Alterssicherungssystemen gesetzliche Rentenversicherung, betriebliche Altersversorgung, Zusatzversorgung des öffentlichen Dienstes, berufsständische Versorgung und Beamtenversorgung (zum Beispiel Witwenrente oder Witwengeld).

Witwen- bzw. Witwerrente

Ehegatten und eingetragene Lebenspartner sollten in beiden Fällen – ER verstirbt zuerst oder SIE – prüfen, ob der überlebende Ehegatte finanziell gut versorgt ist. Dabei geht es nicht nur um das eigene Einkommen des hinterbliebenen Ehegatten oder eingetragenen Lebenspartners, sondern auch um die Höhe der Witwen- bzw. Witwerrente aus der gesetzlichen Rentenversicherung und evtl. Zusatzversorgung des öffentlichen Dienstes oder des Witwen- bzw. Witwergeldes aus der Beamtenversorgung des verstorbenen Ehegatten.

Liegt das eigene Einkommen des überlebenden Ehegatten recht hoch und die Rente des verstorbenen Ehegatten deutlich darunter, kann die Witwen- bzw. Witwerrente bis auf Null gekürzt werden. In vielen Fällen wird die Witwen- bzw. Witwerrente aber nur um einen bestimmten Kürzungsbetrag vermindert. Auf die recht komplizierte Berechnung dieses Kürzungsbetrages soll hier nicht eingegangen werden, da sie von einer Reihe von Voraussetzungen (zum Beispiel altes oder neues Rentenrecht, Erwerb- oder Erwerbseinkommen der Witwe bzw. des Witwers, aktueller Freibetrag in West oder Ost für Witwen bzw. Witwer) abhängt.

Die Witwen- bzw. Witwerrente wird bei der Einkommensteuer mit dem Besteuerungsanteil angesetzt, wie er bereits für den verstorbenen Rentner galt. Steuerlich treten Witwe oder Witwer in die Fußstapfen des verstorbenen Ehe- oder eingetragenen Lebenspartners. Sie „erben" praktisch sein Rentenstammrecht und demzufolge auch seine Versicherungsnummer.

War der verstorbene Ehegatte noch berufstätig, wird zunächst eine fiktive Erwerbsminderungsrente berechnet und anschließend daraus die Witwen- bzw. Witwerrente. Der Besteuerungsanteil hängt dann vom Jahr des Beginns der Hinterbliebenenrente ab.

Wichtig zu wissen: Auch wenn die Witwen- bzw. Witwerrente wegen hohen eigenen Einkommens komplett wegfällt, steht dem hinterbliebenen Ehegatten zumindest die volle Rente des verstorbenen Ehegatten für die restlichen Tage des Sterbemonats sowie die dem Sterbemonat folgenden drei Monate zu (sogenanntes Sterbevierteljahr).

Eigenes Einkommen wird zwar auf die Witwen- bzw. Witwerrente angerechnet, aber niemals eigenes Vermögen. Nach neuem Rentenrecht, das für Heiraten ab 2002 oder für nach dem 1.1.1962 geborene Ehegatten mit Heirat vor 2002 gilt, werden lediglich Vermögenseinkünfte wie Zins- oder Mieterträge auf die Witwen- bzw. Witwerrente angerechnet. Die Anrechnung von Vermögenseinkünften entfällt aber immer nach altem Rentenrecht, also bei Eheschließung vor 2002 und mindestens einem vor dem 2.1.1962 geborenen Ehegatten.

Insbesondere ab einer bestimmten Höhe an Immobilien- und Geld-vermögen ist es höchste Zeit, die Höhe des künftigen Nachlasses im Erb-fall und die anfallende Erbschaft- und Schenkungsteuer genau unter die Lupe zu nehmen. Dabei ist vorrangig an eine vorweggenommene Erbfolge in Form von Schenkungen noch zu Lebzeiten zu denken (siehe Kapitel 7.2). Das steuerliche Ziel sollte es ein, den Erben oder Beschenkten die Erbschaft- und Schenkungsteuer so weit wie möglich zu ersparen oder diese zumindest durch vorausschauende Steuerplanung zu senken.

7.2. Immobilien verschenken zu Lebzeiten

Die vorweggenommene Erbfolge kann insbesondere bei der Übertra-gung von Immobilien für beide Seiten - Schenker und Beschenkte - von Vorteil sein. Juristisch ist von lebzeitiger Übertragung des Immobilien-vermögens oder vom Verschenken von Immobilien schon zu Lebzeiten die Rede. Oder drastisch ausgedrückt: Der Schenker überträgt zu Lebzei-ten Teile seines Vermögens „ mit warmer Hand" an die Beschenkten, während der Erblasser im Todesfall sein Vermögen „mit kalter Hand" auf seine Erben überträgt.

Verschenken im Zehn-Jahres-Zyklus

Die Schenkung von Teilen eines umfangreichen Immobilienbesitzes ist aus steuerlicher Sicht sinnvoll, wenn sie mindestens zehn Jahre vor dem Todes- bzw. Erbfall erfolgt. Die hohen persönlichen Freibeträge von 500.000 Euro beim Ehegatten oder 400.000 Euro für Kinder des Schen-kers können jeweils im Zehn-Jahres-Zyklus in Anspruch genommen wer-den. Das heißt, Sie können beispielsweise jedem Ihrer Kinder alle zehn Jahre Immobilien- oder Geldvermögen im Wert von bis zu 400.000 Euro steuerfrei schenken.

Die Zehnjahresfrist beginnt mit dem Datum der ersten Schenkung. Ei-ne vorweggenommene Erbfolge im Wege der Schenkung unter Beachtung der Zehnjahresfrist kann also bei großen Vermögen erbschaftsteuerlich sehr sinnvoll sein.

Stirbt der Schenker vor Ablauf der Zehnjahresfrist, wird die Schenkung mit dem späteren – oder im Todesfall letzten - Erwerb zu einem einheitlichen Erwerb zusammengerechnet. Auf diesen gesamten Erwerb wird dann die Erbschaft- oder Schenkungsteuer erhoben.

Sofern beim früheren Erwerb durch Schenkung bereits Schenkungsteuer fällig wurde, wird diese bereits auf den früheren Erwerb bezahlte Steuer von der Steuer auf den gesamten Erwerb abgezogen.

Generationensprung erwägen

Beim gemeinsamen Testament setzen sich Ehegatten mit Kindern typischerweise gegenseitig als Erben ein und schließen ihre Kinder zunächst von der Erbschaft aus. Das führt einerseits zur Überversorgung des hinterbliebenen Ehepartners, der möglicherweise Erbschaftsteuer zahlen muss, und andererseits zum fehlenden Ausnutzen des hohen persönlichen Freibetrags von 400.000 Euro pro Kind.

Erben die Kinder nach dem Tod des zunächst überlebenden Elternteils alles, müssen auch sie nach Überschreiten des Freibetrags Erbschaftsteuer zahlen. Letztlich wird das Erbe zweimal besteuert, zunächst nach dem Tod des ersten Elternteils und später nach dem Tod des zweiten Elternteils.

Um diese erbschaftsteuerlichen Nachteile zu vermeiden, bietet sich ein Generationensprung an. Beispielsweise kann der Vater sein Immobilienvermögen im Wege der vorweggenommenen Erbfolge direkt auf seine Kinder oder Enkelkinder übertragen. Er überspringt damit eine oder gar zwei Generationen bei seiner Nachlassplanung.

Alternativ zur Schenkung kann er im Einzeltestament die Kinder oder Enkelkinder als Erben des Immobilienvermögens einsetzen und dem überlebenden Ehegatten gleichzeitig ein Nießbrauchsrecht im Falle seines Todes einräumen. Der überlebende Ehegatte erhält dann die laufenden Mieterträge aus den an die Kinder (oder Enkelkinder) vererbten Immobilien.

Reine Schenkung

Die Schenkung von Immobilien sollte aber immer auch für den Schenker wirtschaftlich vernünftig sein. Überstürzte Schenkungen mit dem alleinigen Ziel des Steuernsparens sind fehl am Platz. Der Grundsatz „Nicht nur nach Steuern steuern" gilt auch für Schenkungen.

Die Schenkung von Haus oder Wohnung lässt sich nicht ohne weiteres rückgängig machen. Zur eigenen Sicherheit sollte der Schenker daher im Regelfall Nutzungs-, Renten- oder Pflegerechte zu seinen Gunsten vertraglich vereinbaren und grundbuchlich absichern. Sinnvoll ist auch eine Rückfallklausel für den Fall, dass der Beschenkte vor dem Schenker stirbt oder seinen Verpflichtungen nicht nachkommt.

Die reine Schenkung von Immobilien, also die Schenkung ohne Übernahme von Restschulden und ohne Auflagen wie Nutzungs- oder Rentenverpflichtungen für den Beschenkten, wird einkommensteuerlich als unentgeltlicher Erwerb eingestuft. Da der Beschenkte mangels Kauf keine Anschaffungskosten hat, kann er nur in die Fußstapfen des Schenkers treten und dessen Abschreibungen bei vermieteten Immobilien fortführen (sogenannte Fußstapfentheorie). Lagen die früheren Anschaffungskosten auf sehr niedrigem Niveau, fällt auch die vom Schenker übernommene Abschreibung gering aus.

Bei der reinen Schenkung eines Eigenheims ändert sich einkommensteuerlich gar nichts, da keine Einkünfte aus Vermietung und Verpachtung vorliegen.

Gemischte Schenkung

Bei einer gemischten Schenkung verpflichtet sich der Beschenkte zu einer bestimmten Gegenleistung (zum Beispiel Übernahme der restlichen Hypothekenschulden oder Zahlung eines bestimmten Betrages), die unter dem Verkehrswert der übertragenen Immobilie liegen muss.

Die gemischte Schenkung wird immer aufgeteilt in einen entgeltlichen Teil in Höhe der Gegenleistung des Beschenkten und in einen unentgeltlichen Teil. In Höhe der Gegenleistung entstehen für den Beschenkten Anschaffungskosten.

Als Gegenleistungen des Beschenkten kommen infrage:

- Einmalzahlung eines Betrages, der unter dem Verkehrswert liegt (zum Beispiel ein Drittel oder Viertel des Verkehrswertes)
- Übernahme von Geldverbindlichkeiten (zum Beispiel restliche Hypothekenschulden) des Schenkers
- Abstandszahlungen an den Schenker
- Gleichstellungszahlungen an andere Angehörige (zum Beispiel an die Geschwister als Miterben).

Wird beispielsweise eine Immobilie mit einem Verkehrswert von 500.000 Euro und einer Restschuld von 200.000 Euro verschenkt, belaufen sich die Anschaffungskosten bei Schuldübernahme für den Beschenkten auf 200.000 Euro. Nur in Höhe von 300.000 Euro erwirbt er die Immobilie unentgeltlich. Dieser Betrag von 300.000 Euro stellt in diesem Falle dann auch den schenkungsteuerlichen Erwerb dar.

Schenkung unter Auflagen

Oft ist es sinnvoll, die Schenkung einer Immobilie mit Auflagen zu Gunsten des Schenkers zu verbinden. Eine solche Schenkung unter Auflage erfolgt über die Einräumung eines Nießbrauchsrechts, eines Wohnrechts, einer Pflegeverpflichtung, eines Pflichtteilverzichts oder einer Versorgungsrente.

Letztlich bestehen die Auflagen auf Versorgungsleistungen, die im notariell beurkundeten Schenkungsvertrag vereinbart werden. Entweder handelt es sich um eine Nutzungsauflage (zum Beispiel Nießbrauch), eine Duldungsauflage (zum Beispiel Wohnrecht) oder eine Leistungsauflage (zum Beispiel Leibrente oder Pflegeleistung).

Schenkung mit Vorbehaltsnießbrauch

Insbesondere bei der Übertragung von vermieteten Immobilien an die künftigen Erben kommt der Nießbrauch nach §§ 1030 ff. BGB vor. Meist genießt der Übergeber weiterhin die Mieteinnahmen und behält sich diesen „Fruchtgenuss" vor (sog. **Vorbehaltsnießbrauch**), während der Übernehmer bereits neuer rechtlicher Eigentümer der Immobilie wird.

Im Prinzip handelt es sich dabei um eine vorweggenommene Erbfolge im Wege der Schenkung unter Auflage. Bei der Übertragung eines selbst bewohnten Einfamilienhauses oder einer selbst genutzten Eigentumswohnung schließt der Nießbrauch auch ein lebenslanges Wohnrecht für den Übergeber mit ein.

Im Unterschied zum Verkauf einer Immobilie gegen Veräußerungsrente oder zur Übertragung gegen Versorgungsrente fließt bei der Immobilienübertragung gegen Nießbrauch kein Geld. Der Übernehmer und neue Eigentümer der Immobilie muss also nichts an den Übergeber und alten Eigentümer zahlen. Stattdessen genießt der Schenker und ehemalige Eigentümer lebenslang das Recht auf die Erzielung von Einnahmen (Nießbrauch im engeren Sinne) und/oder das Recht auf Selbstnutzung einer Wohnung (Wohnrecht).

Sowohl bei vermietetem als auch bei selbst bewohntem Grundbesitz können Sie als Schenker und Übergeber Nießbrauchs- und Wohnrecht miteinander kombinieren. In der Regel reicht schon die alleinige Eintragung eines Nießbrauchsrechts in der Zweiten Abteilung des Grundbuchs aus, da der Nießbrauch im weiteren Sinne auch die lebenslange Nutzung zu eigenen Wohnzwecken umfasst.

Wohnrecht nur auf einem Blatt Papier zu vereinbaren, reicht nicht! Dingliches Wohnrecht im Grundbuch ist immer besser. Dieser Grundsatz sollte auch unter nahen Angehörigen gelten. Vertrauen ist gut, Absicherung ist besser. Mit Misstrauen gegenüber dem Beschenkten und neuen Eigentümer hat dies nichts zu tun. Die Grundbucheintragung dient zur Sicherheit des Schenkers und alten Eigentümers für den Fall, dass der Beschenkte später einmal die Immobilie verkauft.

Ebenso gehört die Vereinbarung eines Nießbrauchs unbedingt ins Grundbuch. Als alter Eigentümer und Nießbrauchsberechtigter (auch Nießbraucher genannt) profitieren Sie weiter von den Mieteinnahmen und versteuern wie bisher Ihre Vermietungseinkünfte. Der neue Eigentümer als Nießbrauchsgeber kommt erst nach dem Tod des Schenkers in den Genuss der Mieteinnahmen.

Aus Vorsichtsgründen sollte das Nießbrauchsrecht auf jeden Fall als erstrangiges dingliches Recht vor allen anderen Rechten im Grundbuch eingetragen werden. Auch im denkbar schlimmsten Fall einer Zwangsversteigerung bleibt dann das Nießbrauchsrecht zu Gunsten des Schenkers und ehemaligen Eigentümers weiter bestehen. Das heißt, der Ersteigerer müsste dem früheren Eigentümer weiterhin den Genuss der Mieteinnahmen einschließlich der lebenslangen Nutzung der Wohnung gestatten.

Völlig anders sieht die Situation beim sogenannten **Zuwendungsnießbrauch** aus, der in der Praxis nur selten vorkommt. Hierbei bestellt der Eigentümer (zum Beispiel Eltern) zugunsten eines Dritten (zum Beispiel Sohn oder Tochter) einen Nießbrauch. Treten dann Sohn oder Tochter gegenüber dem Mieter erkennbar als Vermieter auf, müssen sie als Nießbraucher auch die Vermietungseinkünfte versteuern. Abschreibungen können Sie im Gegensatz zum Vorbehaltsnießbraucher nicht geltend machen.

Letztlich werden beim Zuwendungsnießbrauch die Rollen völlig vertauscht. Nicht die betagten Eltern genießen die Mieteinnahmen, sondern ihre Kinder. Dafür bleiben die Eltern im Gegensatz zum Vorbehaltsnießbrauch aber weiterhin Eigentümer der Immobilie. Sie verschenken also nicht die Immobilie, sondern nur die laufenden Mieteinnahmen. Da dies aber wegen des Nichtabzugs von Abschreibungen und des meist höheren Steuersatzes bei Sohn oder Tochter häufig zu steuerlichen Nachteilen führt, ist diese Nießbrauchsgestaltung nur die zweitbeste Lösung. Meist entspricht die Vermögensübertragung gegen Vorbehaltsnießbrauch sowohl den Interessen der Schenker (zum Beispiel Eltern) als auch der Beschenkten (zum Beispiel erwachsene Kinder) besser.

Mustertext für Immobilienübertragung gegen Nießbrauch

Herr .... ist Eigentümer der im Grundbuch von .....Blatt .... verzeichneten Grundstücke (Flur .... Nr. ....und .....) Er überträgt diese Grundstücke zu je ½ Bruchteils-Anteil an seinen Sohn .... und seine Tochter ....

Die Übernehmer räumen ihrem Vater an dem übertragenen Grundbesitz den lebenslänglichen, uneingeschränkten Nießbrauch ein. In Abweichung von den gesetzlichen Bestimmungen soll während der Dauer des Nießbrauchsrechts nicht nur der Zinsaufwand, sondern auch der Tilgungsdienst bezüglich der in Abt. III eingetragenen Belastungen vom

Nießbraucher getragen werden, und zwar im Rahmen der mit den Gläubigern vereinbarten Leistungen.

Sie übernehmen als Gesamtschuldner die sonstigen auf dem übertragenen Grundbesitz eingetragenen Belastungen und räumen sich gegenseitig an den ihnen übertragenen Bruchteils-Anteilen ein Vorkaufsrecht für den ersten Verkaufsfall ein.

Das vereinbarte Nießbrauchsrecht soll ins Grundbuch eingetragen werden. Demgemäß bewilligen und beantragen Übergeber und Übernehmer die Eintragung eines Nießbrauchsrechts in das Grundbuch auf die Grundstücke Flur ….. Nr. … und …. im Grundbuch der Stadt ……. Blatt ……..und …... Zur Löschung des Nießbrauchsrechts soll der Nachweis des Todes des Berechtigten genügen.

Außerdem bewilligen und beantragen die Übernehmer, auf den ihnen übertragenen je ½-Bruchteils-Anteil an den Grundstücken Flur ….. Nr. …. Und …… je ein Vorkaufsrecht für den ersten Verkaufsfall zu Gunsten des jeweiligen Eigentümers des weiteren 1/2-Bruchteils-Anteils einzutragen.

Steuerlicher Vorteil beim Vorbehaltsnießbrauch

Da der Kapitalwert des Nießbrauchsrechtes bei der Berechnung der Schenkungsteuer vom Wert der übertragenen Immobilie abgezogen wird, vermindern sich der Steuerwert und dadurch die eventuelle Steuerlast.

Die anfallende Schenkungsteuer bemisst sich also nach dem Wert der Immobilie nach Abzug des Wertes des vorbehaltenen Nießbrauchrechtes. Der Kapitalwert dieses Nießbrauchsrechtes wird unter Berücksichtigung des Alters der nießbrauchsberechtigten Person (also des ehemaligen Eigentümers), dessen statistischer Lebenserwartung nach der Sterbetafel des Statistischen Bundesamtes, des zugrunde gelegten Zinssatzes und des Jahreswertes des Nießbrauchsrechtes (also der Jahresreinertrag als jährliche Nettokaltmiete minus nicht umlagefähige Instandhaltungs- und Verwaltungskosten) ermittelt.

Beispiel: Ein 70-jähriger nießbrauchsberechtigter, ehemaliger Eigentümer hat nach der Sterbetafel des Statistischen Bundesamtes von 2014/2016 noch eine statistische Lebenserwartung von 14,24 Jahren. Bei einem Zins von 5,5 Prozent errechnet sich ein Vervielfältiger von 9,966.

Das heißt, der Kapitalwert dieses Nießbrauchsrechts macht das 9,966-Fache des Jahresreinertrags aus. Liegt dieser Jahresreinertrag beispielsweise bei 60.000 Euro für ein Mietwohnhaus mit einem Wert von einer Million Euro, werden 597.960 Euro (= 60.000 Euro x 9,966) als Kapitalwert des Nießbrauchsrechtes berechnet und von einer Million Euro abgezogen.

Nach Abzug des Kapitalwertes für den Vorbehaltsnießbrauch liegt der Wert somit nur noch bei 402.040 Euro. Wird dieses Mietobjekt zum Beispiel dem Sohn geschenkt, geht davon der Freibetrag von 400.000 Euro ab. Nur die restlichen 2.040 Euro werden dann mit 7 Prozent versteuert und führen zu einer minimalen Schenkungsteuer von 142,80 Euro.

Unter Umständen hat der Sohn beim Tod seines Vaters aber Steuern nachzuzahlen. Die Berechnung des Kapitalwertes für das Nießbrauchsrecht ist gemäß § 14 Abs. 2 Bewertungsgesetz zu korrigieren, wenn die tatsächliche Nutzung kürzer ist als die statistisch zugrunde gelegte Lebenserwartung. Dies wäre in obigem Beispiel der Fall, wenn der bei der Schenkung 70 Jahre alte Vater beispielsweise mit 82 Jahren verstirbt, da die durchschnittliche Lebenserwartung laut Sterbetafel bei 14,24 Jahren liegt.

Schenkung mit Wohnrecht

Bei der Übertragung des Eigenheims wird häufig ein Wohnrecht vereinbart. Es verschafft dem Wohnberechtigten das ausschließliche Recht auf Selbstnutzung des Hauses oder der Wohnung.

Das Wohnrecht sollte unbedingt als beschränkte persönliche Dienstbarkeit in der Zweiten Abteilung des Grundbuches eingetragen werden und allen anderen Rechten vorangehen.

Wird im Fall der Duldungsauflage ein lebenslanges Wohnrecht zugunsten des Schenkers vereinbart, gilt aus schenkungsteuerlicher Sicht das Gleiche wie beim Vorbehaltsnießbrauchsrecht. Der Kapitalwert des Wohnrechts wird vom Wert des Eigenheims abgezogen, so dass nur der verbleibende Wert für die Berechnung einer eventuellen Schenkungsteuer herangezogen wird. Der Jahreswert des Wohnrechts wird aus der ortsüblichen Vergleichsmiete errechnet. Es wird also so getan, als ob das weiterhin selbstgenutzte Eigenheim vermietet würde.

Schenkung mit Pflegeverpflichtungen

Eine Schenkung kann für den Beschenkten auch mit der Auflage verbunden sein, Pflegeleistungen für den Fall zu erbringen, dass der Schenker pflegebedürftig wird.

Art, Ort und Umfang der Pflegeverpflichtungen und -leistungen müssen im Schenkungsvertrag ausdrücklich vereinbart werden. Meist wird es sich um die häusliche Pflege handeln, die außer der Grundpflege noch die hauswirtschaftliche Versorgung umfasst.

Schenkung mit Erb- und Pflichtteilsverzicht

Die Schenkung kann auch mit einem Erb- und Pflichtteilsverzicht verbunden sein. Der Beschenkte verzichtet als Gegenleistung der Schenkung auf seinen gesetzlichen Erbteil und in der Regel auch auf seinen Pflichtteil.

Verständlicherweise werden sich gesetzliche Erben nur dann auf einen solchen Verzicht einlassen, wenn der Wert der Schenkung relativ hoch ist.

Schenkung mit Versorgungs- oder Unterhaltsrenten unter nahen Angehörigen

Das Aushandeln oder gar Feilschen um die Höhe der Veräußerungsleibrente mögen die nahen Angehörigen gar nicht. Andererseits möchte der Verkäufer aus Altersgründen seine Immobilie gegen eine laufende Rentenzahlung an die nachfolgende Generation übertragen und selbst im Alter finanziell abgesichert sein. Der mögliche Ausweg ist dann die Vereinbarung einer Versorgungsrente.

Versorgungsrenten sind – dies sagt schon der Name – Renten, die in erster Linie der Versorgung des Rentenberechtigten dienen. Die Höhe der Rentenleistung richtet sich daher in erster Linie nach der wirtschaftlichen Lage und dem Versorgungsbedürfnis des Verkäufers und nicht nach dem Wert der auf den rentenverpflichteten Käufer übertragenen Immobilie. Allerdings sollte auch die Leistungsfähigkeit des Rentenverpflichteten mit bedacht werden.

Ähnlich wie beim Altenteil im Zusammenhang mit der Hof- oder Geschäftsübergabe an den Nachfolger hängt die Versorgungsrente beziehungsweise beim Altenteil der Anspruch auf Wohnen, Ernährung und Pflege nicht vom Verkehrswert der übertragenen Immobilie ab.

Aus diesem Grund liegt der Kapitalwert der Versorgungsrente (sogenannter Rentenbarwert) meist deutlich über dem Verkehrswert. Der Rentenberechtigte soll also mehr bekommen, als ihm bei einer Veräußerung zustehen würde. Das veranschaulicht das folgende Beispiel: Verkehrswert der Immobilie aktuell 300.000 Euro Kapitalwert der Versorgungsrente aber 500.000 Euro. Damit die Vermögensübertragung gegen Versorgungsrente aber steuerlich dem Verkauf gegen Veräußerungsrente gleichgestellt werden kann, darf der Kapital- beziehungsweise Rentenbarwert nicht mehr als das Doppelte des Verkehrswerts ausmachen.

Liegt der Kapitalwert der Rente über dem Doppelten des Verkehrswerts (zum Beispiel Verkehrswert 300.000 Euro aber Kapitalwert 700.000 Euro), spricht man von einer **Unterhaltsrente**, die im Zusammenhang mit der Übertragung von Immobilien überhaupt nicht steuerlich erfasst wird. Unterhaltsrenten dieser Art fallen unter das steuerliche Abzugsverbot für freiwillige Zuwendungen. Nur bestimmte andere Unterhaltsleistungen wie beispielsweise der Unterhalt an den geschiedenen Ehegatten sind steuerlich abzugsfähig.

Da Unterhaltsrenten für den Rentenverpflichteten nicht steuerlich abzugsfähig sind, ist von der Vereinbarung einer Unterhaltsrente abzuraten. Stattdessen sollte man unter nahen Angehörigen besser die Versorgungsrente wählen, bei der wie bei der Veräußerungsrente zumindest der Ertragsanteil für den Käufer steuerlich abzugsfähig ist.

7.3. Immobilien vererben

Wer will sich schon mit der Frage befassen, was mit den Immobilien im Todesfall geschieht? Viele scheuen davor zurück, rechtzeitig Vorsorge zu treffen. Das beginnt schon mit der Frage, was im Notfall einer schweren Erkrankung zu tun ist. Über den Todes- und Erbfall schweigt man sich oft ganz aus.

Vorsorge für den Notfall

Ein Notfall wie ein schwerer Autounfall mit gesundheitlichen Folgen oder eine plötzliche schwere Erkrankung kann von heute auf morgen eintreten. Um für diesen Notfall vorzusorgen, sollten einige schriftliche Vorkehrungen getroffen werden.

Es empfiehlt sich, der Bank eine **Kontovollmacht** zu erteilen, damit eine Person Ihres Vertrauens (zum Beispiel der Ehepartner) über Ihr Konto verfügen kann.

Viel wichtiger ist eine **Vorsorgevollmacht**, mit der Sie eine Person oder auch mehrere von Ihnen benannten Personen eine Vollmacht erteilen, Sie im Notfall zu vertreten. Dieser Notfall tritt ein, wenn Sie selbst nicht mehr in der Lage sind, eigene Entscheidungen zu treffen.

Die Vollmacht kann sich auf Vermögensangelegenheiten (zum Beispiel Vermögensverwaltung), Angelegenheiten der Gesundheits- und Pflegesorge, der Aufenthaltsbestimmung (zum Beispiel Wohnung oder Aufenthalt in einem Heim) und sonstige persönliche Angelegenheiten (zum Bespiel Vertretung vor Behörden und Gerichten, Wahrnehmung von Rechten und Pflichten aus abgeschlossenen Versicherungen) beziehen.

Die Vorsorgevollmacht bzw. Vorsorgeurkunde wird im Zentralen Vorsorgeregister (ZVR) eingetragen. Die einmalige Gebühr liegt bei 18 Euro und ermäßigt sich für elektronische Übermittlung sowie Zahlung per Lastschrift auf 13 Euro. Darüber hinaus kann auch eine **Betreuungs- und Patientenverfügung** im Zentralen Vorsorgeregister eingetragen werden.

Wenn der Erbfall eintritt

Auf die gesetzliche Erbfolge sollten sich Immobilieneigentümer nicht verlassen. Es empfiehlt sich grundsätzlich, eine letztwillige Verfügung von Todes wegen zu treffen und diese als Testament oder Erbvertrag notariell beurkunden zu lassen.

Treten der Todesfall und damit auch der Erbfall ein, erspart ein notarielles Testament oder ein notariell beurkundeter Erbvertrag in aller Regel die Ausstellung eines Erbscheins. Gegenüber dem Grundbuchamt reichen die Vorlage von Testament oder Erbvertrag sowie die Niederschrift des

Nachlassgerichtes über die Eröffnung dieser letztwilligen Verfügung als Nachweis aus.

Die Eröffnung von Testament oder Erbvertrag erfolgt gegen eine geringe Gebühr. Der Erbschein kostet hingegen die doppelte Gebühr und ist daher genau so teuer wie ein beim Notar beurkundetes gemeinschaftliches Testament oder ein notariell beurkundeter Erbvertrag. Der Erblasser erspart somit den künftigen Erben Geld und Zeit, wenn er eine letztwillige Verfügung von Todes wegen über ein Testament oder einen Erbvertrag getroffen hat.

Der Erbschein ist ein amtliches Zeugnis über das Erbrecht und gibt an, wer den Verstorbenen beerbt hat bzw. welcher Anteil bei einer Erbengemeinschaft auf jeden Miterben entfällt. Damit wird es den Erben ermöglicht, über die Erbschaft und damit den Nachlass zu verfügen. Die Erben können Nachlassgegenstände verkaufen und Immobilien im Grundbuch auf Ihren Namen umschreiben lassen.

Die Angaben im Erbscheinsantrag sind durch Urkunden (zum Beispiel Sterbeurkunde, Stammbuch zum Nachweis der Verwandtschaft des Erben mit dem Erblasser, Heiratsurkunde bei Ehegatten) zu belegen und durch eine eidesstattliche Versicherung glaubhaft zu machen. Die Gebühr für den Erbschein, der beim Nachlassgericht beantragt wird, richtet sich nach der Höhe des Nachlasses.

Mit der Erteilung des Erbscheins oder der Eröffnung von Testament beziehungsweise Erbvertrag ist es nicht getan. Für die Hinterbliebenen und Erben kommt eine Fülle von Aufgaben zu, wie der folgenden Checkliste zu entnehmen ist.

Was nach dem Todesfall zu tun ist

Folgende Schritte müssen nach dem Todesfall erfolgen, auch wenn die Trauer über den Verlust eines geliebten Menschen groß ist:

- Todesanzeige beim Standesamt (unter Vorlage von Totenschein, Geburts- und Heiratsurkunde, Familienstammbuch)
- Weiterleitung der vom Standesamt ausgestellten Sterbeurkunde zum Nachweis des Todes an wichtige Stellen (zum Beispiel Deutsche Ren-

tenversicherung, Krankenversicherung, evtl. Lebensversicherung, private Rentenversicherung und Unfallversicherung)

- Beauftragung eines Bestattungsunternehmens (einschließlich Anlegung eines Grabes und Klärung der künftigen Grabpflege)
- Festsetzung des Beerdigungstermins und Versand einer persönlichen Todesanzeige an Verwandte, Freunde, Bekannte und Kollegen (einschließlich Nachricht an die Kirchengemeinde und Klärung, wer die Predigt oder Trauerrede bei der Totenmesse halten soll)
- Antrag beim Nachlassgericht (auf Eröffnung eines öffentlichen und amtlich verwahrten Testaments oder Ausstellung eines Erbscheins)
- Mitteilung des Erben über den Todes- und Erbfall beim zuständigen Finanzamt.

Jeder Erbe muss die Erbschaft innerhalb von drei Monaten formlos seinem Finanzamt melden. Ihm wird dann innerhalb von drei bis vier Monaten nach dem Trauerfall das vierseitige Formular zur **Erbschaftsteuererklärung** zugesandt.

Die Erben haben dann vier Wochen Zeit, um alle geerbten Vermögenswerte aufzulisten. Die Vermögenswerte sind getrennt nach Grundvermögen, Betriebsvermögen und übrigem Vermögen anzugeben. Auf der letzten Seite der Erbschaftsteuererklärung müssen auch Angaben über eventuelle Vermächtnisse, Auflagen, Pflichtteilsansprüche und Schenkungen erfolgen.

Die sechsseitige Anleitung zum Ausfüllen des Formulars sollte Punkt für Punkt durchgelesen werden, um Nachfragen des Finanzamtes möglichst zu vermeiden.

Jeder am Erbfall beteiligte Erbe muss zusätzlich die zweiseitige „Anlage Erwerber" ausfüllen. Wird ein Eigenheim an den überlebenden Ehe- oder eingetragenen Lebenspartner oder Kinder des Erblassers vererbt, müssen die Eigenheim-Erben die Anlage „Steuerbefreiung Familienheim" beilegen.

Wer vermietete Immobilien erbt, legt die Anlage „Steuerbefreiung für zu Wohnzwecken vermietete Grundstücke" bei. Dann wird das Finanzamt vom ermittelten Vergleichs-, Ertrags- oder Sachwert der Immobilie einen Abschlag von 10 Prozent vornehmen.

Nach einiger Zeit erhalten die Erben vom Finanzamt den Erbschaftsteuerbescheid. Fällt keine Erbschaftsteuer an, können sie die Sache ad acta legen.

Zahlen müssen sie eine eventuell anfallende Erbschaftsteuer innerhalb von vier Wochen nach Zusendung des Erbschaftsteuerbescheids, sofern sie keinen Widerspruch gegen den Bescheid beim Finanzamt einlegen. Ein Widerspruch gegen den Erbschaftsteuerbescheid sollte beispielsweise erfolgen, wenn der Wert der ererbten Immobilien nach Auffassung der Erben zu hoch angesetzt wurde. In diesem Fall kann sich die Einholung eines aktuellen Verkehrswertgutachtens über einen öffentlich bestellten und vereidigten Sachverständigen lohnen.

Höhe des Nachlasses

Die Höhe des Nachlasses besteht aus dem Wert der Nachlass- bzw. Vermögensgegenstände (zum Beispiel Grundvermögen und übriges Vermögen wie Geldvermögen) abzüglich der Nachlassverbindlichkeiten (Schulden des Erblassers und Erbfallkosten wie Kosten für die Bestattung, ein angemessenes Grabdenkmal und die übliche Grabpflege). Die Angabe der Erbfallkosten in der Erbschaftsteuererklärung ist aber entbehrlich, wenn sie den Betrag von 10 300 Euro übersteigen.

In den Nachlass fallen nicht Einkünfte des hinterbliebenen Ehegatten (zum Beispiel Witwen- oder Witwerrente) und auch nicht Kapitalauszahlungen aus einer Kapital-Lebensversicherung oder privaten Rentenversicherung, sofern der überlebende Ehegatte Versicherungsnehmer und bezugsberechtigte Person zugleich ist.

Bei Ehegatten ist zu beachten, dass der Versorgungsfreibetrag von 250.000 Euro um den Kapitalwert der an und für sich erbschaftsteuerfreien Versorgungsbezüge (zum Beispiel Witwen- oder Witwerrente aus der gesetzlichen Rentenversicherung oder Witwen- bzw. Witwergeld aus der Beamtenversorgung) gekürzt wird.

Dem überlebenden Ehegatten steht neben seinem Erbteil der so genannte Voraus zu, sofern weder Testament noch Erbvertrag vorliegen und daher die gesetzliche Erbfolge eintritt. Unter dem Voraus sind Sachen, die zum gemeinschaftlichen Haushalt gehörten, zu verstehen. Dies können Haushaltsgegenstände, Möbel, Teppiche, Kleidungsstücke, Bilder, Bücher, Andenken und Hochzeitsgeschenke sein. Auch der Familien-PKW zählt dazu.

Der Hausrat ist zwar auch in der Erbschaftsteuererklärung anzugeben. Allerdings gibt es für Erben der Steuerklasse I (Ehegatte, Kinder, Enkel, Eltern, Großeltern) einen relativ hohen sachlichen Freibetrag von 41 000 Euro.

Alleinerbe

Dem Alleinerben fällt es in aller Regel leicht, sein Erbe anzutreten. Vorsicht ist aber angebracht, wenn das Reinvermögen negativ ist, weil beispielsweise Immobilien überschuldet sind.

Der Nachlass kann ebenfalls überschuldet oder mit Vermächtnissen und Pflichtteilsansprüchen belastet sein. Eine Überschuldung liegt vor, wenn die Nachlassverbindlichkeiten über dem Rohvermögen liegen. Beispielsweise sind die restlichen Hypothekenschulden höher als der aktuelle Verkehrswert einer Immobilie.

Der Alleinerbe sollte daher genau prüfen, ob er die Erbschaft annimmt oder ausschlägt. Wenn er die Erbschaft wegen Überschuldung ausschlagen will, muss er dies innerhalb der nur sechswöchigen Ausschlagungsfrist tun. Diese Frist beginnt mit dem Zeitpunkt, zu dem der Erbe weiß, dass ihm die Erbschaft als gesetzlichem oder testamentarischem Erben zufällt. Bei einer durch Testament oder Erbvertrag festgelegten Erbfolge beginnt die Frist mit dem Zeitpunkt, an dem ihn das Nachlassgericht über die letztwillige Verfügung informiert hat.

Die Annahme der Erbschaft erfolgt in der Praxis fast immer durch schlüssiges Verhalten des Erben. Eine ausdrückliche Annahme gegenüber dem Nachlassgericht oder einem Nachlassgläubiger ist also entbehrlich.

Nach Annahme der Erbschaft kann der Erbe mit dem Nachlass grundsätzlich so verfahren, wie er es für richtig hält. Es sei denn, dass Vermächtnisse, Auflagen oder Pflichtteilsansprüche zu beachten sind.

Erbengemeinschaft

Nicht selten gibt es Streit, wenn es zwei oder mehr Erben gibt. Viele wissen nicht, dass die Erbengemeinschaft rechtlich eine Gesamthandsgemeinschaft ist. Der Nachlass geht daher ungeteilt auf alle Miterben über, muss gemeinschaftlich verwaltet und auf Verlangen eines Miterben geteilt werden.

Verwaltung des Nachlasses

Schon bei der Verwaltung des Nachlasses kann es zum Streit kommen. Dies passiert vor allem bei der Verwaltung von gemeinsam geerbten Immobilien. Zunächst wird eine Berichtigung im Grundbuch erfolgen, wonach die Immobilie vom Erblasser auf die Erbengemeinschaft übergeht. Die Erbanteile der Miterben werden dort aber nicht genannt, da es sich um eine Gesamthandsgemeinschaft handelt.

Wer die Immobilie verwalten soll, kann bereits innerhalb der Erbengemeinschaft strittig sein. Oft wird ein Miterbe als Verwalter von den anderen kritisch beäugt. Daher ist es meist besser, einen Außenstehenden als Grundstücksverwalter zu bestellen und ihn bezahlen.

Weiter muss die Nutzung der Immobilie (zum Beispiel Selbstnutzung durch einen Miterben oder Vermietung an Dritte) geklärt werden. Da Mieterträge erst nach der endgültigen Teilung des Nachlasses auf die Miterben aufgeteilt werden können, müssen die Miterben einstimmig Vorschusszahlungen auf diese Mieterträge beschließen.

Darüber hinaus müssen die Miterben ebenfalls einstimmig außerordentliche Verwaltungsmaßnahmen wie die Aufhebung eines Mietverhältnisses oder die Räumung und Herausgabe einer Wohnung beschließen. Lediglich Maßnahmen der ordnungsgemäßen Verwaltung wie beispielsweise notwendige Instandhaltungsarbeiten oder Neuvermietung der Immobilie können mit einfacher Stimmenmehrheit beschlossen werden.

Der Beschluss, die Nachlassimmobilie zu verkaufen, bedarf wiederum der Einstimmigkeit. Diese wenigen Beispiele machen bereits deutlich, mit welchen Schwierigkeiten eine gemeinsame Verwaltung der Immobilie sein kann. Dies gilt insbesondere dann, wenn mehrere Immobilien nach

dem Tod des Erblassers in das Eigentum der Erbengemeinschaft überge-
hen.

Teilung des Nachlasses

Jeder Miterbe kann jederzeit die Auseinandersetzung des Nachlasses
verlangen. Zwar sieht der Gesetzgeber grundsätzlich eine reale Teilung
des entsprechenden Nachlasses entsprechend den Erbquoten vor. Dies ist
aber gerade bei Nachlassimmobilien gar nicht möglich. Im schlimmsten
Falle kommt es dann auf Antrag eines Miterben zu einer Versteigerung
der Immobilie vor dem zuständigen Amtsgericht.

Teilungsanordnungen des Erblassers im Testament oder Erbvertrag
müssen umgesetzt werden. Das heißt aber nicht, dass der einzelne Miterbe automatisch Eigentümer bestimmter Nachlasswerte wird. Die Tei-
lungsanordnung des Erblassers ist erst bei der eigentlichen Auseinandersetzung des Nachlasses von den Miterben oder dem Testamentsvollstrecker zu beachten. Als Testamentsvollstrecker sollte der Erblasser nur eine
neutrale, vertrauenswürdige und auch fachlich kompetente Person aus-
wählen.

Bei Nachlassimmobilien besteht zudem ein erhöhtes Pflichtteilsrisiko.
Da der Pflichtteilsberechtigte nicht eine bestimmte Immobilie oder bestimmte Nachlassgegenstände verlangen kann, besteht der Pflichtteil nur
in Form eines Geldanspruchs. Wird dieser geltend gemacht, kann dies bei
Nachlassimmobilien zu erheblichen Liquiditätsproblemen bei den eigentlichen Erben führen. Nicht selten muss das geerbte Elternhaus oder das
geerbte Mietobjekt verkauft werden, um den Pflichtteil auszahlen zu können.

Teilungsversteigerung von Immobilien

Wenn die Erbengemeinschaft sich gar nicht über die Teilung von
Nachlassimmobilien einigen kann, kommt es auf Antrag eines Miterben
und Miteigentümers zur Teilungsversteigerung der Immobilie vor dem
Amtsgericht.

Offiziell heißt dies „Versteigerung zum Zwecke der Aufhebung der
Gemeinschaft". Der umgangssprachliche Begriff Teilungsversteigerung ist
missverständlich, da ja keine Teilung der Immobilie erfolgt, sondern nur

eine Umwandlung einer an sich unteilbaren Immobilie per Zwangverstei-
gerung in einen Versteigerungserlös. Die eigentliche Auseinandersetzung
über die Verteilung dieses Versteigerungserlöses auf die jeweiligen Miteigentümer wird nur vorbereitet. Daher wäre der Begriff „Auseinandersetzungsversteigerung" für dieses Verfahren auch treffender.

Diese Teilungs- oder Auseinandersetzungsversteigerung zum Zwecke
der Aufhebung der Erbengemeinschaft kann jeder Miterbe und Miteigentümer formlos beim zuständigen Amtsgericht beantragen. Es reicht, wenn
der Miterbe die im Grundbuch eingetragene Immobilie konkret benennt
und sich hinsichtlich der genauen Bezeichnung der Immobilie sowie der
Eigentumsverhältnisse auf das Bestandsverzeichnis im jeweiligen Grundbuch (Gemarkung, Blatt) bezieht.

Der Hinweis im Antrag, dass alle bisherigen Versuche einer einver-
nehmlichen Regelung zur Verwertung der Immobilie gescheitert sind und
daher eine Teilungsversteigerung geboten ist, sollte nicht fehlen. Erforderlich ist dieser Hinweis aber nicht.

Das Amtsgericht wird nach Prüfung des Antrags die Versteigerung der
Immobilie zum Zwecke der Aufhebung der Erbengemeinschaft anordnen,
einen Gutachter mit der Bewertung der Immobilie beauftragen und einen
Versteigerungstermin ansetzen.

Bei Erbengemeinschaften entzündet sich der Streit meist am ehemals
von den Eltern bewohnten Eigenheim. Es kann sich aber auch um einen
umfangreichen Grundbesitz mit mehreren Mietobjekten handeln, den die
zerstrittene Erbengemeinschaft geerbt hat. Wenn diese Erbengemeinschaft dann noch aus einer Vielzahl von Miterben besteht, die völlig unterschiedliche Vorstellungen über den Wert und die Verwertung des
Grundbesitzes haben, ist der erbitterte Streit schon fast vorprogrammiert.

Im Versteigerungstermin kann nicht nur jeder am Verfahren beteiligte
Miterbe bieten, sondern auch ein Dritter. Meist entbrennt der Bietkampf
aber unter den Miterben. Bei zwei Geschwistern als Erben des Elternhau-
ses kommt es dann zum Zweikampf, bei dem sich beide Miteigentümer
gegenseitig überbieten, bis am Ende einer von ihnen als Meistbietender
übrig bleibt und den Zuschlag erhält.

Der meistbietende Geschwisterteil wird dann Alleineigentümer, während der unterlegene Geschwisterteil am Ende des Verfahrens die Hälfte des Versteigerungserlöses erhält. Friede unter den Geschwistern kehrt dann in der Regel immer noch nicht ein. Zumindest der Streit um das zunächst gemeinsam geerbte Elternhaus ist aber damit beendet.

Zum Dauerstreit kann es bei sehr großen Erbengemeinschaften kommen. Wenn beispielsweise - wie geschehen - 17 Miterben eines älteren Einfamilienhauses aus mehreren Familien stammen, unterschiedlichen Geburtsjahrgängen von 1929 bis 1979 angehören und völlig unterschiedliche Interessen haben, wird der Streit schon fast zu einer unendlichen Geschichte. Letztlich bleibt dann nur noch die Teilungsversteigerung vor dem zuständigen Amtsgericht.

Wie diese Versteigerung dann ausgeht, ist unschwer zu erraten: Nach einem erbitterten Bietkampf ersteigert schließlich ein Miterbe das Einfamilienhaus und zahlt an die ehemaligen Miterben den Versteigerungserlös entsprechend der Erbquoten aus. Ein vom Erblasser sorgfältig verfasstes Testament hätte einen solchen jahrelangen und völlig unnötigen Streit schon im Ansatz verhindern können.

ZUM AUTOR

Nach dem Studium der Wirtschaftswissenschaften an der Universität zu Köln und einem Zweitstudium in Mathematik an der Universität Bochum war Werner Siepe vierzig Jahre lang als Dozent für Volkswirtschaft und Mathematik im öffentlichen Dienst tätig. In den 1990er Jahren war er auch Dozent an der Immobilienakademie sowie Finanzakademie der European Business School in Oestrich-Winkel.

Seit 1987 beschäftigt sich Siepe schriftstellerisch intensiv mit den Themen Immobilien und Altersvorsorge. Bereits seine ersten Bücher „Wie ersteigere ich ein Haus oder eine Wohnung", „Die beste Finanzierung für Ihr eigenes Haus" und „So sparen Sie richtig Steuern mit Haus und Wohnung" aus dem Jahren 1987 bis 1990 wurden Verlagsbestseller. Später kamen Bücher über Kauf, Vermietung und Verkauf von Immobilien hinzu.

Seit 2007 widmet er sich in Studien und Büchern verstärkt dem Thema Altersvorsorge. Dabei geht es um aktuelle, praxisnahe und verständliche Fakten sowie Ratschläge zur gesetzlichen Rente, Beamtenpension, berufsständischen Rente für Freiberufler und Betriebsrente für Arbeitnehmer.

Praktische Erfahrungen gibt Siepe ab 2012 als freiberuflicher Versorgungsberater öffentlicher Dienst auf Honorarbasis weiter sowie als ehrenamtlicher Helfer in Rentensachen im örtlichen Haus der Kirchen. Mit erfahrenen Rentenberatern steht er in ständigem Kontakt.

Im Jahr 2017 wurden seine Bücher „Ihr Weg zu mehr gesetzlicher Rente", „Ihr Weg zu mehr Pension", „Ihr Weg zu mehr Rente als Freiberufler" und „Extrabeiträge zur gesetzlichen Rente – Warum die Jahre 2017 bis 2023 als die sieben guten Rentenjahre gelten"" im M&E Books Verlag veröffentlicht. Das Buch „Ihr Weg zu mehr Betriebs- und Zusatzrente" hat er zusammen mit Dr. Friedmar Fischer, Experte in der Zusatzversorgung des öffentlichen Dienstes, verfasst. Im Frühjahr 2018 folgte das Buch „Richtig Steuern sparen im Ruhestand". Im Herbst 2018 wird die erfolgreiche „Ihr Weg zu mehr ..."-Reihe mit dem Buch „Ihr Weg zu mehr Einkommen und Vermögen im Alter" fortgesetzt.

IHR WEG ZU MEHR PENSION
PRAXIS-RATGEBER FÜR
BEAMTE
ISBN 978-3-947201-07-5
(Taschenbuch)
ISBN 978-3-947201-12-9
(geb. Ausgabe)
Auf Amazon.de:
http://amzn.to/2qh5YTf

IHR WEG ZU MEHR
GESETZLICHER RENTE
ISBN 978-3-947201-00-6
(Taschenbuch)
ISBN 978-3-947201-11-2
(geb. Ausgabe)
Auf Amazon.de:
http://amzn.to/2pypEkQ

IHR WEG ZU MEHR RENTE ALS FREIBERUFLER

ISBN 978-3-947201-19-8
(Taschenbuch)
ISBN 978-3-947201-20-4
(geb. Ausgabe)
Auf Amazon.de:
http://amzn.to/2whMay9

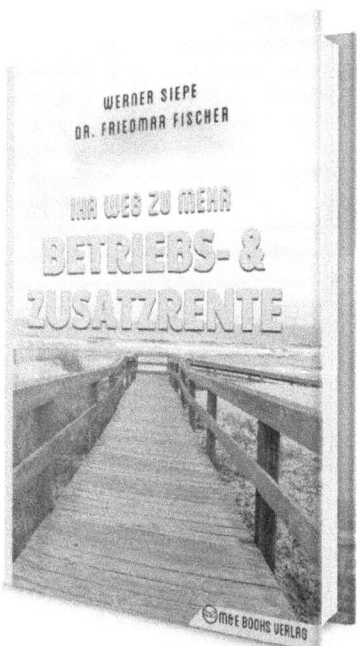

IHR WEG ZU MEHR BETRIEBS UND ZUSATZRENTE

ISBN 978-3-947201-17-4
(Taschenbuch)
ISBN 978-3-947201-18-1
(geb. Ausgabe)
Auf Amazon.de:
http://amzn.to/2wJgJPJ

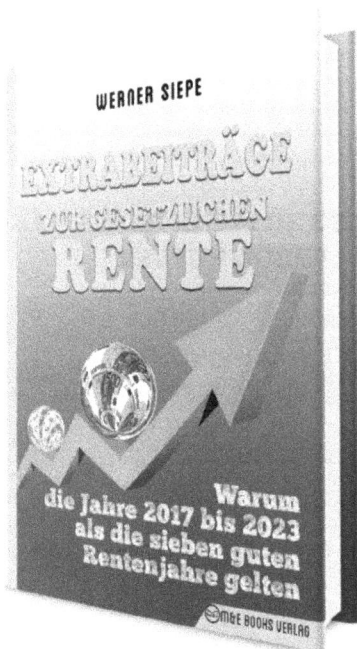

EXTRABEITRÄGE ZUR GESETZLICHEN RENTE

ISBN 978-3-947201-27-3
(Taschenbuch)
ISBN 978-3-947201-28-0
(geb. Ausgabe)
Auf Amazon.de:
http://amzn.to/2CajuxW

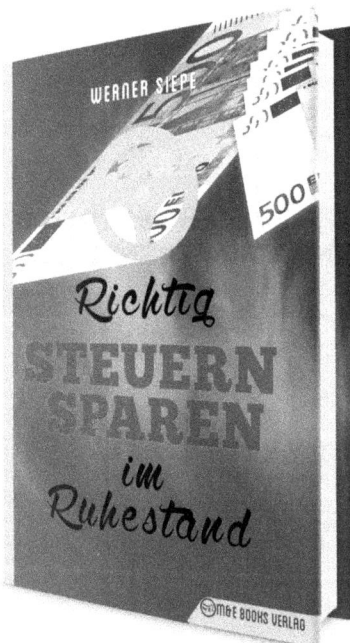

RICHTIG STEUERN SPAREN IM RUHESTAND

ISBN 978-3-947201-29-7
(Taschenbuch)
ISBN 978-3-947201-30-3
(geb. Ausgabe)
Auf Amazon.de:
http://amzn.to/2FCh8Gl